管理中的统计学

Statistics in Management

U0331406

李 茜 主编

上海交通大学出版社
SHANGHAI JIAO TONG UNIVERSITY PRESS

内容提要

本书主要介绍以经济与管理理论为基础,采用描述和推断的方法来对社会经济和管理现象中研究对象的数量特征、数量关系、发展变化趋势及规律进行研究,最终解决管理和经济问题的统计知识。全书共三篇:上篇是数理统计基础,包括统计量、抽样调查、参数估计与假设检验等基本统计方法;中篇是管理研究中运用到的核心统计模型,包括回归分析、方差分析、广义线性模型、主成分和因子分析、聚类和判别分析等;下篇是大数据分析前沿,包括数据挖掘导论、支持向量机、朴素贝叶斯、决策树和神经网络。本书适合高校管理学专业本科生、研究生、MBA等群体阅读使用,对从事管理实践的社会人士也有较高的参考价值。

图书在版编目(CIP)数据

管理中的统计学 / 李茜主编. —上海:上海交通
大学出版社,2023.8
ISBN 978 - 7 - 313 - 29314 - 5

Ⅰ.①管… Ⅱ.①李… Ⅲ.①经济统计学 Ⅳ.
①F222

中国国家版本馆 CIP 数据核字(2023)第 160729 号

管理中的统计学
GUANLI ZHONG DE TONGJIXUE

主　　编:李　茜

出版发行:上海交通大学出版社　　　　　地　　址:上海市番禺路 951 号
邮政编码:200030　　　　　　　　　　　电　　话:021 - 64071208
印　　制:上海新艺印刷有限公司　　　　　经　　销:全国新华书店
开　　本:787 mm×1092 mm　1/16　　　　印　　张:14
字　　数:256 千字
版　　次:2023 年 8 月第 1 版　　　　　　印　　次:2023 年 8 月第 1 次印刷
书　　号:ISBN 978 - 7 - 313 - 29314 - 5
定　　价:59.00 元

前 言 | Foreword

统计学是一门应用性很强的学科。它是研究如何有效地收集、整理和分析受随机影响的数据,并对所考察的问题做出推断或预测,直至为采取决策和行动提供依据和建议的一门学科。凡是有大量数据出现的地方都要用到统计学。本书是管理中的统计学,主要介绍以经济与管理理论为基础,采用描述和推断的方法来对社会经济和管理现象中研究对象的数量特征、数量关系、发展变化趋势及规律进行研究,最终解决管理和经济问题的统计知识。

已出版的统计学书籍有许多,但基本上分为两类:一类偏数理统计;另一类偏大而化之的应用统计,几乎没有针对管理中所运用到统计知识的专门书籍。由于统计学的内容十分丰富,如何围绕管理研究适当取材并不是一件容易的事情。本书共三篇:上篇是数理统计基础,包括统计量、抽样调查、参数估计与假设检验等基本统计方法;中篇是管理研究中运用到的核心统计模型,包括回归分析、方差分析、广义线性模型、主成分和因子分析、聚类和判别分析等;下篇是大数据分析前沿,包括数据挖掘导论、支持向量机、朴素贝叶斯、决策树和神经网络。本书适合高校管理学专业本科生、研究生、MBA 等群体阅读使用,对从事管理实践的社会人士也有较高的参考价值。

本书绝大部分内容曾经向管理专业本科生和研究生讲授过,这些教学活动使本书的初稿有了许多改进和修改。本书的顺利完成和出版,得到了上海交通大学出版社的大力支持,在此表示衷心的感谢。由于作者水平有限,书中存在不足之处,欢迎读者批评指正。

目 录 | Contents

上篇　数理统计基础

中篇 核心统计模型

下篇 大数据分析前沿

上　篇

数理统计基础

第1章
概　述

1.1　引　言

管理研究中的统计学是运用数理统计的方法来研究管理问题的理论和方法,特别是管理研究中多变量(多指标)的问题。

在管理实践中,很多随机现象涉及的变量不是一个,而经常是多个变量,并且这些变量间又存在一定的联系。我们常常需要处理多个变量的观测数据,例如考察产品满意度情况时,就需了解产品在不同方面的表现情况。表1.1给出了某公司随机抽取的10名学生对产品不同方面满意度的评分。

表1.1　10名学生对产品不同方面满意度的评分

序号	质量满意度 (X_1)	价格满意度 (X_2)	促销满意度 (X_3)	服务满意度 (X_4)	品牌满意度 (X_5)
1	5	1	1	2	3
2	2	1	4	4	2
3	1	2	4	3	2
4	2	4	4	4	2
5	2	5	4	3	1
6	2	2	5	2	3
7	2	3	4	2	2
8	2	3	2	4	5
9	4	4	2	2	5
10	5	5	2	2	4

表 1.1 提供的数据,如果用一元统计方法,需要对单个满意度逐个分析。这样处理,会忽视满意度不同方面可能存在的相关性,损失信息太多,并且分析结果不能客观、全面地反映该产品的满意度情况。而多元统计方法可以同时对多个方面的关系、相依性和相对重要性等提供有用的信息,这也是管理研究中常用的方法。

多元统计分析是研究多个随机变量之间相互依赖关系,以及内在统计规律性的统计方法,是讨论多元随机变量的理论和统计方法的总称。

以产品满意度为例,我们可以研究很多问题:用产品满意度总和作为综合指标来比较产品之间的差异,根据产品满意程度对产品进行分类(如产品满意度高的产品、质量满意度较高的产品),研究产品满意度各子项之间的关系(如质量满意度和价格满意度的关系、服务满意度与品牌满意度的关系)等,这些都属于多元统计分析的研究内容。

$$X = \begin{bmatrix} x_{11} & x_{12} & \cdots & x_{1p} \\ x_{12} & x_{22} & \cdots & x_{2p} \\ \vdots & \vdots & & \vdots \\ x_{n1} & x_{n2} & \cdots & x_{np} \end{bmatrix}$$

综上,多元统计分析是以 p 个变量的 n 次观测数据所组成的数据矩阵为数学依据,根据实际问题的需要,进行各种统计分析的方法。具体的多元统计分析研究的内容和方法可以概括为以下四个方面:

1. 简化数据结构(降维问题)

简化数据结构是将某些较复杂的数据结构通过变量变换等方法使相互依赖的变量变成互不相关的;或把高维空间的数据投影到低维空间,使问题得到简化而损失的信息又不太多。例如,主成分分析、因子分析、对应分析等方法。

2. 归类问题(分类与判别)

归类问题是对所考察的观测点(或变量)按相似程度进行分类(或归类)。例如,聚类分析和判别分析等方法就是解决这类问题的统计方法。

3. 变量间的相互联系(相关关系和因果关系)

相关关系是分析一个或几个变量的变化是否依赖于另一些变量的变化,建立变量间的数学关系式,用于预测或控制。例如,回归分析、结构方程模型等方法。

因果关系是指在两个有关系的变量中,因为一个变量的变化而引起另一个变量的变化。因果关系需要满足三个条件:① 在两个变量中,只能一个是因,另一个是果,而不能互为因果;② 原因变量一定出现在结果变量之前;③ 两者之间的变化关系是必然的，即因一定会导致果，否则就不是因果关系。

4. 统计推断

统计推断是关于参数估计和假设检验的问题，特别是正态分布（一元或多元）的均值向量及协方差阵的估计和假设检验等问题。

1.2　统计分析的理论基础

统计分析的理论基础包括随机向量（一维或多维）及正态随机向量（一维或多维），以及由此定义的各种多元统计量，推导它们的分布并研究其性质，研究它们的抽样分布理论。其中，尤其以多元统计学的发展，为管理研究带来了极大推动。

1928 年威沙特（Wishart）发表的《关于多元正态总体样本协方差阵的精确分布》，是学术界公认的多元分析的开端，在这个基础上，费希尔（Fisher）、霍特林（Hotelling）、罗伊（Roy）等人进行了有力的补充，从而使多元统计分析理论知识得到了完善，得到了快速发展，在许多领域中也有了实际应用。

得益于计算机技术的发展，多元统计分析在 20 世纪 50 年代中期被广泛应用于地质、医学、社会学、气象等学科。20 世纪 60 年代，广大学者在前人的基础上通过实践完善了多元统计的理论，并产生了很多新的理论和方法，使得多元统计的应用更为广泛。20 世纪 70 年代初期，多元统计才在我国受到各个领域的关注，将多元统计方法运用到经济、社会、教育、技术等许多领域。

随着近年来人工智能的产业化发展，多元统计学又被赋予了新的内涵。从机器学习的知识框架看，多元统计的许多知识都囊括其中，而计算机语言的运用又为多元统计学理论突破提供新的思路。例如，分类算法里除了多元统计中经典的判别分析，现代机器学习算法如神经网络、随机森林模型等；无监督学习的聚类方法，主要的聚类算法中的 K -均值聚类算法、层次方法中的层次聚类算法等，都十分值得多元统计学理论和计算机语言同时探索。

1.3　统计学在管理领域的应用

企业为了生存、发展，除了要了解自身特点、内在优劣势，还必须时刻掌握市场、竞争对手、供销商、顾客等多方面的情况，收集那些能反映企业目前状况的相关数据，最重要的是将这些数据转化为对企业有用的信息,为企业科学决策提供有效的依据。统计学在企业管理中所扮演的角色就是这样一个将原始数据转化为有价值信息的过程。

随着大数据的发展,数据驱动管理决策的重要性愈发凸显,统计学在管理领域的应用日益广泛深入,主要包括以下八个方面:

(1) 库存确定。经理人根据对原材料的需求和库存状态的分析,确定原材料的进货量(需求量变化的分布规律)。

(2) 质量控制。生产经理根据对样本产品的质量检验情况,控制生产过程(抽样检验方法,选取样本产品)。

(3) 市场分析。市场经理根据对某种新产品在样本消费者中试销情况的调查结果,确定该产品可能的销售量(统计推断、销售量预测)。

(4) 营销管理。营销经理通过调查,对公司客户的类别进行细分,根据不同类别客户的特点,选择不同的服务策略(聚类分析)。

(5) 品牌服务。通过对社交信息数据、客户交互数据等进行大数据计算,帮助企业进行品牌建设,包括用户画像、市场定位精准化、快速反应机制等,面向社会化用户开展精细化服务。

(6) 风险投资。项目投资回报率及其风险的分析,并根据企业所处情况,确定是否对某项目进行风险投资(参数估计、回归分析等)。

(7) 人力资源管理。通过对员工、薪酬、考核等数据分析,帮助企业进行人力资源管理,包括员工满意度分析、绩效考核等(回归分析等)。

(8) 商业智能。企业通过数据仓库、数据分析和可视化等形式的数字计算技术,识别和分析基于业务的基本数据,以产生新的、可操作的企业洞察力,将数据转化为知识,为管理决策服务。

1.4 统计数据的搜集

1. 实验调查

实验调查法是将自然科学中的实验求证理论移植到管理研究中来,是在特殊实验场所、特殊状态下,对调查对象进行实验以取得所需资料的一种调查方法。

实验调查法是在控制一个或多个自变量,研究在其他因素(如包装、服务等)都不变或相同的情况下,这些自变量(如质量、价格)对因变量(如购买可能性)的影响。因此实验调查法又称因果性调查。根据场所不同,实验调查法可分为在实验室内和室外两种情况。

2. 问卷调查

问卷调查法是最常用、最基本的一种调查方法,通过访问人员与被访问者的直接或间接接触获得所需数据。问卷调查法可以根据研究主题,确定调查针对的对象,利用或开发量表、设计问卷并开展调查的步骤完成。具体方式包括访问、邮寄、电话、计算机辅助调查、面对面访问等。

3. 二手数据

由于人、财、物或研究对象所限而无法收集一手资料,还可以通过二手数据进行研究。二手数据主要是那些公开出版或公开报道的数据。国家统计机构、市场行业分析公司、咨询公司及一些权威报纸杂志等会通过普查、统计报表、抽样调查等方式收集某些领域的第一手社会经济统计数据,并定期公开出版或报道这些数据。如国家统计局出版的《中国统计年鉴》《中国城市统计年鉴》《中国人口统计年鉴》《中国社会统计年鉴》《中国工业经济统计年鉴》,以及各地区的统计年鉴。

随着企业上市数据库的出现,微观领域也有大量二手数据。这类数据库的优点是能够快速获得信息丰富、数据全面、结构性强、时间跨度长的大样本,同时数据较客观、可复制性强、系统性强,容易与其他数据对接。它的缺点是存在适用性的问题,可能无法直接解决研究问题,同时数据整理和清洗工作要求高。

在网络数据挖掘技术迅速发展的背景下,统计数据的来源日益丰富。比如,可以从社交网络、移动互联网和电子商务等媒介中获取数据,也可以通过抓取用户在网络上的搜索关键词、标签关键词或其他输入语义来获取用户需求的数据资料。

思考与习题

(1) 什么是统计学?

(2) 管理中的统计学和其他统计学有什么区别?

(3) 请举出管理中统计学的几个例子。

第2章
统计量及其抽样分布

2.1 统计量

1. 统计量的概念

在管理研究中,需要从总体中抽取一些样本来推断总体的性质和特征。例如,企业研究中,从企业中抽取某个子集(搜集抽取企业样本、上市公司样本、某个行业样本等)。为了使统计推断成为可能,需要构造不同的样本函数,将分散的样本聚合起来,这种函数称为统计量。例如,样本均值是一个统计量,用来描述样本的平均水平,并推断总体的平均水平。

定义 2.1 设 $X_1, X_2, \cdots, X_n$ 是从总体 X 中抽取的容量为 n 的一个样本,如果由此样本构造一个函数 $T(X_1, X_2, \cdots, X_n)$,不依赖于任何未知参数,则称函数 $T(X_1, X_2, \cdots, X_n)$ 是一个统计量。

通常,又称 $T(X_1, X_2, \cdots, X_n)$ 为样本统计量。当获得样本的一组具体观测值 $x_1, x_2, \cdots, x_n$ 时,代入 T,计算出 $T(x_1, x_2, \cdots, x_n)$ 的数值,就获得一个具体的统计量值。

【例 2.1】 设 $X_1, X_2, \cdots, X_n$ 是从某总体 X 中抽取的一个样本,则

$$\bar{X} = \frac{1}{n} \sum_{i=1}^{n} X_i$$

$$S^2 = \frac{1}{n} \sum_{i=1}^{n} (X_i - \bar{X})^2$$

都是统计量,分别称为样本均值和样本方差。

而 $\sum_{i=1}^{n} [X_i - E(X)]^2$,$[X_i - E(X)]/D(X)$ 都不是统计量,这是因为其中的

$E(X)$ 和 $D(X)$ 都是依赖于总体分布的未知参数。

统计量是由样本构造的一个函数,实际上是对样本所含的信息进行加工处理。统计量在统计学中具有极其重要的地位,它是统计推断的基础,不同的统计推断问题要求构造不同的统计量。

2. 常用统计量

最常用的统计量就是样本的各阶矩及其函数。

样本均值:$\bar{X} = \dfrac{1}{n}\sum_{i=1}^{n}X_i$,是最常用的统计量,用来推断总体 X 的数学期望。

样本方差和标准差:$S^2 = \dfrac{1}{n}\sum_{i=1}^{n}(X_i - \bar{X})^2$ 是样本方差,S 是样本标准差,均是最常用的统计量。样本方差反映的是总体 X 方差的信息。

样本变异系数:$V = S/\bar{X}$,用来推断总体变异系数 C 的信息。变异系数定义为 $C = \sqrt{D(X)}/E(X)$,反映出随机变量在以它的均值为单位时取值的离散程度。该统计量消除了均值不同对不同总体的离散程度的影响,常用来刻画均值不同时不同总体的离散程度。

样本 k 阶矩:$m_k = \dfrac{1}{n}\sum_{i=1}^{n}X_i^k$,反映出总体 k 阶矩的信息。其中,$m_1 = \bar{X}$ 就是样本均值。

样本 k 阶中心矩:$v_k = \dfrac{1}{n}\sum_{i=1}^{n}(X_i - \bar{X})^k$,反映出总体 k 阶中心矩的信息。其中,v_2 就是样本方差。

样本偏度:$g_3 = \sqrt{n}\sum_{i=1}^{n}(X_i - \bar{X})^3 / [\sum_{i=1}^{n}(X_i - \bar{X})^2]^{3/2}$,反映出总体偏度的信息。偏度反映了随机变量密度函数曲线在众数(密度函数在这一点达到最大值)两边的对称偏斜性。如果 $X \sim N(\mu, \sigma^2)$,正态分布是左右对称的,因而它的偏度为零,即偏度 $g_3 = 0$。

样本峰度:$g_4 = n\sum_{i=1}^{n}(X_i - \bar{X})^4 / [\sum_{i=1}^{n}(X_i - \bar{X})^2]^2 - 3$,反映出总体峰度的信息。峰度反映了密度函数曲线在众数附近的"峰"的尖峭程度。正态随机变量 $X \sim N(\mu, \sigma^2)$ 的峰度 $g_4 = 0$。

偏度和峰度的概念在质量控制和可靠性研究中有着极其广泛的应用。

3. 次序统计量

次序统计量是参数估计和假设检验的一类重要的统计量。

定义 2.2 设 X_1，X_2，$\cdots$，X_n 是从总体 X 中抽取的一个样本，$X_{(i)}$ 称为第 i 个次序统计量，它是样本 $(X_1, X_2, \cdots, X_n)$ 满足如下条件的函数：每当样本得到一组观测值 $x_1, x_2, \cdots, x_n$ 时，其由小到大的排序 $x_{(1)} \leqslant x_{(2)} \leqslant \cdots \leqslant x_{(i)} \leqslant \cdots \leqslant x_{(n)}$ 中，第 i 个值 $x_{(i)}$ 就作为次序统计量 $X_{(i)}$ 的观测值，而 $X_{(1)}$，$X_{(2)}$，$\cdots$，$X_{(n)}$ 称为次序统计量。其中，$X_{(1)}$ 和 $X_{(n)}$ 分别为最小和最大次序统计量。

$R_{(n)} = X_{(n)} - X_{(1)}$ 称为样本极差，反映了样本最大值与最小值之间的差距。样本极差的作用与样本方差一样，反映样本观测值的离散程度。不过，由于极差计算过程中，损失了样本的中间信息，因此当样本量 n 增加时，可能会受到异常点的影响，$R_{(n)}$ 所反映的信息不是很可靠。

中位数、分位数、四分位数等都是特殊的次序统计量，在描述样本时经常会用到它们。

4. 充分统计量

样本中包含了关于总体的两部分信息：一是关于总体结构的信息，即反映总体分布的均值、离散程度等结构；二是关于总体中未知参数的信息，这是由于样本的分布中包含了总体分布中的未知信息，如正态分布 $N(\mu, \sigma^2)$ 中的 μ 和 σ 值。

由样本 $(X_1, X_2, \cdots, X_n)$ 构造一个统计量 $T(X_1, X_2, \cdots, X_n)$ 的目的是，通过加工处理，把原来杂乱无章的样本观测值用少数几个经过加工后的统计量的值来代替。但是，对信息的加工只会减少，不会增多，那么一个好的统计量应该能将样本中包含未知参数的全部信息提取出来，即样本加工不损失未知参数的信息。

费希尔(Fisher)在 1922 年提出了一个重要概念——统计量的充分性，即统计量加工过程中一点信息都不损失的统计量通常称为充分统计量，这类统计量对保证基于统计量的统计推断质量具有重要意义。注意，统计量的充分性是经典统计和贝叶斯统计中为数不多的相一致的观点之一。

【例 2.2】 某灯泡厂需要检验其产品的合格情况，设不合格率为 p，质检员随机抽取了 100 个灯泡，质检结果是，除前 3 个是不合格产品(记为 $X_1 = 1$，$X_2 = 1$，$X_3 = 1$)，其他都是合格产品(记为 $X_i = 0$，$i = 4, 5, \cdots, 100$)。当企业领导问及抽检结果时，质检员可能给出两种不同的回答：① 抽检的 100 个灯泡中有 3 个不合格(记为 $\sum\limits_{i=1}^{100} X_i = 3$)；② 抽检的 100 个灯泡中前 3 个不合格($X_1 = 1$，$X_2 = 1$，$X_3 = 1$)。这两种可能的回答分别对应的不同统计量为：第①种为 $T_1 = \sum\limits_{i=1}^{100} X_i$，第②种为 $T_2 = X_1 + X_2 + X_3$。显然，在这两种统计量中，统计量 T_2 不包含样本中有关 p 的全部信息,而统计量 T_1 综合了样本中有关 p 的全部信息,使样本信息没有任何损失,因而 T_1 比 T_2 更令人满意。

通常在产品检验的案例中,二项分布(Binomial Distribution)有着重要的应用。用来描述事件 $\{X=k\}$,即 n 次试验中事件 A 恰好发生 k 次的分布情况。其中不合格品率 p 是该二项分布的参数,而样本统计量 $T_1 = \sum_{i=1}^{100} X_i$ 是不合格品率 p 的充分统计量。

当 $X = (X_1, X_2, \cdots, X_n)$ 是来自正态分布 $N(\mu, \sigma^2)$ 的一个样本时,若 μ 已知,则 $\sum_{i=1}^{n} (X_i - \mu)$ 是 σ^2 的充分统计量;若 σ^2 已知,则 $\bar{X} = \dfrac{1}{n} \sum_{i=1}^{n} X_i$ 是 μ 的充分统计量。

2.2　统计量分布

1. 抽样分布

抽样分布也称统计量分布、随机变量函数分布,是指样本估计量的分布。以统计量样本均值为例,是总体平均数的一个估计量。如果按照相同的样本容量,相同的抽样方式,反复地抽取样本,每次可以计算一个平均数,所有可能样本的平均数所形成的分布,就是样本平均数的抽样分布(见图 2.1)。

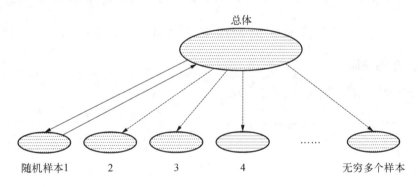

图 2.1　总体和样本的关系示意

在一元统计学中,抽样分布、参数估计和假设检验是统计推断的三个核心内容。统计量抽样分布的性质决定了评价一个统计推断的优良性。从数理统计的角度来说,当总体 X 的分布已知时,若对任一自然数 n,都能导出统计量 $T = T(X_1, X_2, \cdots, X_n)$ 分布的数学表达式,这种分布称为精确抽样分布。精确抽样分布大多是从正态总体推演得出,主要有 χ^2 分布、t 分布、F 分布,称为统计三大分布。

2. 渐近分布

在统计学理论中,能求出的精确抽样分布并不多。可以借助极限工具,随着样本量 n 无限增大时,统计量 $T(X_1, X_2, \cdots, X_n)$ 的极限分布。在实际中,n 足够大时,可以用极限分布作为精确抽样分布的一种近似,这种极限情况称为渐近分布。

2.3 统计三大分布

1. χ^2 分布

定义 2.3 若 n 个随机变量 $X_1, X_2, \cdots, X_n$ 相互独立,且符合标准正态分布 $N(0, 1)$,则随机变量 X_i 平方和 $\sum_{i=1}^{n} X_i^2$ 服从自由度为 n 的 χ^2 分布,记为 $X \sim \chi^2(n)$。

χ^2 分布是统计推断中应用最为广泛的概率分布之一,例如假设检验和置信区间的计算。$\chi^2(n)$ 的 p 分位数 $\chi_p^2(n)$ 可从卡方分布表查得。

自由度是统计学的一个重要概念,指式子中独立变量的个数。若式子包含有 n 个变量,其中 k 个被限制的样本统计量,则这个表达式的自由度为 $n-k$。 自由度在矩阵理论中,即二次型的秩(rank)。例如,$Y = X^2$ 是自由度为 1 的 χ^2 分布,$\mathrm{rank}(Y) = 1$,而 $Z = \sum_{i=1}^{n} X_i^2$ 是自由度为 n 的 χ^2 分布,$\mathrm{rank}(Z) = n$。

χ^2 分布的性质:

χ^2 分布的数学期望为:$E(\chi^2) = n$。

χ^2 分布的方差为:$D(\chi^2) = 2n$。

χ^2 分布的可加性:若 $\chi_1^2 \sim \chi^2(n_1)$,$\chi_2^2 \sim \chi^2(n_2)$,且独立,则 $\chi_1^2 + \chi_2^2 \sim \chi^2(n_1 + n_2)$。

图 2.2 为 $n=1$,$n=4$,$n=10$,$n=15$ 时,χ^2 分布的概率密度函数曲线。可以看出,当自由度增加到足够大时,χ^2 分布的概率密度曲线趋于对称。事实上,如果引入极限概率,当 $n \to +\infty$ 时,χ^2 分布的极限分布是正态分布。

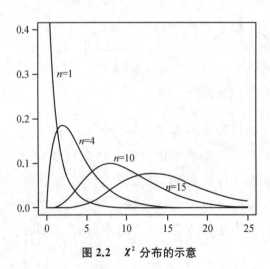

图 2.2 χ^2 分布的示意

2. t 分布

定义 2.4　设随机变量 $X \sim N(0, 1)$，$Y \sim \chi^2(n)$，并且 X 与 Y 相互独立，则 $t = \dfrac{X}{\sqrt{Y/n}}$ 称为 t 分布，也称学生分布，记为 $t(n)$，n 为自由度。

t 分布的性质：

当 $n \geqslant 2$ 时，t 分布的数学期望 $E(t) = 0$。

当 $n \geqslant 3$ 时，t 分布的方差 $D(t) = \dfrac{n}{n-2}$。

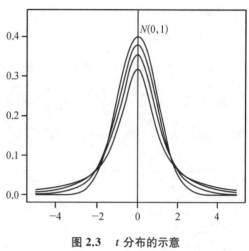

图 2.3　t 分布的示意

由图 2.3 可以看出，t 分布的密度函数曲线与标准正态分布 $N(0, 1)$ 非常相似，都是单峰偶函数，以 y 轴对称。自由度为 1 的分布称为柯西分布，随着自由度 n 的增加，t 分布的密度函数越来越趋于标准正态分布。在实际中，一般当 $n \geqslant 30$ 时，t 分布与标准正态分布就非常接近。t 分布的 p 分位数 $t_p(n)$ 可查 t 分布表获得。

下面两个是关于 t 分布有关的统计量，将在后面参数估计和假设检验中得到运用。

【例 2.3】　设 X_1，X_2，$\cdots$，X_n 是来自正态分布 $N(\mu, \sigma^2)$ 的一个样本，$\bar{X} = \dfrac{1}{n}\sum_{i=1}^{n}X_i$，$S^2 = \dfrac{1}{n-1}\sum_{i=1}^{n}(X_i - \bar{X})^2$，则可以验证 $\dfrac{\sqrt{n}(\bar{X} - \mu)}{S} \sim t(n-1)$，即服从自由度为 $(n-1)$ 的 t 分布。

设 X 和 Y 是两个相互独立的总体，$X \sim N(\mu_1, \sigma^2)$，$Y \sim N(\mu_2, \sigma^2)$，$X_1$，$\cdots$，$X_n$ 是来自 X 的一个样本，Y_1，Y_2，$\cdots$，Y_m 是来自 Y 的一个样本，记

$$\bar{X} = \frac{1}{n}\sum_{i=1}^{n}X_i$$

$$\bar{Y} = \frac{1}{m}\sum_{i=1}^{m}Y_i$$

$$S_x^2 = \frac{1}{n-1}\sum_{i=1}^{n}(X_i - \bar{X})^2$$

$$S_y^2 = \frac{1}{m-1}\sum_{i=1}^{m}(Y_i - \bar{Y})^2$$

$$S_{xy}^2 = \frac{(n-1)S_x^2 + (m-1)S_y^2}{n+m-2}$$

则 $\frac{(\bar{X}-\bar{Y})-(\mu_1-\mu_2)}{S_{xy}}\sqrt{\frac{mn}{m+n}} \sim t(n+m-2)$，即服从自由度为 $(n+m-2)$ 的 t 分布。

3. F 分布

定义 2.5 设随机变量 Y 与 Z 相互独立，且 Y 和 Z 分别服从自由度为 m 和 n 的 χ^2 分布，随机变量 $X = \frac{Y/m}{Z/n} = \frac{nY}{mZ}$，则 X 服从第一自由度为 m，第二自由度为 n 的 F 分布，记为 $X \sim F(m, n)$。

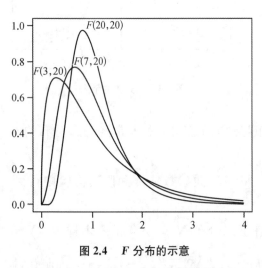

图 2.4 F 分布的示意

图 2.4 为 F 分布的示意图。

F 分布的性质：

当 $n > 2$ 时，$F(m, n)$ 分布的数学期望为：$E(X) = \frac{n}{n-2}$。

当 $n > 2$ 时，$F(m, n)$ 分布的方差为：

$$D(X) = \frac{2n^2(m+n-2)}{m(n-2)(n-4)}。$$

F 分布的 p 分位数 $F_p(m, n)$ 和 $F_{1-p}(n, m)$ 存在的关系：$F_p(m, n) = \dfrac{1}{F_{1-p}(n, m)}$。

F 分布与 t 分布存在的关系：如果随机变量 X 服从 $t(n)$ 分布，则 X^2 服从 $F(1, n)$ 的 F 分布。

F 分布的 p 分位数 $F_p(m, n)$ 可查 F 分布表，注意查询时两个自由度的位置不可互换。F 分布有着广泛的应用，在方差分析、回归方程的显著性检验中都有着重要地位。

2.4　中心极限定理和样本均值的抽样分布

1. 中心极限定理

中心极限定理是概率论中最著名的结果之一，是讨论大量的独立随机变量之和或平均数渐近于正态分布的一类定理，包括辛钦中心极限定理、德莫佛-拉普拉斯中心极限定理、李亚普洛夫中心极限定理、林德贝尔格定理等。

这类定理说明的是在一定条件下,不管总体的分布是什么,大量独立随机变量之和或平均数是以正态分布为极限的。它不仅提供了计算独立随机变量之和或均值的近似概率的简单方法,也解释了为什么自然界中许多独立事件呈现出钟形(即正态)曲线这一事实。因此,中心极限定理证实了正态分布在数理统计中的重要地位,也使正态分布有了广泛的应用。

2. 样本均值的抽样分布

设 X_1, X_2, $\cdots$, X_n 是从某一总体中抽出的独立分布的随机样本。要知道样本均值 $\bar{X}$ 的分布,需要知道总体的分布。我们主要介绍在总体分布为正态分布 $N(\mu, \sigma^2)$ 时样本均值 $\bar{X}$ 的分布,这一方面由于正态分布是最常见的分布之一,另一方面由中心极限定理,当样本量 n 比较大、总体方差 σ^2 有限时,不管总体的分布是什么,样本均值 $\bar{X}$ 的分布总是近似正态分布。

定理 2.1　当总体分布为正态分布 $N(\mu, \sigma^2)$ 时,则 $\bar{X}$ 的抽样分布仍为正态分布。若 $\bar{X}$ 的数学期望为 μ,方差为 σ^2/n,则 $\bar{X} \sim N\left(\mu, \dfrac{\sigma^2}{n}\right)$,或者 $\dfrac{\bar{X}-\mu}{\sigma/\sqrt{n}} \sim N(0, 1)$。当总体分布未知时,当 n 足够大时,根据中心极限定理,$\bar{X}$ 近似服从 $N\left(\mu, \dfrac{\sigma^2}{n}\right)$,或者 $\dfrac{\bar{X}-\mu}{\sigma/\sqrt{n}} \sim N(0, 1)$。

对任何总体分布,设总体均值为 μ,总体方差为 σ^2,总有 $E(\bar{X}) = E\left(\dfrac{1}{n}\sum\limits_{i=1}^{n} X_i\right) = \dfrac{1}{n}\sum\limits_{i=1}^{n} E(X_i) = \mu$,以及 $D(\bar{X}) = D\left(\dfrac{1}{n}\sum\limits_{i=1}^{n} X_i\right) = \dfrac{1}{n^2}\sum\limits_{i=1}^{n} D(X_i) = \dfrac{\sigma^2}{n}$。

中心极限定理要求 n 足够大,那么多大才算足够大。在实际应用中,常要求 $n \geqslant 30$;而管理研究中,企业层样本常要求 $n \geqslant 100$,而员工、消费者等微观层样本常要求 $n \geqslant 200$,甚至 $n \geqslant 1\,000$,但这些样本量的估计只是一种经验说法。

【例 2.4】　某灯泡厂家声称其生产的灯泡具有均值为 60 个月、标准差为 6 个月的寿命分布。为检验该说法是否准确,随机抽取 50 个该厂生产的灯泡进行寿命试验。

(1) 假定厂商声称是正确的,则描述 50 个灯泡平均寿命的抽样分布。

(2) 假定厂商声称是正确的,则计算 50 个灯泡平均寿命不超过 57 个月的概率。

解: (1) 我们并不清楚灯泡寿命分布情况,但根据中心极限定理,该样本的平均寿命分布近似服从正态分布,其均值 $\mu_X = \mu = 60$,方差 $\sigma_X^2 = \dfrac{\sigma_X^2}{n} = \dfrac{6^2}{50} = 0.72$,$\sigma_{\bar{X}} = \sqrt{\sigma_{\bar{X}}^2} = \sqrt{0.72} = 0.85$,即 $\bar{X} \sim N(60, 0.85^2)$。

(2) 如果厂方声称是正确的,则观察到 50 个灯泡的平均寿命不超过 57 个月的概率为

$$P(\bar{X} \leqslant 57) = P\left(\frac{\bar{X}-60}{0.85} \leqslant \frac{57-60}{0.85}\right) = P\left(Z \leqslant \frac{57-60}{0.85}\right)$$
$$= P(Z \leqslant -3.529) = 1 - P(Z \leqslant 3.529)$$
$$= 1 - \Phi(3.529) = 1 - 0.9998 = 0.0002$$

因此,如果厂方的说法正确,则 50 个灯泡的平均寿命不超过 57 个月的概率为 0.0002。如果检测样本中,观察到 50 个灯泡的平均寿命低于 57 个月,则有理由怀疑厂方说法的正确性。

2.5 样本比例的抽样分布

在管理研究中还会遇到计数问题。例如,考察某个产品的喜好比例,假设总体从对该产品的喜欢比例为 π,这时我们从总体中随机抽取 n 个样本进行调查时,喜欢该产品的人数为 X,则样本中喜欢该产品的比例为 $\hat{p} = \dfrac{X}{n}$,则可以用样本比例 $\hat{p}$ 来估计总体比例 π。

同样,当样本量 n 足够大时,$\hat{p}$ 的分布可用正态分布去近似。此时,$\hat{p}$ 服从均值为 π、方差为 $\dfrac{\pi(1-\pi)}{n}$ 的正态分布,即 $\hat{p} \sim N\left(\pi, \dfrac{\pi(1-\pi)}{n}\right)$。

【例 2.5】 假定某产品的不合格率为 2%,我们检查一个 600 个产品构成的随机样本,则至少有一个不合格产品所占的比例在 $0.025 \sim 0.070$ 之间的概率有多大?

解:设 600 个产品中至少有一个不合格产品所占的比例为 $\hat{p}$,由题意可知

$$\mu_{\hat{p}} = \pi = 0.02$$

$$\sigma_{\hat{p}} = \sqrt{\frac{\pi(1-\pi)}{n}} = \sqrt{\frac{0.02 \times 0.98}{600}} = 0.0057$$

因为

$$\mu_{\hat{p}} - 2\sigma_{\hat{p}} = 0.02 - 0.011\,4 = 0.008\,6$$

$$\mu_{\hat{p}} + 2\sigma_{\hat{p}} = 0.02 + 0.011\,4 = 0.031\,4$$

均在 0~1 之间，根据中心极限定理，有

$$\hat{p} \sim N\left(\pi,\ \frac{\pi(1-\pi)}{n}\right)$$

即

$$\hat{p} \sim N(0.02,\ 0.005\,7^2)$$

所求概率为

$$P(0.025 \leqslant \hat{p} \leqslant 0.070) = P\left(\frac{0.025-\pi}{\sqrt{\dfrac{\pi(1-\pi)}{n}}} \leqslant \frac{\hat{p}-\pi}{\sqrt{\dfrac{\pi(1-\pi)}{n}}} \leqslant \frac{0.070-\pi}{\sqrt{\dfrac{\pi(1-\pi)}{n}}}\right)$$

$$= P(0.877 \leqslant Z \leqslant 8.77)$$

$$= \Phi(8.77) - \Phi(0.877) = 0.190\,2$$

即至少有一个不合格产品所占的比例在 0.025~0.070 之间的概率为 19.02%。

2.6　两总体样本均值之差的分布

在管理研究中，经常会遇到比较两个平均值或比例的问题。例如，比较两种投资项目的预期回报，比较两种产品的市场接受程度，比较两种生产工艺的产品合格情况等，这些问题都可以用两个样本均值之差的统计量研究。

从两个总体中选出的两个独立随机样本，计算两个样本的平均值 $\bar{X}_1$ 与 $\bar{X}_2$ 之差，用 $\bar{X}_1 - \bar{X}_2$ 来估计总体的均值之差 $\mu_1 - \mu_2$，首先需要研究 $\bar{X}_1 - \bar{X}_2$ 的抽样分布。

设 $\bar{X}_1$ 是独立地抽自总体 $X_1 \sim N(\mu_1,\ \sigma_1^2)$ 的一个容量为 n_1 的样本的均值，$\bar{X}_2$ 是独立地抽自总体 $X_2 \sim N(\mu_2,\ \sigma_2^2)$ 的一个容量为 n_2 的样本的均值，则有 $\bar{X}_1 - \bar{X}_2$ 满足正态分布，并且均值和方差分别为

$$E(\bar{X}_1 - \bar{X}_2) = E(\bar{X}_1) - D(\bar{X}_2) = \mu_1 - \mu_2$$

$$D(\bar{X}_1 - \bar{X}_2) = D(\bar{X}_1) + D(\bar{X}_2) = \frac{\sigma_1^2}{n_1} + \frac{\sigma_2^2}{n_2}$$

同样，根据中心极限定理，当 n_1 和 n_2 足够大时，则 $\bar{X}_1 - \bar{X}_2$ 的抽样分布无论总体

分布如何,都可以用正态分布来近似。

【例 2.6】 A公司有甲乙两个工厂。招聘员工时,甲工厂员工面试平均分为 655 分,且服从正态分布,标准差为 20 分;乙工厂面试平均分为 625 分,也是正态分布,标准差为 25 分。现从甲、乙两个工厂各随机抽取 8 名员工计算其平均分数,则甲工厂比乙工厂平均分低的概率有多大?

解: 因为两个总体均为正态分布,所以 8 名员工的平均成绩 $\bar{X}_1$,$\bar{X}_2$ 也分别为正态分布,$\bar{X}_1 - \bar{X}_2$ 也为正态分布,且

$$\bar{X}_1 - \bar{X}_2 \sim N\left(\mu_1 - \mu_2, \frac{\sigma_1^2}{n_1} + \frac{\sigma_2^2}{n_2}\right)$$

甲工厂员工面试平均成绩低于乙工厂员工面试平均成绩,即 $\bar{X}_1 - \bar{X}_2 \leqslant 0$,故

$$P(\bar{X}_1 - \bar{X}_2 \leqslant 0) = P\left(\frac{\bar{X}_1 - \bar{X}_2 - (\mu_1 - \mu_2)}{\sqrt{\frac{\sigma_1^2}{n_1} + \frac{\sigma_2^2}{n_2}}} \leqslant \frac{0 - (655 - 625)}{\sqrt{\frac{20^2}{8} + \frac{25^2}{8}}}\right)$$

$$= P(Z \leqslant -2.65) = 0.004$$

由此可见,出现甲工厂员工面试平均成绩低于乙工厂员工面试平均成绩的可能性很小。

2.7 两总体样本比例之差的分布

接下来讨论两个样本比例之差的抽样分布。设分别从具有参数为 π_1 和参数为 π_2 的二项总体中抽取包含 n_1 个观测值和 n_2 个观测值的独立样本,则两个样本比例之差的抽样分布为 $\hat{p}_1 - \hat{p}_2 = \frac{X_1}{n_1} - \frac{X_2}{n_2}$,数学期望为 $E(\hat{p}_1 - \hat{p}_2) = \pi_1 - \pi_2$,方差为 $D(\hat{p}_1 - \hat{p}_2) = \frac{\pi_1(1 - \pi_1)}{n_1} + \frac{\pi_2(1 - \pi_2)}{n_2}$。同样,当 n_1 和 n_2 足够大时,$(\hat{p}_1 - \hat{p}_2)$ 的抽样分布近似为正态分布。

【例 2.7】 一项抽样调查表明甲城市消费者中有 15% 的人喝过某品牌的矿泉水,而乙城市的消费者中只有 8% 的人喝过该品牌矿泉水。当分别从甲城市抽取 120 人,乙城市抽取 140 人组成两个独立随机样本时,样本比例差 $\hat{p}_1 - \hat{p}_2$ 不低于 0.08 的概率有多大?

解：根据题意 $\pi_1 = 0.15$，$\pi_2 = 0.08$，$n_1 = 120$，$n_2 = 140$，$\hat{p}_1 - \hat{p}_2$ 的抽样分布可认为近似服从正态分布，即

$$(\hat{p}_1 - \hat{p}_2) \sim N\left(\pi_1 - \pi_2, \frac{\pi_1(1-\pi_1)}{n_1} + \frac{\pi_2(1-\pi_2)}{n_2}\right)$$

即

$$(\hat{p}_1 - \hat{p}_2) \sim N(0.07,\ 0.001\ 59)$$

从而所求概率为

$$
\begin{aligned}
P(\hat{p}_1 - \hat{p}_2 \geqslant 0.08) &= P\left(\frac{(\hat{p}_1 - \hat{p}_2) - 0.07}{\sqrt{0.001\ 59}} \geqslant \frac{0.08 - 0.07}{\sqrt{0.001\ 59}}\right) \\
&= P(Z \geqslant 0.251) \\
&= 0.400\ 9
\end{aligned}
$$

2.8　样本方差的分布

样本方差在大样本条件下满足下面的分布：

$$\frac{(n-1)S^2}{\sigma^2} \sim \chi^2(n-1)$$

式中，将 $\chi^2(n-1)$ 称为自由度为 $n-1$ 的卡方分布。

如果有两个总体，X_1，X_2，$\cdots$，X_{n_1} 是来自正态总体 $N(\mu_1, \sigma_1^2)$ 的一个样本，Y_1，Y_2，$\cdots$，Y_{n_2} 是来自正态总体 $N(\mu_2, \sigma_2^2)$ 的一个样本，且 $X_i(i=1, 2, \cdots, n_1)$ 与 $Y_i(i=1, 2, \cdots, n_2)$ 相互独立，则两个样本方差比服从分布：

$$\frac{S_x^2/S_y^2}{\sigma_1^2/\sigma_2^2} = \frac{S_x^2/\sigma_1^2}{S_y^2/\sigma_2^2} \sim F(n_1-1,\ n_2-1)$$

式中，$S_x^2 = \frac{1}{n_1-1} \sum_{i=1}^{n_1} (X_i - \bar{X})^2$，$S_y^2 = \frac{1}{n_2-1} \sum_{i=1}^{n_2} (Y_i - \bar{Y})^2$，$\bar{X}$ 和 $\bar{Y}$ 分别为两个样本均值。

$F(n_1-1, n_2-1)$ 是第一自由度（分子自由度）为 n_1-1，第二自由度（分母自由度）为 n_2-1 的 F 分布。

思考与习题

（1）管理研究中的统计学和其他统计学有什么区别？

（2）如何理解统计量在统计中的作用？

（3）一家汽车零售店的 10 名销售人员 5 月份销售的汽车数量（单位：辆）排序后如下：

2 4 7 10 10 10 12 12 14 15

要求：

① 计算汽车销售量的众数、中位数和平均数。

② 计算销量的四分位数。

③ 计算销量的标准差。

④ 说明汽车销售量分布的特征。

（4）一种产品需要人工组装，现有三种可供选择的组装方法。为检验哪种方法更好，随机抽取 15 个工人，让他们分别用三种方法组装。表 2.1 是 15 个工人分别用三种方法在相同时间内组装的产品数量：

表 2.1 15 个工人分别用三种方法在相同时间内组装的产品数量　　单位：个

方 法 A	方 法 B	方 法 C
164	129	125
167	130	126
168	129	126
165	130	127
170	131	126
165	130	128
164	129	127
168	127	126
164	128	127
162	128	127
163	127	125

方 法 A	方 法 B	方 法 C
166	128	126
167	128	116
166	125	126
165	132	125

要求：

① 你准备采用什么方法来评价组装方法的优劣？

② 如果让你选择一种方法，你会做出怎样的选择？试说明理由。

第 **3** 章
参数估计和假设检验

3.1　参数估计的基本原理

如果能够掌握总体的全部数据,如人口普查,那么只需要做一些简单的统计描述,就可以得到所关心的总体特征,比如总体均值、方差、比例等。但现实情况比较复杂,人力物力等资源有限,现实中常常不可能对总体中的每个个体进行测量。这就需要从总体中抽取一部分个体进行调查,并利用样本信息来推断总体特征。

参数估计是通过观察到的样本数据推断总体的概率分布,并得到这个概率分布的某些未知参数的过程。比如,用样本均值 $\bar{x}$ 估计总体均值 μ,用样本比例 p 估计总体比例 π,用样本方差 s^2 估计总体方差 σ^2 等。它是统计学中一种重要的方法,在管理学研究中有重要应用,在经济学、医学、生物学、工程学等学科也有广泛应用。

如果将总体参数笼统地用一个符号 θ 来表示,称为估计值,而用于估计总体参数的统计量用 $\hat{\theta}$ 表示,称为估计量,参数估计也就是如何用 $\hat{\theta}$ 来估计 θ,并考察估计的准确程度。样本均值、样本比例、样本方差等都可以是一个估计量,可以用来估计总体的均值、概率、方差。比如,要估计某个行业企业的利润均值,该行业总体情况是不知道的。从该行业中抽取一个随机样本,根据样本计算的利润均值 $\bar{x}$ 就是一个估计量,假定计算出来的样本平均值为 100 万元,这个 100 万元就是估计量的具体数值,称为估计值。

1. 点估计(量)

点估计是指通过样本数据,得到样本统计量 $\hat{\theta}$ 的某个取值直接作为总体参数 θ 的估计值,常见的点估计方法有最大似然估计和矩估计。比如,用样本均值 $\bar{x}$ 直接作为总体均值 μ 的估计值,用样本比例 p 直接作为总体比例 π 的估计值,用样本方差 s^2

直接作为总体方差 σ^2 的估计值等。最大似然估计是选择未知参数值,使得样本数据出现的概率最大。矩估计是通过样本数据估计总体的矩,进而估计未知参数的值。例如,若要估计一批产品的合格率,根据抽样结果合格率为 96%,将 96% 直接作为这批产品合格率的估计值。

由于是随机抽样,得到的点估计值很可能不同于总体真值。仅仅是点估计不能反映估计的误差和精确程度。在用点估计值时,还需要给出点估计值的可靠性,也就是点估计值与总体参数的接近程度。因此就不能完全依赖于一个点估计值,而是围绕点估计值构造总体参数的一个区间,这就是区间估计。

2. 区间估计

区间估计是指通过样本数据,在点估计的基础上给出总体参数估计所在的区间(见图 3.1)。区间估计的方法有置信区间和最大后验概率区间。其中置信区间是指在给定置信水平的前提下得到未知参数值所在区间的概率。最大后验概率区间是通过贝叶斯统计学的方法得到未知参数值所在区间的概率。置信区间是由样本统计量所构造的总体参数的估计区间,其中区间的最小值称为置信下限,最大值称为置信上限。置信区间意味着在这个区间内,有多大的可能性包含真正的总体参数。

由样本均值的抽样分布可知,在重复抽样或无限总体抽样的情况下,样本均值的数学期望等于总体均值,即 $E(\bar{x})=\mu$,样本均值的标准误差为 $\sigma_x=\sigma\sqrt{n}$,由此可知,样本均值 $\bar{x}$ 落在总体均值 μ 的两侧各为 1 个抽样标准

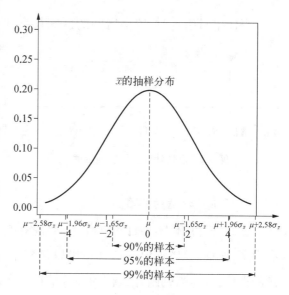

图 3.1 区间估计示意

差范围内的概率为 0.682 7;落在 2 个抽样标准差范围内的概率为 0.954 5;落在 3 个抽样标准差范围内的概率为 0.997 3,等等。实际上,可以求出样本均值 $\bar{x}$ 落在总体均值 μ 的两侧任何一个抽样标准差范围内的概率。

但在做估计时,情况恰好相反。也就是总体 μ 是未知的,也正是将要估计的,而样本 $\bar{x}$ 是已知的。由于 $\bar{x}$ 与 μ 的距离是对称的,如果某个样本的平均值落在 μ 的两个标准差范围之内,反过来,μ 也就被包括在以 $\bar{x}$ 为中心左右两个标准差的范围之内。因此约有 95% 的样本均值会落在 μ 的两个标准差的范围之内。也就是说,约

有 95％的样本均值所构造的两个标准差的区间会包括 μ。通俗地说,如果抽取 100 个样本来估计总体的均值,由 100 个样本所构造的 100 个区间中,约有 95 个区间包含总体均值,而另外 5 个区间则不包含总体均值。

在构造置信区间时,可以用所希望的任意值作为置信水平。比较常用的置信水平及正态分布曲线下右侧面积为 $\alpha/2$ 时的 z 值($z_{\alpha/2}$)见表 3.1。

表 3.1　常用置信水平的 $z_{\alpha/2}$ 值

置信水平	α	$\alpha/2$	$z_{\alpha/2}$
90％	0.10	0.05	1.645
95％	0.05	0.025	1.96
99％	0.01	0.005	2.58

当样本量给定时,置信区间的区间长度随着置信水平的增大而增大,也就是说,区间长度越长,则该区间包含真值的可能性越大;当置信水平固定时,置信区间长度随样本量的增大而减小,即较大的样本量估计值则越准确。

点估计和置信区间的概念可用图 3.2 来表示。

图 3.2　点估计和置信区间示意

3. 评价估计量的标准

参数估计用样本估计量 $\hat{\theta}$ 作为总体参数 θ 的估计。实际上,可供选择的估计量有很多,例如,总体均值的估计量可以是样本均值,也可以是样本中位数。需要有一定的评价标准,来判断什么样的估计量是一个好的估计量。常用的评价标准有多个,如无偏性、有效性、均方误差最小与相合性等。

(1)**无偏性**指估计量抽样分布的数学期望等于被估计的总体参数。设总体参数为 θ,所选择的估计量为 $\hat{\theta}$,如果 $E(\hat{\theta}) = \theta$,则称 $\hat{\theta}$ 为 θ 的无偏估计量(见图 3.3)。

根据样本均值的抽样分布可知,样本均值、样本比例分别是总体均值和比例的无偏估计,即 $E(\bar{x})=\mu$,$E(p)=\pi$。同样可以证明,样本方差是总体方差的无偏估计,$E(s^2)=\sigma^2$。因此 $\bar{x}$,p,s^2 分别是总体均值 μ,总体比例 π,总体方差 σ^2 的无偏估计量。

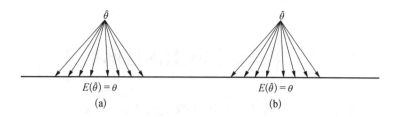

图 3.3　无偏和有偏估计量

（a）无偏估计量　（b）有偏估计量

（2）**有效性**指对同一总体参数的两个无偏估计量，有更小标准差的估计量更有效。一个无偏的估计量并不意味着它就非常接近被估计的参数，它还必须与总体参数的离散程度比较小。假设有两个用来估计总体参数的无偏估计量 $\hat{\theta}_1$ 和 $\hat{\theta}_2$，如果 $\hat{\theta}_1$ 的方差小于 $\hat{\theta}_2$ 的方差，即 $D(\hat{\theta}_1) < D(\hat{\theta}_2)$，则称 $\hat{\theta}_1$ 是比 $\hat{\theta}_2$ 更有效的一个估计量。

图 3.4 比较了两个无偏估计量 $\hat{\theta}_1$ 和 $\hat{\theta}_2$ 的抽样分布。可以看出，$\hat{\theta}_1$ 的方差比 $\hat{\theta}_2$ 的方差小，因此 $\hat{\theta}_1$ 比 $\hat{\theta}_2$ 更有效，$\hat{\theta}_1$ 的值比 $\hat{\theta}_2$ 的值更接近总体的参数，是一个更好的估计量。

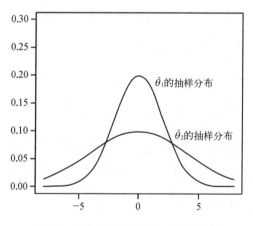

图 3.4　两个无偏估计量的有效性比较

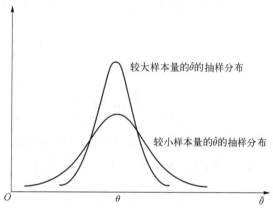

图 3.5　不同样本量的抽样分布比较

（3）**一致性**指随着样本量的增大，该点估计量的取值越来越接近总体的参数。也就是说，该估计量能够将样本量的因素包含在内，并且样本量越大，估计量越准确。例如，样本均值抽样分布的标准差为 $\sigma_x = \sigma/\sqrt{n}$，这说明 σ_x 与样本量 n 大小成反比，样本量越大，σ_x 的值就越小。可见，当样本量增大时候，σ_x 更接近于总体均值。因此，样本均值作为总体均值的估计量是一致性的。

不同样本量的抽样分布比较，如图 3.5 所示。

3.2 单一总体参数的区间估计

单样本参数估计时,主要估计的总体参数是总体均值 μ、总体方差 σ^2 和总体比例 π 等。通常思路是通过点估计计算估计值,再构造总体参数的置信区间。

1. 总体均值的区间估计

对均值进行区间估计时,需要考虑总体是否为正态分布、总体方差是否已知。在传统统计学中还需要考虑样本量的大小,但对于管理学研究,小样本的情况几乎不存在,所以我们仅考虑大样本的情况($n \geqslant 30$)。在大样本中,根据中心极限定理,任何分布均可以近似看成正态分布,这为估计带来了很大的便利性。

当总体 σ^2 已知时,样本均值 $\bar{x}$ 的数学期望为总体均值 μ,方差为 σ^2/n。样本均值经过标准化服从标准正态分布,即

$$z = \frac{\bar{x} - \mu}{\sigma/\sqrt{n}} \sim N(0, 1)$$

根据正态分布的性质可以得出总体均值 μ 在 $1-\alpha$ 置信水平下的置信区间为

$$\bar{x} \pm z_{\alpha/2} \frac{\sigma}{\sqrt{n}}$$

$\bar{x} - z_{\alpha/2} \dfrac{\sigma}{\sqrt{n}}$ 为置信下限,$\bar{x} + z_{\alpha/2} \dfrac{\sigma}{\sqrt{n}}$ 为置信上限;α 是事先所确定的一个概率值,也称为风险值,它是总体均值不包括在置信区间的概率,通常取 0.05;$1-\alpha$ 称为置信水平;$z_{\alpha/2}$ 是标准正态分布右侧面积为 $\alpha/2$ 时的 z 值。可以看出,总体均值的置信区间由点估计值($\bar{x}$)和描述估计精确程度的估计误差 $\left(\pm z_{\alpha/2} \dfrac{\sigma}{\sqrt{n}}\right)$ 构成。

当总体 σ^2 未知时,这也是管理研究中通常出现的情形。可以用样本方差 s^2 代替总体方差 σ^2,这时总体均值 μ 在 $1-\alpha$ 置信水平下的置信区间为

$$\bar{x} \pm z_{\alpha/2} \frac{s}{\sqrt{n}}$$

【例 3.1】 一家面粉厂规定生产的面粉每袋重量为 $10\ \mathrm{kg}$,面粉厂质控部门每天需要抽检以保证生产质量。现从某天生产的一批面粉中随机抽取 30 袋,测得每袋重量如下:

单位：kg

106.4	104.8	105.5	102.6	106.1
96.0	95.4	96.6	90.0	96.0
98.1	97.8	98.9	105.2	107.1
102.8	100.5	104.0	99.3	100.5
102.1	106.8	92.0	104.7	97.1
90.7	107.6	106.1	94.2	100.3

试估计该天产品平均重量的置信区间，置信水平为 95％。

解：当置信水平 $1-\alpha=95\%$ 时，查标准正态分布表，得 $z_{\alpha/2}=1.96$。

根据样本数据计算的样本均值为

$$\bar{x}=\frac{\sum\limits_{i=1}^{n}x_i}{n}=\frac{3\,015.2}{30}=100.5$$

$$\bar{x}\pm z_{\alpha/2}\frac{s}{\sqrt{n}}=100.5\pm1.96\times\frac{5.15}{\sqrt{30}}$$

即 $100.5\pm1.84=(98.66,102.34)$，该批食品平均重量 95％的置信区间为 98.66 kg～102.34 kg，说明该天生产的面粉重量在 95％的水平下是合格的。

2. 总体比例的区间估计

在大样本条件下，样本比例 p 的抽样分布近似于正态分布。p 的数学期望为 $E(p)=\pi$，p 的方差为 $\sigma_p^2=\dfrac{\pi(1-\pi)}{n}$，通过标准化将其转化为标准正态分布，即

$$z=\frac{p-\pi}{\sqrt{\pi(1-\pi)/n}}\sim N(0,1)$$

与总体均值的区间估计类似，在样本比例 p 的基础上加减估计误差 $z_{\alpha/2}\sigma_p$，即得总体比例 π 在 $1-\alpha$ 置信水平下的置信区间为

$$p\pm z_{\alpha/2}\sqrt{\frac{\pi(1-\pi)}{n}}$$

然而在实际中，上式的总体比例 π 是未知的，也正是要估计的。所以，需要用样本比例 p 来代替 π。这时，总体比例的置信区间可表示为

$$p \pm z_{\alpha/2} \sqrt{\frac{p(1-p)}{n}}$$

【例 3.2】 某企业想要调查员工工作满意情况,随机抽取 200 名员工,其中 130 人对工作表示满意。请以 95% 的置信水平估计该企业员工满意比例的置信区间。

解: 已知 $n=200$,$z_{\alpha/2}=1.96$。根据抽样结果计算的样本比例为

$$p = \frac{130}{200} = 65\%$$

得

$$p \pm z_{\alpha/2} \sqrt{\frac{p(1-p)}{n}} = 65\% \pm 1.96 \times \sqrt{\frac{65\% \times (1-65\%)}{200}}$$

即 $65\% \pm 4.67\% = (60.33\%, 69.67\%)$,该企业员工满意比例的 95% 的置信区间为 $60.33\% \sim 69.67\%$。

3. 总体方差的区间估计

在大样本条件下,样本方差的抽样分布近似服从自由度为 $n-1$ 的 χ^2 分布,可以用 χ^2 分布构造总体方差的置信区间。χ^2 分布和正态分布的区别在于 χ^2 分布并不是左右对称的,当给定一个显著性水平 α,两端的累积概率是不一样的。但在实际计算中,为了简便起见,仍然用 $\alpha/2$ 去构造置信区间,取 $\alpha/2$ 和 $1-\alpha/2$ 分位点作为置信区间上下限(见图 3.6)。

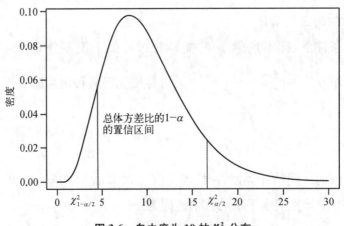

图 3.6 自由度为 10 的 χ^2 分布

建立总体方差 σ^2 的置信区间,也就是要找到一个 χ^2 值,使其满足 $\chi^2_{1-\alpha/2} \leqslant \chi^2 \leqslant \chi^2_{\alpha/2}$,由于 $\frac{(n-1)s^2}{\sigma^2} \sim \chi^2(n-1)$,可用它来代替 χ^2,于是有

$$\chi^2_{1-\alpha/2} \leqslant \frac{(n-1)s^2}{\sigma^2} \leqslant \chi^2_{\alpha/2}$$

因此,可推导出总体方差 σ^2 在 $1-\alpha$ 置信水平下的置信区间为

$$\frac{(n-1)s^2}{\chi^2_{\alpha/2}} \leqslant \sigma^2 \leqslant \frac{(n-1)s^2}{\chi^2_{1-\alpha/2}}$$

【例 3.3】 仍利用例 3.1 的数据,以 95% 的置信水平建立面粉重量方差的置信区间。

解: 根据样本数据计算的样本方差为

$$s^2 = \frac{\sum\limits_{i=1}^{n}(x_i-\bar{x})^2}{n-1} = \frac{767.52}{30-1} = 26.47$$

根据显著性水平 $\alpha=0.05$ 和自由度 $n-1=30-1=29$,查 χ^2 分布表得

$$\chi^2_{\frac{\alpha}{2}}(n-1) = \chi^2_{0.025}(30-1) = 45.722$$

$$\chi^2_{1-\frac{\alpha}{2}}(n-1) = \chi^2_{0.975}(30-1) = 16.047$$

所以,总体方差 σ^2 的置信区间为

$$\frac{(30-1)\times 26.47}{45.722} \leqslant \sigma^2 \leqslant \frac{(30-1)\times 26.47}{16.047}$$

即 $16.79 \leqslant \sigma^2 \leqslant 47.84$。 因此面粉总体方差 95% 的置信区间为 $16.79 \sim 47.84$。 进一步计算总体标准差的置信区间为 $4.09 \leqslant \sigma \leqslant 6.92$,即面粉重量标准差 95% 的置信区间为 $4.09\,\mathrm{kg} \sim 6.92\,\mathrm{kg}$。

3.3　两个总体参数的区间估计

对于两个总体,估计的参数主要有两个总体的均值之差 $\mu_1-\mu_2$、两个总体的比例之差 $\pi_1-\pi_2$、两个总体的方差比 σ_1^2/σ_2^2 等。

1. 两个总体均值之差的区间估计

设两个总体的均值分别为 μ_1 和 μ_2,从两个总体中分别抽取样本量为 n_1 和 n_2 的两个随机样本,其样本均值分别为 $\bar{x}_1$ 和 $\bar{x}_2$。 两个总体均值之差 $\mu_1-\mu_2$ 的估计量显然是两个样本的均值之差 $\bar{x}_1-\bar{x}_2$。

(1) 两个总体均值之差的估计: 独立样本。

如果两个样本是从两个总体中独立抽取的,即一个样本中的元素与另一个样本

中的元素相互独立,则称为**独立样本**。

根据抽样分布知识,两个独立样本的均值之差 $(\bar{x}_1 - \bar{x}_2)$ 服从期望值为 $(\mu_1 - \mu_2)$、方差为 $\left(\dfrac{\sigma_1^2}{n_1} + \dfrac{\sigma_2^2}{n_2}\right)$ 的正态分布,因此将其标准化后则服从标准正态分布,即

$$z = \frac{(\bar{x}_1 - \bar{x}_2) - (\mu_1 - \mu_2)}{\sqrt{\dfrac{\sigma_1^2}{n_1} + \dfrac{\sigma_2^2}{n_2}}} \sim N(0,\ 1)$$

当两总体方差 σ_1^2 和 σ_2^2 均已知时,两个总体的均值之差 $(\mu_1 - \mu_2)$ 在 $(1-\alpha)$ 置信水平下的置信区间为

$$(\bar{x}_1 - \bar{x}_2) \pm z_{\alpha/2} \sqrt{\frac{\sigma_1^2}{n_1} + \frac{\sigma_2^2}{n_2}}$$

当两总体的方差 σ_1^2 和 σ_2^2 未知时,两个样本方差 s_1^2 和 s_2^2 来代替总体方差。这时,两个总体均值之差 $(\mu_1 - \mu_2)$ 在 $(1-\alpha)$ 置信水平下的置信区间为

$$(\bar{x}_1 - \bar{x}_2) \pm z_{\alpha/2} \sqrt{\frac{s_1^2}{n_1} + \frac{s_2^2}{n_2}}$$

【例 3.4】 仍然是例 3.1 的面粉厂,这时需要评估两个车间生产的每袋面粉重量。为此在这两个车间独立抽取两个随机样本,有关数据见表 3.2。

表 3.2　例 3.4 有关数据

车　间　A	车　间　B
$n_1 = 100$	$n_2 = 150$
$\bar{x}_1 = 105$	$\bar{x}_2 = 97$
$s_1 = 5.8$	$s_2 = 7.2$

试建立两个车间面粉重量之差 95% 的置信区间。

解: 根据式(3.14)得

$$(\bar{x}_1 - \bar{x}_2) \pm z_{\alpha/2} \sqrt{\frac{s_1^2}{n_1} + \frac{s_2^2}{n_2}} = (105 - 97) \pm 1.96 \times \sqrt{\frac{5.8^2}{100} + \frac{7.2^2}{150}}$$

即 $8 \pm 1.62 = (6.38, 9.62)$,两个车间面粉重量之差 95% 的置信区间为 6.38 kg～9.62 kg。

（2）两个总体均值之差的估计：匹配样本。

使用独立样本来估计两个总体均值之差存在着潜在的弊端。比如例 3.4，如果用两个独立样本，即不同的工人，去测试生产线 A 和 B 的差异，这种差异可能是由工人生产能力决定的，而不是生产线的因素。因此，使用独立样本会掩盖两个生产线的真正差异。

为解决这一问题，可以使用**匹配样本**，又称配对样本。比如，先指定这 30 个工人用生产线 A 生产，然后再让这 30 个工人用生产线 B 生产，这样得到的两种方法的生产数据就是匹配数据。匹配样本可以消除由于样本指定的不公平造成的差异。

在大样本条件下，利用抽样分布的知识，两个总体均值之差 $\mu_d = \mu_1 - \mu_2$ 在 $1-\alpha$ 置信水平下的置信区间为

$$\bar{d} \pm z_{\alpha/2} \frac{\sigma_d}{\sqrt{n}}$$

式中，d 表示各样本差值，$\bar{d}$ 表示各样本差值的均值，σ_d 表示各差值的标准差。一般情况下，总体的 σ_d 未知时，可用样本差值的标准差 s_d 来代替，即

$$\bar{d} \pm z_{\alpha/2} \frac{s_d}{\sqrt{n}}$$

【例 3.5】　面粉厂需要考察两套生产线的差异，由 30 名工人组成一个随机样本，让他们分别采用生产线 A 和生产线 B 进行测试，结果见表 3.3。

表 3.3　例 3.5 有关数据　　　　　单位：产量 kg/h

工人序号	生产线 A	生产线 A	差值 d	工人序号	生产线 A	生产线 A	差值 d
1	78	71	7	9	85	77	8
2	63	44	19	10	55	39	16
3	72	61	11	11	89	73	17
4	89	84	5	12	77	80	−2
5	91	74	17	13	86	78	7
6	85	84	1	14	81	75	6
7	68	55	13	15	84	72	13
8	76	60	16	16	74	77	−2

工人序号	生产线 A	生产线 A	差值 d	工人序号	生产线 A	生产线 A	差值 d
17	77	76	2	24	74	78	−4
18	79	76	3	25	76	73	3
19	84	75	9	26	71	71	−1
20	79	80	0	27	83	72	11
21	72	78	−7	28	76	77	−1
22	73	74	−1	29	86	74	13
23	86	76	11	30	83	78	5

试建立两个生产线每小时产量之差 $\mu_d = \mu_1 - \mu_2$ 的 95% 的置信区间。

解： 根据上表数据计算得

$$\bar{d} = \frac{\sum_{i=1}^{n} d_i}{n_d} = \frac{193}{30} = 6.43$$

$$s_d = \sqrt{\frac{\sum_{i=1}^{n}(d_i - \bar{d})^2}{n_d - 1}} = 7.11$$

得两个生产线每小时产量之差 $\mu_d = \mu_1 - \mu_2$ 的 95% 的置信区间为

$$\bar{d} \pm z_{\alpha/2}\frac{s_d}{\sqrt{n}} = 6.43 \pm 1.96 \times \frac{7.11}{\sqrt{30}}$$

即 (3.89，9.94)，两条生产线每小时产量之差 95% 的置信区间为 3.89 kg～9.94 kg。

2. 两个总体比例之差的区间估计

由样本比例的抽样分布可知，从总体中抽出两个独立样本，样本比例之差的抽样分布服从正态分布。将两个样本的比例之差经标准化后得到标准正态分布，即

$$Z = \frac{(p_1 - p_2) - (\pi_1 - \pi_2)}{\sqrt{\dfrac{\pi_1(1-\pi_1)}{n_1} + \dfrac{\pi_2(1-\pi_2)}{n_2}}} \sim N(0, 1)$$

通常，总体比例 π_1 和 π_2 是未知的，用样本比例 p_1 和 p_2 来代替，因此得到两个总

体比例之差 $\pi_1 - \pi_2$ 在 $1 - \alpha$ 置信水平下的置信区间为

$$(p_1 - p_2) \pm z_{\alpha/2} \sqrt{\frac{p_1(1-p_1)}{n_1} + \frac{p_2(1-p_2)}{n_2}}$$

【例 3.6】　在某个矿泉水品牌的市场调查中,在 A 城市随机调查了 400 人,有 32% 的人购买过该品牌矿泉水;在 B 城市随机调查了 500 人,有 45% 的人购买过该品牌矿泉水。试以 95% 的置信水平,估计该品牌矿泉水在 A 城市与 B 城市购买比例之差的置信区间。

解: 设 A 城市购买率 $p_1 = 45\%$,B 城市购买率 $p_2 = 32\%$。 当 $\alpha = 0.05$ 时,$z_{\alpha/2} = 1.96$。 因此,置信区间为

$$(p_1 - p_2) \pm z_{\alpha/2} \sqrt{\frac{p_1(1-p_1)}{n_1} + \frac{p_2(1-p_2)}{n_2}}$$

$$= (45\% - 32\%) \pm 1.96 \times \sqrt{\frac{45\% \times (1-45\%)}{500} + \frac{32\% \times (1-32\%)}{400}}$$

$$= 13\% \pm 6.32\%$$

即 $(6.68\%, 19.32\%)$,该品牌矿泉水在 A 城市与 B 城市购买比例之差 95% 的置信区间为 $6.68\% \sim 19.32\%$。

3. 两个总体方差比的区间估计

在实际管理问题中,经常会遇到比较两个总体的方差问题。例如,需要比较两种生产工艺的稳定性等。根据抽样分布的理论,两个样本方差比的抽样分布服从 $F(n_1 - 1, n_2 - 2)$ 分布,可用 F 分布来构造两个总体方差比 σ_1^2/σ_2^2 的置信区间(见图 3.7)。

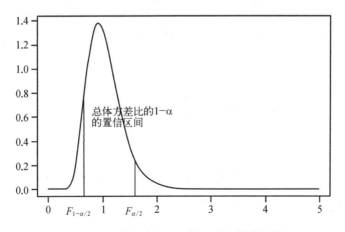

图 3.7　自由度为 40,50 的 F 分布置信区间

建立两个总体方差比的置信区间,也就是要找到一个 F 值,使其满足 $F_{1-\alpha/2} \leqslant F \leqslant F_{\alpha/2}$。由于 $\dfrac{s_1^2}{s_2^2} \cdot \dfrac{\sigma_2^2}{\sigma_1^2} \sim F(n_1-1, n_2-1)$,于是有

$$F_{1-\alpha/2} \leqslant \frac{s_1^2}{s_2^2} \cdot \frac{\sigma_2^2}{\sigma_1^2} \leqslant F_{\alpha/2}$$

由此,可以推导出两个总体方差比 σ_1^2/σ_2^2 在 $1-\alpha$ 置信水平下的置信区间为

$$\frac{s_1^2/s_2^2}{F_{\alpha/2}} \leqslant \frac{\sigma_1^2}{\sigma_2^2} \leqslant \frac{s_1^2/s_2^2}{F_{1-\alpha/2}}$$

式中,$F_{\alpha/2}$ 和 $F_{1-\alpha/2}$ 是分子自由度为 (n_1-1) 和分母自由度为 (n_2-1) 的 F 分布的右侧面积为 $\alpha/2$ 和 $1-\alpha/2$ 的分位数。由于 F 分布表中只给出面积较小的右分位数,但是可利用下面的关系求得 $F_{1-\alpha/2}$ 的分位数值为

$$F_{1-\alpha}(n_1, n_2) = \frac{1}{F_\alpha(n_2, n_1)}$$

式中,n_1 表示分子自由度;n_2 表示分母自由度。

【例 3.7】 为研究两条生产线产量的稳定性,在生产线 A 和生产线 B 随机抽取 25 个产品,得到下面的结果。

生产线 A:$\bar{x}_1 = 120 \text{ kg/h}$ $s_1^2 = 260$;

生产线 B:$\bar{x}_2 = 123 \text{ kg/h}$ $s_2^2 = 280$。

试以 90% 的置信水平估计两条生产线每小时产量的方差比的置信区间。

解: 根据自由度 $n_1 = 25-1 = 24$ 和 $n_2 = 25-1 = 24$,查 F 分布表得

$$F_{\alpha/2}(24, 24) = F_{0.05}(24, 24) = 1.98$$

$$F_{1-\alpha/2}(24, 24) = F_{0.95}(24, 24) = \frac{1}{1.98} = 0.505$$

则

$$\frac{260/280}{1.98} \leqslant \frac{\sigma_1^2}{\sigma_2^2} \leqslant \frac{260/280}{0.505}$$

即 $0.47 \leqslant \dfrac{\sigma_1^2}{\sigma_2^2} \leqslant 1.84$,两条生产线每小时产量的方差比 90% 的置信区间为 $0.47 \text{ kg} \sim 1.84 \text{ kg}$。

下面对单一总体区间估计作一个总结,具体内容见表 3.4。

表 3.4　单一总体区间估计的总结

被估计参数		σ 已知	σ 未知
单总体	总体均值 $\bar{x}$	$\bar{x} \pm z_{a/2} \dfrac{\sigma}{\sqrt{n}}$	$\bar{x} \pm z_{a/2} \dfrac{s}{\sqrt{n}}$
	总体比例 p	$p \pm z_{a/2} \sqrt{\dfrac{p(1-p)}{n}}$	$p \pm z_{a/2} \sqrt{\dfrac{p(1-p)}{n}}$
	总体方差 σ^2	/	$\dfrac{(n-1)s^2}{\chi_{a/2}^2} \leqslant \sigma^2 \leqslant \dfrac{(n-1)s^2}{\chi_{1-a/2}^2}$

3.4　假设检验的基本问题

1. 假设问题的提出

假设检验是推论统计中的一项重要内容,管理学研究中有大量的案例可以归结为假设检验的问题。

例如,统计资料显示,2020 年某行业企业利润率为 5%,2021 年企业中随机抽取 400 个,计算其利润率为 4%,问 2021 年和 2020 年该行业企业利润率有无显著差异?

从调查结果看,2021 年企业利润率平均为 4%,比 2020 年平均利润率 5% 降低了 1%。但这 1% 的差异可能源于不同的情况。一种可能是 1% 的差异是由于随机抽样造成的;另一种可能则是 2021 年企业利润率确实比 2020 年有所下降。因此上述问题的关键点是 1% 的差异说明了什么? 能否用抽样的随机性来解释这个差异?

我们采取假设检验的方法来回答这个问题。假设 2020 年和 2021 年企业利润率没有显著差异,如果用 μ_0 表示 2020 年企业利润率的平均值,μ 表示 2021 年企业利润率的平均值。可以构建假设 $\mu = \mu_0$ 或 $\mu - \mu_0 = 0$。接下去则是用 2021 年企业样本数据检验上述假设是否成立。如果成立,说明这两年企业利润率没有显著差异;如果不成立,说明 2021 年企业利润率有了明显下降。

2. 假设的表达式

假设检验是用一个等式或不等式表示待检验的问题。在企业利润率这个例子中,原假设采用等式的方式,即

$$H_0 : \mu = 5\%$$

H_0 表示**原假设**(null hypothesis),有些教材中也将此假设称为"零假设",因为原假设(H)的下标常常用 0 表示。

μ 是要检验的参数,即 2021 年企业利润率的均值。该原假设提出的待检验问题是,2021 年企业利润率和 2020 年没有差异。更一般的情形,如果用 μ_0 表示待对比的数值,原假设更一般的表达式为

$$H_0 : \mu = \mu_0 \text{ 或 } H_0 : \mu - \mu_0 = 0$$

如果原假设不成立,就要拒绝原假设,而需要在另一个假设中做出选择,这个假设称为**备选假设**(alternative hypothesis)。在企业利润率的例子中,备选假设的表达式为

$$H_1 : \mu \neq 5\%$$

该假设意味着 2021 年企业利润率和 2020 年有明显差异。更一般的备选假设表达式为

$$H_1 : \mu \neq \mu_0 \text{ 或 } H_1 : \mu - \mu_0 \neq 0$$

原假设与备选假设一定是互斥的,接受原假设,意味着放弃备选假设;相反,拒绝原假设,意味着接受备选假设。

3. 两类错误

原假设接受还是拒绝,需要依据样本提供的信息进行判断,也就是由部分来推断总体。但通过部分来推断总体,这个过程可能会犯错误,也就是下的结论(接受或者拒绝原假设)可能是不正确的。所犯的错误有两种类型,可以概括为**弃真取伪**。一类错误是原假设 H_0 为真但被我们拒绝了,犯这种错误的概率用 α 表示,即**弃真错误**或 α 错误;另一类错误是原假设 H_0 为伪但我们接受了,犯这种错误的概率用 β 表示,即**取伪错误**或 β 错误。

比如在企业利润率的例子中:

α 错误:原假设 $H_0 : \mu = 5\%$ 是正确的,但我们拒绝该假设,认为 $H_0 : \mu \neq 5\%$,这时犯了弃真错误。

β 错误:原假设 $H_0 : \mu = 5\%$ 是错误的,但我们接受该假设,认为 $H_0 : \mu = 5\%$,这时犯了取伪错误。

由此可见,弃真概率用 α 表示,那么当 H_0 为真,我们接受 H_0,是做出了正确的决策,其概率则为 $1 - \alpha$;取伪概率用 β 表示,那么当 H_0 为伪,我们拒绝 H_0,这也是正确的决策,其概率为 $1 - \beta$。正确决策和犯错误的概率见表 3.5。

表 3.5　假设检验中各种可能结果的概率

原　假　设	没有拒绝 H_0	拒　绝　H_0
H_0 为真	$1-\alpha$（正确决策）	α（弃真错误）
H_0 为伪	β（取伪错误）	$1-\beta$（正确决策）

现实中,当然希望犯这两类错误的概率越小越好。然而对于固定的样本量 n,α 错误和 β 错误就和跷跷板一样,不能做到同时降低这两类错误的概率。也就是减小 α 错误,就会增大 β 错误的概率,减小 β 错误,就会增大 α 错误的概率。因此,在假设检验中,就有一个对两类错误进行控制的问题。一般来说,哪一类错误所带来的后果越严重,危害越大,在假设检验中就应当把哪一类错误作为首要的控制目标。

4. 假设检验的流程

假设检验的一般流程如下:

首先提出原假设和备选假设。在企业利润率这个例子中,原假设和备选假设分别为

$$H_0: \mu = 5\%$$
$$H_1: \mu \neq 5\%$$

接下来,如同在参数估计中一样,需要确定适当的检验统计量,并计算其数值。检验统计量的选择标准和参数估计中是一样的。

先将统计量标准化。在企业利润率这个例子,假设 σ 未知（这也是管理研究中通常遇到的情形）,用 2021 年样本标准差 $s=8\%$ 代替,且样本量 $n=400$,采用 z 统计量,计算公式为 $z = \dfrac{\bar{x} - \mu_0}{s/\sqrt{n}}$。由此将上例中的相应数据转化,如图 3.8 所示。

图 3.8　将抽样分布转化为 z 分布的对应关系

在图上方,5% 是 2020 年企业利润率的平均值,也是本次检验想要证实的均值。由前文参数估计的知识,可以得到 $\mu_0=5\%$, $s=8\%$, $n=400$, $\alpha=0.05$ 的置信区间 $\mu_0 \pm z_{\alpha/2} \dfrac{s}{\sqrt{n}}$,即 5.78% 为置信区间的上限,4.22% 为置信区间的下限。如果原假设成立,那么 95% 的样本均值应当落在这个范围。在图下方,两个临界点 5.78%

和 4.22% 分别转化为 z 值,即 $z_{\alpha/2} = \pm 1.96$,而与总体均值 5% 对应的 z 值恰好为零。z 统计量服从标准正态分布,如图 3.9 所示。

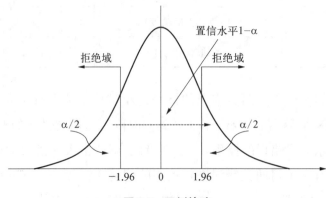

图 3.9 双侧检验

图 3.9 可以直观地帮助我们理解假设检验。假设检验利用的是小概率原理,也就是概率很小的随机事件在一次试验中几乎不可能发生。那么多小的概率才算小呢?英国统计学家费希尔把小概率的标准定为 0.05,当然这也是个经验值,并一直沿用至今。

如果原假设成立,那么在一次试验中 z 统计量落入图 3.9 两侧拒绝域的概率只有 0.05,这个概率是很小的。如果这次试验真的出现了,我们有理由认为总体的真值不是 5%,即拒绝原假设,接受备选假设。

样本均值 $\bar{x} = 4\%$,由 $\mu_0 = 5\%$,$s = 8\%$,$n = 400$ 计算得

$$z = \frac{\bar{x} - \mu_0}{s/\sqrt{n}} = \frac{4\% - 5\%}{8\%/\sqrt{400}} = -2.5$$

最后进行统计决策。由图 3.9 看出,z 值 -2.5 落入拒绝域,所以拒绝原假设,与 2020 年相比,2021 年企业利润率有显著差异,并且是显著降低。

将图 3.9 左右两边的情况结合起来,可以得到假设检验的决策准则:

若 $|z| < |z_{\alpha/2}|$,不拒绝 H_0;若 $|z| > |z_{\alpha/2}|$,拒绝 H_0。

5. 利用 P 值进行决策

P 值是当原假设为真时,得到的样本观察结果或更极端结果出现的概率。许多初学者分不清 α 值和 P 值。这里区分一下,α 值是我们预先设定的小概率,可以设为 0.05,也可以是 0.01 或 0.1,而 P 值是我们根据样本信息计算出来的概率。当 P 值 $< \alpha$ 值,可以认为小概率事件发生了,因而原假设 H_0 不为真,拒绝原假设;而 P 值 $> \alpha$ 值,则该事件不属于小概率事件,因而无法拒绝原假设 H_0。

在行业企业利润率的调查中,根据随机抽样测得 2021 年的样本均值 4%,与 2020 年的总体均值 5% 相差 1%,1% 的差异究竟是大还是小? 如果原假设成立,即 2021 年企业利润率均值与 2020 年均值相同,那么随机抽取出 $n=400$ 的样本,其均值大于或小于 5% 的概率有多大呢? 这个概率值即为 P 值。

P 值是通过计算得到的,P 值的大小取决于三个因素:一是样本数据与原假设之间的差异,2020 年的企业利润率与 2021 年的企业利润率的差异为 1%;二是样本量,这里 $n=400$;三是被假设参数的总体分布,在大样本条件下我们认为是正态分布。

在这个例子中计算出的 $P=0.012\,42$,也就是说,如果原假设成立,样本均值等于和小于 4% 的概率只有 0.012 42,这是很小的,比我们设置的小概率 α 值小。由此可以拒绝原假设,得到与前面 z 值检验相同的结论,如图 3.10 所示。

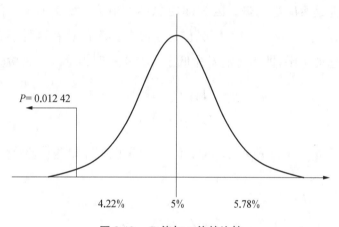

图 3.10　P 值与 α 值的比较

手工计算 P 值比较复杂,通常使用计算机软件计算 P 值,例如 Excel 中 NORMSDIST 函数。P 值也是管理研究软件中通常会给出的结果,我们需要将 P 值与 α 值相比较,得到相应的结论。

6. 单侧检验

图 3.9 中有两个拒绝域、两个临界值,通常我们会平均分配两个拒绝域的面积,均为 $\alpha/2$。 这种情况,通常原假设为 $\mu=\mu_0$ 的形式,也称为双侧检验,如在行业企业利润率的调查中,双侧检验的假设为

$$H_0:\mu=5\%$$
$$H_1:\mu\neq5\%$$

在双侧检验中,只要 $\mu>\mu_0$ 或 $\mu<\mu_0$ 中有一个成立,就可以拒绝原假设。

但是现实中还有一种情况,我们所关心的假设问题带有方向性,这类问题通常涉及单侧检验。一种是我们希望考察的数值越大越好,如灯泡的使用寿命、轮胎行驶的里程数等,称为左单侧检验;另一种则是希望数值越小越好,如不合格产品率、生产成本等,称为右单侧检验。

(1)左单侧检验。

【例3.8】 某批发商欲从厂家购进一批灯泡,根据合同规定灯泡的使用寿命平均不能低于1 000小时。在总体中随机抽取了100个灯泡,得知样本均值为960小时,样本标准差为200小时,批发商是否应该购买这批灯泡?

解:这是一个单侧检验问题。显然,如果灯泡的燃烧寿命超过了1 000小时,批发商是欢迎的,因为他用已定的价格(灯泡寿命为1 000小时的价格)购进了更高质量的产品。因此,如果样本均值超过1 000小时,他会购进这批灯泡。问题在于样本均值为960小时他是否应当购进。因为即便总体均值为1 000小时,由于抽样的随机性,样本均值略小于1 000小时的情况也是会经常出现的。在这种场合下,批发商更为关注可以容忍的下限,即当灯泡寿命低于什么水平时拒绝。于是检验的形式为

$$H_0:\mu \geqslant 1\ 000$$
$$H_1:\mu < 1\ 000$$

左单侧检验如图3.11所示($\alpha=0.05$)。也可以把左单侧检验称为下限检验。

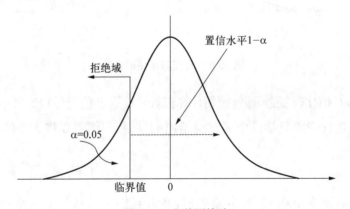

图3.11 左单侧检验

(2)右单侧检验。

有些情况,我们希望考察的数据越小越好,例如产品不合格比例、送货延误率等。

【例3.9】 某企业生产某个零部件产品,若某批产品不合格率达到5%,该批产品就不得出厂。现随机抽取50个,发现有6个产品是不合格产品,问该批产品是否能出厂?

解：我们当然希望不合格率越小越好，这时我们更关心不合格率的上限，即不合格的比例达到多少就要拒绝。如果采用右单侧检验，确定拒绝的上限临界点，假设检验的形式可以写为

$$H_0:\mu \leqslant 5\%$$
$$H_1:\mu > 5\%$$

右单侧检验如图 3.12 所示（$\alpha = 0.05$）。也可以把右单侧检验称为上限检验。

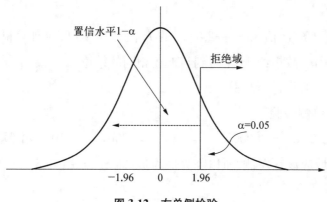

图 3.12　右单侧检验

3.5　一个总体参数的检验

1. 总体均值的检验

和参数估计一样，检验总体均值使用 z 统计量，总体标准差 σ 已知时有 $z = \dfrac{\bar{x} - \mu_0}{\sigma/\sqrt{n}}$，总体标准差 σ 未知时有 $z = \dfrac{\bar{x} - \mu_0}{s/\sqrt{n}}$。

【例 3.10】 某机床厂加工一种零件，根据经验知道，该厂加工零件的椭圆度渐近服从正态分布，其总体均值为 0.081 mm，今另换一种新机床进行加工，取 200 个零件进行检验，得到椭圆度均值为 0.076 mm，样本标准差为 0.025 mm，问新机床加工零件的椭圆度总体均值与以前有无显著差别。

解：在该题中，我们所关心的是新机床加工零件的椭圆度总体均值与老机床加工零件的椭圆度均值 0.081 mm 是否有所不同，于是有原假设和备选假设：

$$H_0:\mu = 0.081\ \text{mm}\quad 没有显著差别$$

$$H_1: \mu \neq 0.081 \text{ mm} \quad \text{有显著差别}$$

由题意可知，$\mu_0 = 0.081$ mm，$s = 0.025$ mm，$\bar{x} = 0.076$ mm，计算 z 统计量：

$$z = \frac{\bar{x} - \mu_0}{s/\sqrt{n}} = \frac{0.076 - 0.081}{0.025/\sqrt{200}} = -2.83$$

取 $\alpha = 0.05$，查表可以得出临界值：$z_{\alpha/2} = \pm 1.96$。

因为 $|z| > |z_{\alpha/2}|$，可以拒绝 H_0，并认为新老机床加工零件椭圆度的均值有显著差别。

该题还可以计算 P 值，$z = -2.83$ 时的 P 值为 $0.004\,655$（计算机软件计算）。这时 P 值远远小于 α，故拒绝 H_0，得到与上述相同的结论。

对例 3.8 中的假设进行检验。

解：采用左单侧检验。

在该例中已知 $\mu_0 = 1\,000$，$\bar{x} = 960$，$s = 200$，$n = 100$，并假定显著性水平 $\alpha = 0.05$。拒绝域应该在左侧，所以临界值为负，即 $z_\alpha = -1.645$。z 的下标 α 表示单侧检验。

进行检验的过程为

$$H_0: \mu \geqslant 1\,000$$

$$H_1: \mu < 1\,000$$

$$z = \frac{\bar{x} - \mu_0}{s/\sqrt{n}} = \frac{960 - 1\,000}{200/\sqrt{100}} = -2$$

由于 $|z| > |z_\alpha|$，即 z 的值位于拒绝域，所以拒绝 H_0，即这批灯泡的使用寿命低于 $1\,000$ h，批发商不应购买。

如果使用 P 值检测，可以用计算机软件计算出 P 值为 $0.022\,75 < \alpha = 0.05$，故拒绝 H_0。

2. 总体比例的检验

比例值总是介于 $0 \sim 1$ 或 $0 \sim 100\%$ 之间，在实际问题中，常常需要检验总体比例是否为某个假设值 π_0。例如，全部产品中合格品的比例，市场占有率等。例如一批产品，不合格率需要控制在 5% 以下，从一批产品中抽出 200 个样本，不合格率为 5.2%，那么这批产品的合格率是否能在 5% 以下？5.2% 和 5% 的差异性，是随机抽样造成的，还是确实这篇产品合格率低于 5% 呢？

如果一个事件只有两种可能（例如产品合格和不合格），将其称为二项分布，可以证明在样本量足够大的情况下，可以把二项分布近似变化为正态分布。

因此，在总体比例的检验中，通常采用 z 统计量，计算公式为

$$z = \frac{p - \pi_0}{\sqrt{\dfrac{\pi_0(1 - \pi_0)}{n}}}$$

式中，p 为样本比例；π_0 为总体比例 π 的假设值。

【例 3.11】　一家企业在某市声称其市场占有量为 14.7%。现随机抽选了 400 名居民，发现其中 57 人购买该企业产品，请问调查结果是否支持企业声称的市场占有量为 14.7%（$\alpha = 0.05$）？

解：

$$H_0 : \pi = 14.7\%$$

$$H_1 : \pi \neq 14.7\%$$

$$p = \frac{57}{400} = 0.142\,5 = 14.25\%$$

$$z = \frac{p - \pi_0}{\sqrt{\dfrac{\pi_0(1 - \pi_0)}{n}}} = \frac{0.142\,5 - 0.147}{\sqrt{\dfrac{0.147 \times (1 - 0.147)}{400}}} = -0.254$$

这是一个双侧检验，当 $\alpha = 0.05$ 时，有

$$z_{\alpha/2} = \pm 1.9$$

由于 $|z| < |z_{\alpha/2}|$，不能拒绝 H_0，可以认为调查结果支持企业声称的市场占有量为 14.7%。

3. 总体方差的检验

管理研究的假设检验中，有时不仅需要检验总体的均值、比例，而且需要检验总体的方差。方差反映了总体的稳定性，方差大说明总体波动大。可以用于评价某个生产线的稳定性，或者企业内高管和员工收入差距情况，进而评价分配的合理性，在投资方面，收益率的方差更是评价投资风险的重要依据。

对方差进行检验的程序，与均值检验、比例检验是一样的，它们之间的主要区别是所使用的检验统计量不同。方差检验所使用的是 χ^2 统计量。

由于 $s^2 = \dfrac{\sum(x_i - \bar{x})^2}{n - 1}$，故

$$\sum (x_i - \bar{x})^2 = (n-1)s^2$$

可以证明，$\sum (x_i - \bar{x})^2$ 除以总体方差 σ^2 服从 χ^2 分布，即

$$\chi^2 = \frac{(n-1)s^2}{\sigma^2}$$

若进行双侧检验，拒绝域分布在 χ^2 统计量分布曲线的两边；若是单侧检验，拒绝域分布在 χ^2 统计量分布曲线的一边。

【例 3.12】 某厂商引进了一条新的生产线装瓶饮料，按要求，该生产线装一瓶 1 000 mL 的饮料误差上下不超过 1 mL。如果达到该要求，表明生产线的稳定性非常好。现从该生产线装完的产品中随机抽取 50 瓶，分别进行测定（用样本观测值分别减 1 000 mL），得到表 3.6 所示的结果：

表 3.6　例 3.12 结果　　　　　　　　　　单位/mL

0.4	0.6	−0.3	−0.9	0.2	0.5	−0.4	0.2	−1.0	−0.8
−1.0	0.6	−0.6	0.4	−0.3	−0.2	−0.2	−1.0	0.6	−0.7
−0.2	−0.3	−0.7	−0.8	0.5	0.8	0.8	0.0	0.2	−1.0
−0.6	1.0	1.0	−0.5	0.0	−1.0	0.6	0.8	−0.3	−0.7
−0.2	0.3	0.1	0.9	0.7	−0.6	0.3	0.3	−0.7	0.0

试以 $\alpha = 0.05$ 的显著性水平检验该生产线是否达到要求。

解： 这里采用双侧检验，如果样本统计量 $\chi^2 \geqslant \chi^2_{a/2}(n-1)$ 或 $\chi^2 \leqslant \chi^2_{1-a/2}(n-1)$，则拒绝原假设；若 $\chi^2_{1-a2}(n-1) \leqslant \chi^2 \leqslant \chi^2_{a2}(n-1)$，则不能拒绝原假设。

$$H_0 : \sigma^2 = 1$$

$$H_1 : \sigma^2 \neq 1$$

由样本数据可以计算出 $s^2 = 0.387$，则

$$\chi^2 = \frac{(n-1)s^2}{\sigma^2} = \frac{(50-1) \times 0.387}{1} = 18.94$$

由 χ^2 分布表查知，两个临界点分别为：$\chi^2_{0.975}(49) = 31.555$，$\chi^2_{0.025}(49) = 70.222$，18.94 未能落在该区间内，因此拒绝原假设 H_0，该生产线未能达到要求。

3.6　两个总体参数的检验

1. 两个总体均值之差的检验

有数理统计中抽样分布的知识可以证明,由两个独立样本算出的 $\bar{x}_1 - \bar{x}_2$ 的抽样分布服从正态分布,或在大样本条件下近似服从正态分布,标准差为

$$\sigma_{\bar{x}_1 - \bar{x}_2} = \sqrt{\frac{\sigma_1^2}{n_1} + \frac{\sigma_2^2}{n_2}}$$

此时,作为检验统计量 z 的计算公式为

$$z = \frac{(\bar{x}_1 - \bar{x}_2) - (\mu_1 - \mu_2)}{\sqrt{\dfrac{\sigma_1^2}{n_1} + \dfrac{\sigma_2^2}{n_2}}}$$

式中,μ_1 为总体 1 的均值,μ_2 为总体 2 的均值,$\mu_1 - \mu_2$ 为待检验的均值之差。

若两个总体的方差 σ_1^2,σ_2^2 未知,则上述检验可以用样本方差 s_1^2,s_2^2 代替 σ_1^2,σ_2^2。

【例 3.13】　某企业新引进了一条生产线,现在想了解新旧两条生产线所生产的产品重量是否有差异。从两新旧两条生产线的产品中各抽一个随机样本,样本量分别为 $n_1 = 32$,$n_2 = 40$,测得 $\bar{x}_1 = 50 \, \text{kg}$,$\bar{x}_2 = 44 \, \text{kg}$,标准差为 $s_1 = 8 \, \text{kg}$,$s_2 = 10 \, \text{kg}$。问这两条生产线的产品重量是否有显著差别($\alpha = 0.05$)?

解:需要检验的是产品重量是否存在显著差异,所以用双侧检验,建立假设如下:

$$H_0 : \mu_1 - \mu_2 = 0 \quad 无明显差异$$

$$H_1 : \mu_1 - \mu_2 \neq 0 \quad 有明显差异$$

计算 z 统计量,有

$$z = \frac{(\bar{x}_1 - \bar{x}_2) - (\mu_1 - \mu_2)}{\sqrt{\dfrac{s_1^2}{n_1} + \dfrac{s_2^2}{n_2}}}$$

已知 $\bar{x}_1 = 50$,$\bar{x}_2 = 44$,$s_1^2 = 8^2$,$s_2^2 = 10^2$,$n_1 = 32$,$n_2 = 40$,故

$$z = \frac{50 - 44 - 0}{\sqrt{\dfrac{64}{32} + \dfrac{100}{40}}} = 2.83$$

$\alpha = 0.05$ 时,$z_{\alpha/2} = 1.96$。因为 $z > z_{\alpha/2}$,所以拒绝 H_0,即两条生产线所生产的产

品重量有显著差别。

2. 两个总体比例之差的检验

设两个总体具有某种特征的个体比例分别为 π_1 和 π_2，但 π_1 和 π_2 未知，需要用两个总体中抽取的样本比例 p_1 和 p_2 代替。有两种情况：

（1）两个总体比例相等的假设检验。

假设的表达式为

$$H_0: \pi_1 - \pi_2 = 0 \text{ 或者 } H_0: \pi_1 = \pi_2$$

在原假设条件下，两个总体合并后的方差为 $p(1-p)$，其中 p 是将两个样本合并后得到的比例估计量，即

$$p = \frac{p_1 n_1 + p_2 n_2}{n_1 + n_2}$$

统计量 z 的表达式为

$$z = \frac{p_1 - p_2}{\sqrt{p(1-p)\left(\dfrac{1}{n_1} + \dfrac{1}{n_2}\right)}}$$

（2）两个总体比例之差等于某个值的假设检验。即检验 $\pi_1 - \pi_2 = d_0 (d_0 \neq 0)$，在这种情况下，两个样本比例之差 $p_1 - p_2$ 近似服从以 $\pi_1 - \pi_2$ 为数学期望，$\dfrac{p_1(1-p_1)}{n_1} + \dfrac{p_2(1-p_2)}{n_2}$ 为方差的正态分布，仍然选择 z 作为检验统计量：

$$z = \frac{(p_1 - p_2) - (\pi_1 - \pi_2)}{\sqrt{\dfrac{p_1(1-p_1)}{n_1} + \dfrac{p_2(1-p_2)}{n_2}}} = \frac{(p_1 - p_2) - d_0}{\sqrt{\dfrac{p_1(1-p_1)}{n_1} + \dfrac{p_2(1-p_2)}{n_2}}}$$

【例 3.14】 某企业拟引进一条物流公司 A 的生鲜配送系统，物流公司 A 声称新的配送系统可以降低生鲜损耗率，比旧配送系统降低 10 个百分点，即 $\pi_1 - \pi_2 \geqslant 10\%$（$\pi_1$ 为旧配送系统的损耗比例，π_2 为新配送系统的损耗比例）。现对新旧配送系统的生鲜各 150 件进行调查，其中新系统损耗 54 件，旧系统损耗 68 件，问物流公司 A 的声称是否属实（$\alpha = 0.05$）？

解： 建立假设如下：

$$H_0: \pi_1 - \pi_2 \geqslant 10\%$$
$$H_1: \pi_1 - \pi_2 < 10\%$$

由题意可知，$n_1 = n_2 = 150$，$p_1 = \dfrac{68}{150} = 0.45$，$p_2 = \dfrac{54}{150} = 0.36$，$d_0 = 10\%$，计算 z 统计量：

$$z = \frac{(p_1 - p_2) - d_0}{\sqrt{\dfrac{p_1(1 - p_1)}{n_1} + \dfrac{p_2(1 - p_2)}{n_2}}}$$

$$= \frac{0.45 - 0.36 - 0.1}{\sqrt{\dfrac{0.45 \times (1 - 0.45)}{150} + \dfrac{0.36 \times (1 - 0.36)}{150}}} = -0.177$$

这是一个左单侧检验，$z_\alpha = -1.645$，由决策准则可知，$z = -0.177$，落入非拒绝域。无法推翻原假设，故物流公司 A 的声称属实。

3. 两个总体方差比的检验

实际中会遇到关注两个总体方差是否相等，如比较两个生产过程的稳定性，比较两种投资方案的风险等。检验两个总体方差是否相等，可以通过两个方差之比是否等于 1 来进行。

由抽样分布知识可知，两个方差之比服从 F 分布，即

$$F = \frac{s_1^2 / \sigma_1^2}{s_2^2 / \sigma_2^2}$$

在原假设 $H_0 : \sigma_1^2 = \sigma_2^2$ 成立的情况下，检验统计量 $F = \dfrac{s_1^2}{s_2^2}$，F 统计量的两个自由度分别为：分子自由度 $n_1 - 1$，分母自由度 $n_2 - 1$。

在单侧检验中，一般把较大的 s^2 放在分子 s_1^2 的位置，此时 $F > 1$，拒绝域在 F 分布的右侧，原假设和备选假设分别为

$$H_0 : \sigma_1^2 \leqslant \sigma_2^2$$

$$H_1 : \sigma_1^2 > \sigma_2^2$$

在双侧检验中，拒绝域在 F 分布的两侧，两个临界点（置信区间的上下限）分别为 $F_{\alpha/2}(n_1 - 1,\ n_2 - 1)$ 和 $F_{1-\alpha/2}(n_1 - 1,\ n_2 - 1)$。

【例 3.15】　在例 3.14 中，两个样本标准差为 $s_1 = 8$ kg，$s_2 = 10$ kg，现在以 $\alpha = 0.05$ 的显著性水平检验两个总体的方差是否相等。

解：由于是检验 σ_1^2 和 σ_2^2 是否相等，故采用双侧检验：

$$H_0 : \sigma_1^2 = \sigma_2^2 \text{ 或 } H_0 : \sigma_1^2 / \sigma_2^2 = 1$$
$$H_1 : \sigma_1^2 \neq \sigma_2^2 \text{ 或 } H_1 : \sigma_1^2 / \sigma_2^2 \neq 1$$

计算 F 统计量：

$$F = \frac{s_1^2}{s_2^2} = \frac{64}{100} = 0.64$$

对于 $F_{a/2}(n_1 - 1, n_2 - 1)$，查表得

$$F_{0.025}(39, 49) = 1.57$$

（注：F 统计表并不是所有的自由度都有，需要做一点插值。例如 39 自由度没有，可以用 40 自由度替代。）

$$F_{0.025}(49, 39) = 1.62$$

注：

$$F_{1-\alpha/2} = \frac{1}{F_{\alpha/2}(n_2 - 1, n_1 - 1)} = \frac{1}{1.62} = 0.617$$

本例中，两个临界点分别为 $F_{1-\alpha/2} = 0.617$，$F_{\alpha/2} = 1.62$，样本统计量 F 值为 0.64，故不能拒绝 H_0，可以认为这两个总体的方差没有显著差异。

思考与习题

(1) 参数估计和假设检验的联系和区别是什么？

(2) 什么是点估计和区间估计，两者各有什么优缺点？

(3) 某公司进行一项试验来确定完成预约服务所需的时间。下面是以分表示时间，来自包含 9 次预约服务的简单随机样本为 48，51，28，66，81，36，40，59 和 50。试为完成预约服务的平均时间建立一个 99% 的置信区间。

(4) 从 A 城市 900 户居民的随机样本中得出收入的算术平均数为 23 500 元，总体标准差为 5 700 元。在同一时期，从 B 城市 400 户居民的随机样本中得出收入的算术平均数是 23 000 元，总体标准差为 4 200 元。现要求：

① 对 A 城市全部居民的平均收入建立一个 95% 的置信区间；

② 对 B 城市全部居民的平均收入建立一个 95% 的置信区间；

③ 对两个城市居民平均收入之差建立一个 95% 的置信区间。

中　篇

核心统计模型

第4章
回归分析

4.1 变量间关系的度量

1. 变量间的关系

在企业生产和经营活动中,经常要对变量之间的关系进行分析。例如,对影响企业生产成本的各因素进行分析来控制成本;对影响员工满意度的各因素进行分析来降低离职率;对产品广告费用与销售量之间的关系进行分析来预测销售量等。统计分析的目的在于根据统计数据确定变量之间的关系形态及其关联的程度,以及关系间的数量规律。

在数学中,两个变量之间的关系用函数关系表示。设有两个变量 x 和 y,变量 y 随变量 x 一起变化,并完全依赖于 x。当变量 x 取某个数值时,y 按照确定的关系取相应的值,则称 y 是 x 的函数,记为 $y=f(x)$,其中 x 称为自变量,y 称为因变量。

比如,某种产品的销售额与销售量之间的关系。设销售额为 y,销售量为 x,销售价格为 p,则 x 与 y 之间的关系可表示为 $y=px$。也就是说,当销售价格不变的情况下,销售量和总的销售额之间会有一一对应的确定关系,并且两者之间为线性函数关系。

又如,企业的原材料成本 y 与产量 x_1、单位产品消耗 x_2、原材料价格 x_3 之间的关系可表示为 $y=x_1x_2x_3$。这里的 y 与 $x_1x_2x_3$ 之间是一种确定的函数关系,但不是线性函数关系。

但在实际问题中,特别是管理学这类社会科学的研究中,变量之间的关系并不是那么简单。例如,考察员工满意度和员工收入这两个变量,它们之间就不存在完全确定的关系,可能收入相同的两名员工,对工作的满意度往往不同;反之,工作满意度相同的两名员工,可能收入也不同。

可见员工满意度并不完全由员工收入所确定,因为员工收入尽管与员工满意度有密切的关系,但它并不是影响员工满意度的唯一因素,还有企业工作氛围、员工个人层面、消费水平等其他因素的影响。

正是由于影响一个变量的因素非常多,才造成了变量之间关系的不确定性。变量之间存在的不确定的数量关系,称为相关关系。

在管理学研究中,除了上述员工满意度和员工收入的关系,大量的变量之间关系属于这种相关关系。特别是在企业宏观战略层,由于变量数目增多、关系更复杂,用函数关系来描述企业生产,几乎不现实。例如,企业财务绩效 y 这个变量,可能会和销售额、生产成本、人力成本、经营成本,以及税率、补贴等各种变量相关。

因此相关关系的特点是:一个变量的取值不能由另一个变量唯一确定,当变量 x 取某个值时,变量 y 的取值可能有几个。对这种变量之间的关系,显然不能用函数关系来描述,但也不是无任何规律可循。通过对大量数据的观察与研究,就会发现许多变量之间确实存在着一定的客观规律,而相关分析与回归分析正是描述与探索这类变量之间关系的统计方法。

2. 相关关系

相关分析是对两个变量之间线性关系的描述与强度度量,以及随机抽样的样本能否代表总体变量之间的关系。在进行相关分析之前,我们需要对总体有以下两个假定:一是两个变量之间是线性关系;二是两个变量都是随机变量。

值得注意的是,在相关分析之前,可以先绘制散点图来判断两个变量之间的关系形态,如果是线性关系,才可以利用相关系数来度量两个变量之间的关系强度,并进一步对相关系数进行显著性检验来判断样本的相关系数是否能反应变量总体上的相关关系。这一点通常被初学者忽略。

对于两个变量 x 和 y,通过观察或试验得到 n 组数据,记为 $(x_i, y_i)(i = 1, 2, \cdots, n)$。用坐标的横轴代表变量 x,纵轴代表变量 y,每组数据 (x_i, y_i) 在坐标系中用一个点表示,n 组数据在坐标系中形成的 n 个点称为散点,所形成的二维数据图称为**散点图**。散点图是描述变量之间关系的一种直观方法,可以大体看出变量之间的关系形态及强度。

图 4.1 是不同形态的散点图,可以看出相关关系大致可以分为线性相关、非线性相关、完全相关和不相关等几种。需要注意的是,散点图只是直观地表示两者关系,并不是绝对的判断依据。

就两个变量而言,如果变量之间的关系近似地表现为一条直线,则称为线性相关,如图 4.1(a)和图 4.1(b)所示。图 4.1(a)表示两个变量的变动方向相同,称为正相关;图 4.1(b)则表示两个变量的变动方向相反,称为负相关。如果变量之间近似地表现为一条曲线,则称为非线性相关或曲线相关,如图 4.1(c)所示;如果两个变量的观测点无法看出规律,则表示变量之间没有相关关系,如图 4.1(d)所示。

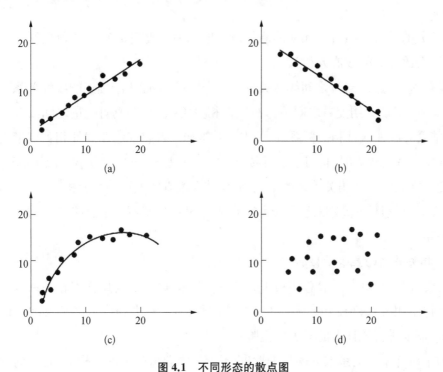

图 4.1　不同形态的散点图
(a) 正线性相关　(b) 负线性相关　(c) 非线性相关　(d) 不相关

散点图可以大致地描述两个变量的关系形态,但无法反映变量之间的关系强度。**相关系数**则是用来衡量线性关系强度的统计量,如果是根据总体数据计算则称为相关系数 ρ,若是根据样本数据计算则称为样本相关系数 r。很多时候,我们无法获得总体数据,则需要用样本数据来估计总体相关系数。在大数据前提下,如果能获得总体数据,则可以直接计算总体的相关系数。

样本相关系数的计算公式为

$$r = \frac{n\sum xy - \sum x \sum y}{\sqrt{n\sum x^2 - (\sum x)^2} \cdot \sqrt{n\sum y^2 - (\sum y)^2}} \tag{4.1}$$

上述公式计算的相关系数也称为线性相关系数或皮尔逊(Pearson)相关系数。该相关系数有如下性质:

(1) r 的取值范围是 $[-1,1]$,即 $-1 \leqslant r \leqslant 1$。若 $0 < r \leqslant 1$,表明 x 与 y 之间存

在正线性相关关系，$r=1$ 时是完全正线性相关关系；若 $-1 \leqslant r < 0$，表明 x 与 y 之间存在负线性相关关系，$r=-1$ 是完全负线性相关关系；当 $r=0$ 时，说明 y 与 x 之间不存在线性相关关系。

（2）r 具有对称性。x 与 y 之间的相关系数 r_{xy} 和 y 与 x 之间的相关系数 r_{yx} 相等，即 $r_{xy} = r_{yx}$。

（3）r 的数值大小与 x 和 y 的原点及尺度无关。改变 x 和 y 的数据原点及计量尺度，不会改变 r 的数值大小。

（4）r 仅仅是 x 与 y 之间线性关系的一个度量，不能用于描述非线性关系。这意味着，$r=0$ 只能说明变量之间不存在线性相关关系，并不说明变量之间没有任何关系，可能会存在非线性相关关系，这一点常常被初学者忽视。非线性相关变量之间的非线性相关程度较大时，也可能会导致 $r=0$。所以当 $r=0$ 或很小时，不能轻易得出两个变量之间不存在相关关系的结论，而应结合散点图做进一步分析。

（5）r 仅仅是两个变量之间线性关系的一个度量，却不一定意味着 x 与 y 一定有因果关系。

3. 相关关系的显著性检验

在管理学研究中，一般总体的相关系数 ρ 是未知的，需要用样本相关系数 r 去估计。但样本相关系数 r 会受到抽样随机性的影响，在多大程度上能够反映总体相关系数 ρ，需要进行统计上的显著性检验。

为了对样本相关系数 r 的显著性进行检验，需要考察 r 的抽样分布。r 的抽样分布随总体相关系数 ρ 和样本量 n 的大小而变化，这部分涉及数理统计知识，我们仅给出结论。

当总体相关系数 ρ 很小或接近 0 时，r 的抽样分布趋于对称的正态分布。而 ρ 远离 0 时，除非 n 非常大，则 r 的抽样分布会呈现一定的偏态。当 ρ 为较大的正值时，r 呈现左偏分布；当 ρ 为较大的负值时，r 呈现右偏分布。

然而在实际研究中，以样本 r 来估计总体 ρ 时，总是会假设 r 为正态分布，但这一假设常常会带来一些严重后果。为了避免这一风险，通常情况下采用费希尔提出的 t 检验，该检验可以用于小样本，也可以用于大样本。具体步骤如下：

第 1 步，提出原假设和备选假设：

$$H_0 : \rho = 0; \quad H_1 : \rho \neq 0$$

第 2 步，计算 t 检验统计量：

$$t = |r| \sqrt{\frac{n-2}{1-r^2}} \sim t(n-2)$$

第 3 步，进行决策。根据给定的显著性水平 α 和自由度 $df = n - 2$ 查 t 分布表，得出 $t_{\alpha/2}(n-2)$ 的临界值。若 $|t| > t_{\alpha/2}$，则拒绝原假设 H_0，即 $\rho \neq 0$，表明总体的两个变量之间存在显著的线性关系。

【例 4.1】　某大型商业银行在多个地区设有分行，其业务主要涉及住房贷款、个人消费贷款和企业经营贷款等项目。近年来，该银行的贷款总额稳步增长，但同时不良贷款的比例也有显著上升，给银行业务的发展带来了较大的压力。为了弄清不良贷款形成的原因，管理者希望利用相关业务数据进行定量分析，以寻找控制不良贷款的方法。表 4.1 给出了该银行所属的 50 家分行在 2002 年的相关业务数据。

表 4.1　50 家商业银行 2002 年主要业务数据

分行编号	不良贷款/亿元	各项贷款余额/亿元	本年累计应收贷款/亿元	贷款项目个数/个	本年固定资产投资额/亿元
1	0.9	67.3	6.8	5	51.9
2	1.1	111.3	19.8	16	90.9
3	4.8	173	7.7	17	73.7
4	3.2	80.8	7.2	10	145
5	7.8	199.7	16.5	19	63.2
6	2.7	16.2	2.2	1	2.2
7	1.6	107.4	10.7	17	20.2
8	12.5	185.4	27.1	18	43.8
9	1	96.1	1.7	10	55.9
10	2.6	72.8	9.1	14	64.3
11	0.3	64.2	2.1	11	42.7
12	4	132.2	11.2	23	76.7
13	0.8	58.6	6	14	22.8
14	3.5	174.6	12.7	26	117.1
15	10.2	263.5	15.6	34	146.7
16	3	79.3	8.9	15	29.9
17	0.2	14.8	0.6	2	42.1

分行编号	不良贷款/亿元	各项贷款余额/亿元	本年累计应收贷款/亿元	贷款项目个数/个	本年固定资产投资额/亿元
18	0.4	73.5	5.9	11	25.3
19	1	24.7	5	4	13.4
20	6.8	139.4	7.2	28	64.3
21	11.6	368.2	16.8	32	163.9
22	1.6	95.7	3.8	10	44.5
23	1.2	109.6	10.3	14	67.9
24	7.2	196.2	15.8	16	39.7
25	3.2	102.2	12	10	97.1
26	1.5	88.9	5.3	13	58.4
27	2.3	122.1	8.4	18	85.3
28	0.6	57.6	3.1	8	30.5
29	5.1	143.8	11.6	22	116.6
30	2.1	84.7	5.7	12	47.9
31	0.7	49.5	2.9	7	19.8
32	3.8	123.7	9.8	19	70.2
33	0.9	73.9	4.1	9	32.1
34	2.5	98.3	7.5	15	56.7
35	1.4	66.2	3.9	10	41.3
36	0.5	37.4	1.3	6	22.1
37	1.9	81.6	6.7	13	47.2
38	0.8	46.9	2.5	8	28.7
39	2.9	96.7	8.3	16	55.1
40	1.3	63.2	4.4	11	36.8
41	3.6	126.5	10.9	21	91.5
42	1.8	75.4	5.5	12	39.1

分行编号	不良贷款/亿元	各项贷款余额/亿元	本年累计应收贷款/亿元	贷款项目个数/个	本年固定资产投资额/亿元
43	0.4	26.8	1.2	5	14.9
44	4.2	108.3	9.6	15	66.4
45	1.6	61.9	4.8	9	35.2
46	0.9	49.7	2.8	7	24.7
47	3.1	93.6	7.7	15	53.2
48	1.2	58.3	4.1	9	31.4
49	2.7	85.2	6.6	13	43.9
50	1.5	67.9	5	10	28.6

管理者想要了解以下问题：

（1）不良贷款是否与贷款余额有关？

（2）不良贷款是否与累计应收账款有关？

（3）不良贷款是否与贷款项目数量有关？

（4）不良贷款是否与固定资产投资额有关？

（5）如果存在关系，它们之间的关系是怎样的？

（6）这些关系的强度如何？

① 绘制散点图，分析不良贷款与贷款余额、累计应收贷款、贷款项目个数、固定资产投资额之间的关系。

② 计算各变量之间的相关系数。

③ 检验不良贷款与贷款余额之间的相关系数是否显著（$\alpha = 0.05$）。

解：① 用 Excel 绘制的散点图（见图 4.2）。

② 如表 4.2 所示。

③ 第 1 步，提出假设：

$$H_0 : \rho = 0 ; \quad H_1 : \rho \neq 0$$

第 2 步，计算检验的统计量：

$$t = | r | \sqrt{\frac{n-2}{1-r^2}} = | 0.866\,5 | \times \sqrt{\frac{50-2}{1-0.866\,5^2}} = 12.034\,1$$

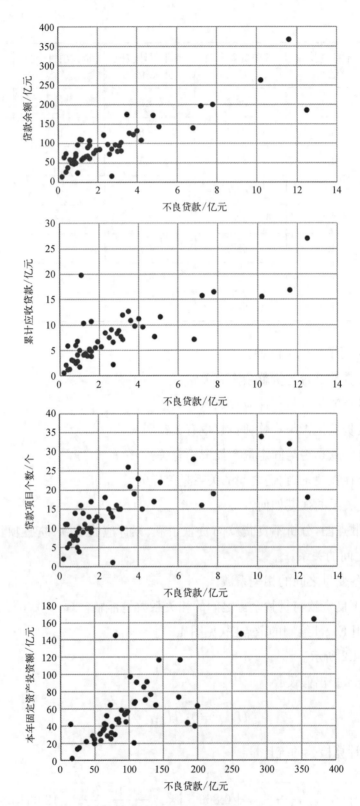

图 4.2　例 4.1 散点图

表 4.2　相关矩阵

	不良贷款/亿元	各项贷款余额/亿元	本年累计应收贷款/亿元	贷款项目个数/个	本年固定资产投资额/亿元
不良贷款/亿元	1				
各项贷款余额/亿元	0.866 451	1			
本年累计应收贷款/亿元	0.786 210	0.752 622	1		
贷款项目个数/个	0.739 331	0.865 747	0.679 077	1	
本年固定资产投资额/亿元	0.564 003	0.733 016	0.542 926	0.720 915	1

第 3 步，进行决策。根据显著性水平 $\alpha=0.05$ 和自由度 $n-2=50-2=48$，查 t 分布表得 $t_{a/2}(n-2)=2.0106$。由于 $t=12.0341>t_a=2.0106$，所以拒绝原假设 H_0。说明不良贷款与贷款余额之间存在着显著的正线性相关关系。

4.2　一元线性回归

相关系数在于测度变量之间的关系强度，而回归分析则进一步将变量之间的数量关系，通过数学表达式描述出来。回归分析可以确定一个或几个变量（自变量）的变化对另一个特定变量（因变量）的影响程度，包括三个功能：一是通过样本数据，确定变量之间的数学关系式；二是对关系式的可信程度进行统计检验，找出哪些变量的影响是显著的，哪些是不显著的；三是利用所求的关系式，根据变量的取值来估计或预测另一个特定变量的取值，并给出估计或预测的可靠程度。

回归分析是管理研究中最基础也是最常见的统计方法，需要对回归的每个步骤都有详细了解。

1. 一元线性回归模型

因变量和自变量是回归分析中的基本概念，被解释或被预测的变量称为**因变量** y，用来解释或预测因变量的一个或多个变量称为**自变量** x。例如，需要用广告投入、价格等因素来预测销售量时，销售量是被预测的因变量 y，而广告投入、价格则是用来预测的自变量 x。

当回归模型只有一个自变量时称为一元回归,若因变量 y 与自变量 x 之间为线性关系时称为一元线性回归,可以用一个线性方程来表示它们之间的关系,该方程称为回归模型,表示为

$$y = \beta_0 + \beta_1 x + \varepsilon \tag{4.2}$$

式中,y 为因变量,x 为自变量。ε 为误差项,是一个随机变量,反映了除 x 和 y 之间的线性关系之外的随机因素对 y 的影响,是不能由 x 和 y 之间的线性关系所解释的变异性。β_0 和 β_1 称为模型的参数,反映了 x 和 y 的数量关系。

在建立这一模型时,需要先观察散点图,确认因变量 y 与自变量 x 之间具有线性关系。同时,需要对误差项 ε 有一个前提假定:误差项 ε 是一个服从独立同分布的随机变量,服从正态分布,即 $\varepsilon \sim N(0, \sigma^2)$。 该要求有以下三点含义:

(1)ε 是一个期望值为 0 的随机变量,即 $E(\varepsilon) = 0$。 因此在式(4.2)中,由于 β_0 和 β_1 都是常数,所以有 $E(\beta_0) = \beta_0$,$E(\beta_1) = \beta_1$。 对于一个给定的 x 值,y 的期望值为 $E(y) = \beta_0 + \beta_1 x$,这实际上是假定模型为一条直线。

(2) 对于所有的 x 值,ε 的方差 σ^2 都相同。也就是对于一个特定的 x 值,y 的方差也都等于 σ^2。

(3)ε 的独立性意味着对于一个特定的 x 值,它所对应的 ε 与其他 x 值所对应的 ε 不相关。因此,对于一个特定的 x 值,它所对应的 y 值与其他 x 所对应的 y 值也不相关。因此,对于任何一个给定的 x 值,y 都服从期望值为 $\beta_0 + \beta_1 x$、方差为 σ^2 的正态分布。

根据式(4.2),我们可以计算 y 的期望值为

$$E(y) = \beta_0 + \beta_1 x \tag{4.3}$$

式中 β_0 是回归直线在 y 轴上的截距,是当 $x = 0$ 时 y 的期望值;β_1 是直线的斜率,表示当 x 每变动一个单位时 y 的变动值。

如果回归方程中的参数 β_0 和 β_1 已知,对于给定的 x,利用式(4.3)就能计算出 y 的期望值。但对于总体来说,回归参数 β_0 和 β_1 是未知的,需要利用样本数据去估计它们。

用样本统计量 $\hat{\beta}_1$ 和 $\hat{\beta}_1$ 代替回归方程中的总体未知参数 β_0 和 β_1,就得到了估计的回归方程:

$$\hat{y} = \hat{\beta}_0 + \hat{\beta}_1 x \tag{4.4}$$

式中,$\hat{\beta}_0$ 是估计的回归直线在 y 轴上的截距;$\hat{\beta}_1$ 是直线的斜率,表示 x 每变动一个单

位时 y 的平均变动值。

2. 参数的最小二乘估计

为了估计回归方程的 β_0 和 β_1，我们抽取了 x 和 y 的 n 对观测值。对于第 i 个 x 值，估计的回归方程可表示为

$$\hat{y}_i = \hat{\beta}_0 + \hat{\beta}_1 x_i \tag{4.5}$$

从散点图可以看出，画出 x 和 y 线性关系的直线可以有多条，那么用哪条直线来代表两个变量之间的关系，需要有一个明确的标准。很自然，可以想到距离各观测点最近的一条直线，用它来代表 x 与 y 之间的关系与实际数据的误差比其他任何直线都小。根据这一方法来估计回归模型参数 β_0 和 β_1 的方法称为**最小二乘法**，是通过使因变量的观测值 y_i 与估计值 $\hat{y}_i$ 之间的离差平方和达到最小来估计 β_0 和 β_1 的方法（见图 4.3）。

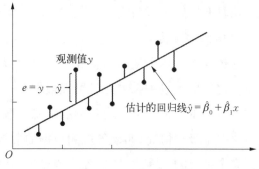

图 4.3　最小二乘法示意

最小二乘法被广泛用于模型参数的估计，但这并不是唯一的估计方法。

用最小二乘法拟合的直线具有一些优良的性质。首先，根据最小二乘法得到的回归直线能使离差平方和最小；由最小二乘法求得的回归直线可知 β_0 和 β_1 的估计量的抽样分布；最后，在某些条件下 β_0 和 β_1 的最小二乘估计量同其他估计量相比，其抽样分布具有较小的标准差。

根据最小二乘法使得下式最小：

$$\sum (y_i - \hat{y}_i)^2 = \sum (y_i - \hat{\beta}_0 - \hat{\beta}_1 x_i)^2$$

令 $Q = \sum (y_i - \hat{y}_i)^2$，根据微积分的极值定理，对 Q 分别求 $\hat{\beta}_0$ 和 $\hat{\beta}_1$ 的偏导数，并令其等于 0，可求出 $\hat{\beta}_0$ 和 $\hat{\beta}_1$：

$$\begin{cases} \dfrac{\partial Q}{\partial \beta_0}\Big|_{\beta_0 = \hat{\beta}_0} = -2\sum_{i=1}^{n}(y_i - \hat{\beta}_0 - \hat{\beta}_1, x_i)^2 = 0 \\[3mm] \dfrac{\partial Q}{\partial \beta_1}\Big|_{\beta_1 = \hat{\beta}_1} = -2\sum_{i=1}^{n} x_i (y_i - \hat{\beta}_0 - \hat{\beta}_1 x_i)^2 = 0 \end{cases}$$

解上述方程组得

$$\begin{cases} \hat{\beta}_1 = \dfrac{n\sum\limits_{i=1}^{n}x_i y_i - \sum\limits_{i=1}^{n}x_i \sum\limits_{i=1}^{n}y_i}{n\sum\limits_{i=1}^{n}x_i^2 - (\sum\limits_{i=1}^{n}x_i)^2} \\ \hat{\beta}_0 = \bar{y} - \hat{\beta}_1 \bar{x} \end{cases} \qquad (4.6)$$

由式 (4.6) 可知,当 $x = \bar{x}$ 时,可以得出 $\hat{y} = \bar{y}$,意味着回归直线 $\hat{y}_i = \hat{\beta}_0 + \hat{\beta}_1 x_i$ 通过点 $(\bar{x}, \bar{y})$,这是最小二乘法估计出回归直线的重要特征之一。

回归分析中的计算量较大,特别是多元回归,用手工计算几乎是不可能的。因此,在实际管理研究中,回归的计算完全依赖于计算机,包括 Excel,SPSS,Stata,R 等软件均具有回归分析功能。

3. 回归方程的拟合优度

通过样本计算出的回归直线 $\hat{y}_i = \hat{\beta}_0 + \hat{\beta}_1 x_i$,在一定程度上反映了自变量 x 与因变量 y 之间的数量关系。并且可以根据这一方程,通过自变量 x 的取值来估计或预测因变量 y 的取值。估计或预测的准确度取决于回归直线对观测数据的拟合程度。

取一个极端情况,如果各观测数据的散点都落在这一直线上,那么这条直线是对数据完全拟合的。因此,如果各观测点越是紧密围绕直线,说明该直线对观测数据的拟合程度越好,反之则越差。我们将回归直线与各观测点的接近程度称为模型的**拟合优度**,用判定系数来度量。

因变量 y 的取值是不同的,会有一定的波动,称之为离差。对一个具体的观测值来说,离差的大小可以用实际观测值 y 与其均值 $\bar{y}$ 之差 $(y - \bar{y})$ 来表示。而 n 次观测值的总离差可由这些离差的平方和来表示,称为总离差平方和,记为

$$SST = \sum (y_i - \bar{y})^2 \qquad (4.7)$$

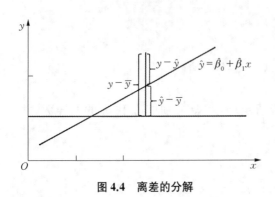

图 4.4 离差的分解

离差的产生来自两个方面:一是由自变量 x 的取值不同造成的;二是除 x 以外的其他因素的影响。

每个观测点的离差都可以分解为

$$y - \bar{y} = (y - \hat{y}) + (\hat{y} - \bar{y}) \qquad (4.8)$$

图 4.4 展示了这一分解。

将式 (4.8) 两边平方,并对所有 n 个点求和,有

$$\sum (y_i - \bar{y})^2 = \sum (y_i - \hat{y}_i)^2 + \sum (\hat{y}_i - \bar{y})^2$$
$$+ 2\sum (y_i - \hat{y}_i)(\hat{y}_i - \bar{y})$$

可以证明 $\sum (y_i - \hat{y}_i)(\hat{y}_i - \bar{y}) = 0$，因此上式为

$$\sum (y_i - \bar{y})^2 = \sum (y_i - \hat{y}_i)^2 + \sum (\hat{y}_i - \bar{y})^2 \tag{4.9}$$

式(4.9)的左边称为总离差平方和 SST，它可分解为等式右边的两部分：其中 $\sum (\hat{y}_i - \bar{y})^2$ 是回归值 $\hat{y}$ 与均值 $\bar{y}$ 的离差平方和，由于估计值 $\hat{y} = \hat{\beta}_0 + \hat{\beta}_1 x_i$，可以将这部分看成由于自变量 x 的变化引起的 y 的变化

根据估计的回归方程，估计值 $\hat{y} = \hat{\beta}_0 + \hat{\beta}_1 x_i$。因此可以把 $\sum (\hat{y}_i, \bar{y})^2$ 看作由于自变量 x 的变化引起的 y 的变化，反映了 y 的总离差中由于 x 与 y 之间的线性关系引起的 y 的变化部分，记作回归平方和（SSR）；另一部分 $\sum (y_i - \hat{y}_i)^2$ 是各实际观测点与估计值残差平方和，是除了 x 对 y 的线性影响之外的其他因素引起的 y 的变化部分，是不能由回归直线来解释的 y_i 离差部分，记作残差平方和（SSE）。三个平方和的关系为

总平方和（SST）＝回归平方和（SSR）＋残差平方和（SSE）

回归直线拟合的好坏取决于 SSR 及 SSE 的大小，或者说取决于 SSR 占总平方和 SST 的比例（SSR/SST）的大小，将该比例称为判定系数，记为 R^2，计算公式为

$$R^2 = \frac{SSR}{SST} = \frac{\sum (\hat{y}_i - \bar{y})^2}{\sum (y_i - \bar{y})^2} = 1 - \frac{\sum (y_i - \hat{y}_i)^2}{\sum (y_i - \bar{y})^2} \tag{4.10}$$

从上述推导可见，R^2 度量了回归直线对观测数据的拟合程度，取值范围是 $[0, 1]$。R^2 越接近 1，表明回归平方和占总平方和的比例越大，回归直线与各观测点越接近，用 x 的变化来解释 y 值变差的部分就越多，回归直线的拟合程度就越好；反之，R^2 越接近 0，回归直线的拟合程度就越差。

在一元线性回归中，相关系数 r 实际上是判定系数的平方根。根据这一结论，可以由相关系数直接计算判定系数 R^2，并且相关系数 r 与回归系数 $\hat{\beta}$ 的正负号是相同的。

另一个拟合优度的指标是估计标准误差（s_e），用来度量各实际观测点在直线周围的散布状况的一个统计量，计算方法是均方残差（MSE）的平方根。

$$s_e = \sqrt{\frac{\sum (y_i - \hat{y}_i)^2}{n-2}} = \sqrt{\frac{SSE}{n-2}} = \sqrt{MSE} \tag{4.11}$$

估计标准误差是对误差项 ε 的标准差 σ 的估计，是排除了 x 对 y 的线性影响后，y 随机波动大小的一个估计量。s_e 从另一个角度说明了回归直线的拟合优度，反映了

用估计方程去预测或估计因变量 y 时误差的大小。当观测点越靠近估计的回归直线时,s_e 越小,则回归直线对各观测点的拟合程度就越好。

从式(4.11)可以看出,当 $\sum(y_i - \hat{y}_i)^2$ 取最小值时所确定的回归直线,估计标准误差是最小的。

4. 显著性检验

通过样本数据所建立的回归估计方程并不能马上进行预测或估计,它在多大程度上反映了变量 x 和 y 之间的关系,需要通过检验后才能证实。

在使用样本数据构建回归方程时,需要 x 与 y 之间存在线性关系的前提假设,$y = \beta_0 + \beta_1 x + \varepsilon$,其中误差项 ε 是对于不同 x 同方差,并且服从正态分布的随机变量。因此,回归分析中的显著性检验包括两方面:一是 x 与 y 之间存在线性关系;二是对回归系数的显著性检验。

线性关系检验是检验自变量 x 和因变量 y 之间的线性关系是否成立,这也是进行回归分析的前提。构造用于检验的 F 统计量,该统计量是以回归平方和(SSR)和残差平方和(SSE)为基础的。由数理统计的知识可以得到

$$F = \frac{SSR/1}{SSE/(n-2)} \sim F(1, \ n-2) \tag{4.12}$$

分式上方是 SSR 除以其相应的自由度(SSR 的自由度是自变量的个数 k,一元线性回归中自由度为 1),下方则是 SSE 除以其相应的自由度(SSE 的自由度为 $n-k-1$,一元线性回归中的自由度为 $n-2$)。

原假设为 $H_0: \beta_1 = 0$,即两个变量之间的线性关系不显著。当原假设 $H_0: \beta_1 = 0$ 不成立时,上述 F 统计量将变得无穷大,因此,当 F 统计量足够大时可以拒绝原假设,从而断定变量 x 与 y 之间存在着显著的线性关系。具体步骤如下:

第 1 步,提出原假设:$H_0: \beta_1 = 0$,即两个变量之间的线性关系不显著

第 2 步,计算检验统计量 F。

第 3 步,做出决策。确定显著性水平 α,并根据分子自由度 $df_1 = 1$ 和分母自由度 $df_2 = n-2$ 查 F 分布表,找到相应的临界值 F_α。若 $F > F_\alpha$,则拒绝 H_0,表明两个变量之间的线性关系是显著的;若 $F < F_\alpha$,则无法拒绝 H_0,即没有证据表明两个变量之间有线性关系。

回归系数的显著性检验是要检验回归系数是否显著。在一元线性回归模型 $y = \beta_0 + \beta_1 x + \varepsilon$ 中,如果回归系数 $\beta_1 = 0$,则回归线是一条水平线,表明 y 的取值是一个常数,不依赖于自变量 x 的变化而变化,即两个变量之间没有线性关系。如果回归系

数 $\beta_1 \neq 0$，则表明 y 的取值受到 x 的影响。因此需要在统计意义上检验回归系数 β_1 是否等于 0。

通过最小二乘方法得出的 β_0 和 β_1 的估计 $\hat{\beta}_0$ 和 $\hat{\beta}_1$，根据数理统计知识可以证明 $\hat{\beta}_1$ 服从正态分布，其数学期望为 $E(\hat{\beta}_1) = \beta_1$，标准差为

$$\sigma_{\hat{\beta}_1} = \frac{\sigma}{\sqrt{\sum x_i^2 - \dfrac{1}{n}(\sum x_i)^2}}$$

其中，σ 是误差项 ε 的标准差。但通常情况下 σ 是未知的，需要用 σ 的估计量 s_e 代入上式，可以得到

$$\sigma_{\hat{\beta}_1} = \frac{s_e}{\sqrt{\sum x_i^2 - \dfrac{1}{n}(\sum x_i)^2}}$$

接下来可以构造出用于检验回归系数 β_1 的统计量为

$$t = \frac{\hat{\beta}_1 - \beta_1}{s_e \hat{\beta}_1}$$

该统计量服从自由度为 $n-2$ 的 t 分布。如果原假设成立，则 $\beta_1 = 0$，检验的统计量为

$$t = \frac{\hat{\beta}_1}{s_e \hat{\beta}_1} \tag{4.13}$$

因此，可以计算式 (4.13) 的 t 统计量，确定显著性水平 α，并根据自由度 $df = n-2$ 查 t 分布表，找到临界值 $t_{\alpha/2}$。若 $|t| > t_{\alpha/2}$，则拒绝 H_0，意味着在统计意义上回归系数不等于 0，表明自变量 x 对因变量 y 的影响是显著的。反之，则无法拒绝 H_0，表明两者之间不存在显著的线性关系。

在一元线性回归中，自变量只有一个。线性关系检验和回归系数显著性检验，其实是等价的。但在多元回归中，这两种检验的意义则不相同。F 检验只是用来检验总体回归关系的显著性，而 t 检验则是检验各个回归系数的显著性。

4.3　残差分析

在回归模型 $y = \beta_0 + \beta_1 x + \varepsilon$ 中，需要误差项 ε 满足期望为 0，同方差的正态分布条件。但如果该条件不成立，则我们做的回归估计和相关检验就站不住脚。如果检

验误差项 ε 的前提条件,方法之一就是残差分析。

残差(residual)是因变量的观测值 y_i 与根据估计的回归方程求出的预测值 $\hat{y}_i$ 之差,用 e 表示。它反映了用估计的回归方程去预测 y_i 而引起的误差。第 i 个观察值的残差可以写为

$$e_i = y_i - \hat{y}_i \tag{4.14}$$

可以通过残差图,直观上来判断误差项 ε 的前提条件是否成立。最常见的残差图,是关于 x 的残差图,是用横轴表示自变量 x 的值,纵轴则表示对应的残差 $e = y - \hat{y}$。

可以通过不同形态的残差图(见图 4.5),考察误差项 ε 的前提条件。如果对所有 x,ε 的方差均相同,那么残差图中所有的点都应落在一个水平带内,如图 4.5(a)所示。但如果对 x,ε 的方差不相等,残差图中所有的点可能随着 x 取值的增大而增大,如图 4.5(b)所示;也可能呈现曲线形态,如图 4.5(c)所示;它们都不满足 ε 方差相等的条件,特别是如图 4.5(c)所示的残差图,需要考虑曲线回归或多元回归模型。

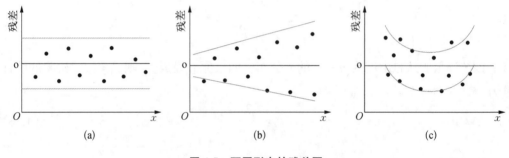

图 4.5　不同形态的残差图

4.4　多元线性回归模型

在管理研究中,影响因变量 y 的因素往往有多个,一元线性回归无法满足要求。需要在方程中加入多个自变量,这类就是多元回归问题,当因变量与各自变量之间均为线性关系时,则称为多元线性回归。多元线性回归的分析原理与一元线性回归基本类似,但计算上要更复杂,通常借助计算机软件来完成。

1. 多元回归模型与回归方程

设因变量为 y,n 个自变量分别为 x_1,x_2,$\cdots$,x_n。建立因变量 y,自变量 x_1,x_2,$\cdots$,x_n 和误差项 ε 的回归方程,称为多元回归模型,其数学形式为

$$y = \beta_0 + \beta_1 x_1 + \beta_2 x_2 + \cdots + \beta_n x_n + \varepsilon \tag{4.15}$$

式中，β_0，β_1，β_2，$\cdots$，β_n 是模型的参数，ε 为误差项。y 是关于 x_1，x_2，$\cdots$，x_n 的线性函数，再加上误差项 ε。

误差项 ε 反映了除 x_1，x_2，$\cdots$，x_n 之外的随机因素对 y 的影响，是不能由 x_1，x_2，$\cdots$，x_n 所解释的 y 的变异性。

与一元线性回归类似，在多元线性回归模型中，同样要求误差项 ε 独立分布于正态分布 $N(0，\sigma^2)$，包含三个要求：

（1）ε 是一个期望值为 0 的随机变量，即 $E(\varepsilon)=0$。 因此 y 的期望值为 $E(y)=\beta_0+\beta_1 x_1+\beta_2 x_2+\cdots+\beta_n x_n$。

（2）对于自变量 x_1，x_2，$\cdots$，x_n 的所有值，ε 的方差 σ^2 都相同。

（3）ε 的独立性意味着对于自变量 x_1，x_2，$\cdots$，x_n 的一组特定值，它所对应的 ε 与其他一组 x 值所对应的 ε 不相关。不同取值对应的 y 值之间也不相关，并且是一个服从正态分布的随机变量。

根据回归模型的假定，有

$$E(y)=\beta_0+\beta_1 x_1+\beta_2 x_2+\cdots+\beta_n x_n \tag{4.16}$$

式(4.16)称为**多元回归方程**，描述了因变量 y 的期望值与自变量 x_1，x_2，$\cdots$，x_n 之间的关系。

一元回归方程在二维空间中是一条直线，可在直角坐标中将其画出来。多元回归方程则是在超平面的一条直线，无法直观地画出来。

2. 估计的多元回归方程

多元回归方程中的参数 β_1，β_1，β_2，$\cdots$，β_n 是未知的，需要利用样本数据进行参数估计，得到统计意义上的取值。

当用样本统计量 $\hat{\beta}_0$，$\hat{\beta}_1$，$\hat{\beta}_2$，$\cdots$，$\hat{\beta}_n$ 去估计回归方程中的参数 β_0，β_1，β_2，$\cdots$，β_n 时，就得到了估计的多元回归方程，形式为

$$\hat{y}=\hat{\beta}_0+\hat{\beta}_1 x_1+\hat{\beta}_2 x_2+\cdots+\hat{\beta}_n x_n \tag{4.17}$$

式中，$\hat{\beta}_0$，$\hat{\beta}_1$，$\hat{\beta}_2$，$\cdots$，$\hat{\beta}_n$ 是参数 β_0，β_1，β_2，$\cdots$，β_n 的估计值；$\hat{y}$ 是因变量 y 的估计值。其中 $\hat{\beta}_1$，$\hat{\beta}_2$，$\cdots$，$\hat{\beta}_n$ 称为偏回归系数。$\hat{\beta}_i(i=1 \cdots n)$ 表示当 x_1，$\cdots$，x_{i-1}，x_{i+1}，$\cdots$，x_n 不变，x_i 每变动一个单位时因变量 y 的平均变动量。

3. 参数的最小二乘估计

回归方程中的 $\hat{\beta}_0$，$\hat{\beta}_1$，$\hat{\beta}_2$，$\cdots$，$\hat{\beta}_n$ 仍然是根据最小二乘法求得，也就是使残差平方和 Q 最小：

$$Q = \sum (y_i - \hat{y}_i)^2 = \sum (y_i - \hat{\beta}_0 - \hat{\beta}_1 x_1 - \cdots - \hat{\beta}_n x_n)^2$$

对 Q 分别求 $\hat{\beta}_0, \hat{\beta}_1, \hat{\beta}_2, \cdots, \hat{\beta}_n$ 的偏导数,可以得到方程组:

$$\begin{cases} \left.\dfrac{\partial Q}{\partial \beta_0}\right|_{\beta_0 = \hat{\beta}_0} = 0 \\[3mm] \left.\dfrac{\partial Q}{\partial \beta_i}\right|_{\beta_i = \hat{\beta}_i} = 0, \quad i = 1, 2, \cdots, n \end{cases}$$

求解上述方程组,需要借助 Excel,SPSS,Stata,R 等计算机软件才能完成。

【例 4.2】 继续沿用例 4.1。某大型商业银行在多个地区设有分行,其业务主要涉及住房贷款、个人消费贷款和企业经营贷款等项目。近年来,该银行的贷款总额稳步增长,但同时不良贷款的比例也显著上升,给银行业务的发展带来了较大的压力。为了弄清不良贷款形成的原因,管理者希望利用相关业务数据进行定量分析,以寻找控制不良贷款的方法。试建立不良贷款(y)与贷款余额(x_1)、累计应收贷款(x_2)、贷款项目个数(x_3)和固定资产投资额(x_4)的线性回归方程,并解释各回归系数的含义。

解: 由 Excel 输出的多元回归结果见表 4.3。

表 4.3　Excel 输出的多元回归分析结果

回　归　统　计	
Multiple R	0.895 830
R Square	0.802 511
Adjusted R Square	0.784 957
标准误差	1.306 263
观 测 值	50

方差分析

	df	SS	MS	F	Significance F
回归分析	4	312.020 465	78.005 116	45.715 328	0.000 000
残　差	45	76.784 535	1.706 323		
总　计	49	388.805 000			

	Coefficients	标准误差	t Stat	P-value	Lower 95%	Upper 95%	下限 95.0%	上限 95.0%
Intercept	−1.025 970	0.419 698	−2.444 545	0.018 485	−1.871 285	−0.180 655	−1.871 285	−0.180 655
各项贷款余额/亿元	0.033 913	0.006 899	4.915 723	0.000 012	0.020 018	0.047 807	0.020 018	0.047 807
本年累计应收贷款/亿元	0.164 751	0.054 022	3.049 693	0.003 831	0.055 945	0.273 557	0.055 945	0.273 557
贷款项目个数/个	−0.011 212	0.055 493	−0.202 047	0.840 791	−0.122 980	0.100 556	−0.122 980	0.100 556
本年固定资产投资额/亿元	−0.011 364	0.008 025	−1.416 047	0.163 647	−0.027 527	0.004 799	−0.027 527	0.004 799

根据表 4.3 所示的结果,得到不良贷款与贷款余额、累计应收贷款、贷款项目个数和固定资产投资额的多元线性回归方程为

$$\hat{y} = -1.025\,970 + 0.033\,913x_1 + 0.164\,751x_2 - 0.011\,212x_3 - 0.011\,364x_4$$

各回归系数的实际意义为:

$\hat{\beta}_1 = 0.033\,913$,表示在累计应收贷款、贷款项目个数和固定资产投资额不变的条件下,贷款余额每增加 1 亿元,不良贷款平均增加 0.033 913 亿元。

$\hat{\beta}_2 = 0.164\,751$,表示在贷款余额、贷款项目个数和固定资产投资额不变的条件下,累计应收贷款每增加 1 亿元,不良贷款平均增加 0.164 751 亿元。

$\hat{\beta}_3 = -0.011\,212$,表示在贷款余额、累计应收贷款和固定资产投资额不变的条件下,贷款项目个数每增加 1 个,不良贷款平均减少 0.011 212 亿元。

$\hat{\beta}_4 = -0.011\,364$,表示在贷款余额、累计应收贷款和贷款项目个数不变的条件下,固定资产投资额每增加 1 亿元,不良贷款平均减少 0.011 364 亿元。

4.5　多元回归方程的拟合优度

1. 多重判定系数

对多元线性回归方程,需要用多重判定系数来评价其拟合程度。在一元回归中,我们是对因变量 y 的离差平方和进行分解,在多元回归中也有类似的方法:

$$SST = SSR + SSE$$

式中，$SST = \sum (y_i - y)^2$ 为总平方和，$SSR = \sum (\hat{y}_i - \bar{y})^2$ 为回归平方和，$SSE = \sum (y_i - \hat{y}_i)^2$ 为残差平方和。

相比一元回归方程，多元回归的计算非常麻烦，通常是利用计算机输出结果。在例 4.2 方差分析部分可知 $SST = 388.805\,000$，$SSR = 312.020\,465$，$SSE = 76.784\,534\,9$。

和一元回归方程类似，将多重判定系数定义为

$$R^2 = \frac{SSR}{SST} = 1 - \frac{SSE}{SST}$$

多重判定系数，也就是我们研究中常说的 R^2，是多元回归中的回归平方和占总平方和的比例，反映了因变量 y 的离差能够被回归方程解释的比例，可以用来度量多元回归方程的拟合程度。

但统计学家发现多重判定系数（R^2）的取值和自变量个数 n 相关。当自变量个数增加时，也就是 n 增大时，预测误差则会减小，从而减少残差平方和 SSE，使得 R^2 变大。这说明，仅仅由于增加了自变量，不论该自变量在统计学上是否显著，R^2 也会变大。因此，统计学家用**调整后的多重判定系数**（$Adjusted\_R^2$）来消除这一因素的影响，计算公式为

$$R_a^2 = 1 - (1 - R^2)\left(\frac{k-1}{k-n-1}\right)$$

R_a^2 的解释与 R^2 类似，但增加了样本量（k）和模型中自变量的个数（n）的影响，这就使得 R_a^2 的值永远小于 R^2。在管理研究中，样本量 k 一般都比较大，R_a^2 与 R^2 的取值基本相等。

2. 估计标准误差

与一元线性回归类似，多元回归中的估计标准误差也是对误差项 ε 的方差 σ^2 的一个估计值，也可以用来衡量多元回归方程的拟合优度，计算公式为

$$s_e^2 = \frac{\sum (y_i - y_i)^2}{k - n - 1} = \frac{SSE}{k - n - 1}$$

式中，k 为样本量；n 自变量的个数。

4.6　显著性检验

在前文一元线性回归模型中,回归方程的线性关系检验(F 检验)与回归系数检验(t 检验)是等价的。但在多元回归模型中,这两种检验不再等价。

对于线性关系检验,在 n 个自变量中,只要有一个自变量 x 与因变量 y 的线性关系显著,F 检验就会通过。但这并不意味着每个自变量 x_i 与因变量 y 的关系都显著,因此需要对每个自变量 x_i 的回归系数进行单独检验。如果某个自变量没有通过检验,就意味着这个自变量对因变量的影响不显著,从统计意义上讲,就没有必要将这个自变量放进回归模型。

1. 线性关系检验

线性关系检验是检验因变量 y 与 n 个自变量 x_i 之间的关系是否显著,也称为总体显著性检验。具体步骤为:

第 1 步,提出假设:

$$H_0: \beta_1 = \beta_2 = \cdots = \beta_n = 0$$
$$H_1: \beta_1, \beta_2, \cdots, \beta_n \text{ 至少有一个不等于 } 0$$

第 2 步,计算检验的统计量 F:

$$F = \frac{SSE/n}{SSE/(k-n-1)} \sim F(n, k-n-1)$$

第 3 步,做出统计决策。给定显著性水平 α,根据 $(n, k-n-1)$ 查 F 分布表,得 F_a 的值。若 $F > F_a$,则拒绝原假设;若 $F < F_a$,则无法拒绝原假设。

2. 回归系数检验和推断

在回归方程通过线性关系检验后,还需要对各个回归系数 β_i 进行一次或多次检验,这也是管理研究中俗称的"找星星"过程。

回归系数检验的具体步骤如下:

第 1 步,提出假设。对于任意参数 $\beta_i (i=1, 2, \cdots, n)$,有

$$H_0: \beta_i = 0$$
$$H_1: \beta_i \neq 0$$

第 2 步,计算检验的统计量 t_i。

$$t_i = \frac{\hat{\beta}_i}{s\hat{\beta}_i} \sim t(k-n-1)$$

式中，$s\hat{\beta}_i$ 是回归系数 $\hat{\beta}_i$ 的抽样分布的标准差，即 $s\hat{\beta}_i = \dfrac{s_i}{\sqrt{\sum x_i^2 - \dfrac{1}{n}\left(\sum x_i\right)^2}}$。

第 3 步，做出统计决策。给定显著性水平 α，根据自由度 $= k-n-1$ 查 t 分布表，得 $t_{\alpha/2}$ 的值。若 $|t| > t_{\alpha/2}$。则拒绝原假设：若 $|t| < t_{\alpha 2}$，则无法拒绝原假设。

【**例 4.3**】 根据例 4.1 建立的回归方程，对回归方程中各回归系数的显著性进行检验（$\alpha = 0.05$）。

解：第 1 步，提出假设。对于任意参数 $\beta_i (i = 1, 2, 3, 4)$，有

$$H_0 : \beta_i = 0$$
$$H_1 : \beta_i \neq 0$$

第 2 步，计算检验的统计量 t。

$$t_t = \frac{\hat{\beta}_i}{s\hat{\beta}_t} \qquad \sharp (12.13)$$

根据表 4.2 的结果可知，$t_1 = 4.915723$，$t_2 = 3.049693$，$t_3 = -0.202047$，$t_4 = -1.416047$。

第 3 步，做出统计决策。给定显著性水平 $\alpha = 0.05$，根据自由度 $= n-k-1 = 50-4-1 = 45$ 查 t 分布表.得 $t_{\alpha/2} = t_{0.025} = 2.0117$。这里，只有 β_1 和 β_2 通过了检验，其他 2 个自变量都没有通过检验。直接用 P 值进行比较也是一样：β_1 和 β_2 所对应的 P 值小于 0.05，通过检验；其余 2 个系数所对应的 P 值均大于 0.05，未通过检验。

这说明在影响不良贷款的 4 个自变量中，只有贷款余额和累计应收贷款的影响是显著的，而其他 2 个自变量均不显著。这意味着其他 2 个自变量对预测不良贷款的作用已经不大。假定只选 2 个自变量来预测不良贷款，应该选贷款余额和累计应收贷款。

4.7　多重共线性

多元回归模型中会有 2 个或以上的自变量，这些自变量可能是彼此相关的。比

如,在例 4.1 所建立的回归方程中,使用了 4 个自变量,即贷款余额(x_1)、累计应收贷款(x_2)、贷款项目个数(x_3)和固定资产投资额(x_4)。虽然这 4 个自变量对于预测不良贷款都有作用,但由于这 4 个自变量之间本身存在相关关系,在预测中所用的信息就是重复的。从直观上看,贷款余额(x_1)与累计应收贷款(x_2)之间就有较高的相关关系。在这种情况下,多个变量提供的信息就是重复的,或许只用其中的一个自变量就可以了。这时,我们需要对这种情况做出判定,在何种情况下,可以将多个变量同时纳入回归模型中。

1. 多重共线性的判别

回归模型中如果存在 2 个或 2 个以上的自变量相关时,则称回归模型中存在**多重共线性**问题。虽然现实中,特别是社会科学研究中,自变量之间存在相关关系是很常见的,但在回归时会产生伪回归等问题,对回归系数的解释将是危险的。因此,需要对自变量的多重共线性进行检验。

一般判断多重共线性的方法有:

(1)自变量之间显著相关。自变量的相关系数和样本量有关,但经验上如果大于 0.65 就需要特别注意共线性问题。

(2)模型的线性关系检验(F 检验)显著时,几乎所有回归系数 β_i 的 t 检验却不显著。

(3)回归系数的正负号与预期的相反。

(4)容忍度与方差膨胀因子(VIF)。某个自变量 x_i 的容忍度等于 1 减去该自变量 x_i 为因变量,而其他 $n-1$ 个自变量为预测变量时所得到的线性回归模型的判定系数,即 $1-R_i^2$。容忍度越小,多重共线性越严重。方差膨胀因子等于容忍度的倒数,即 $\text{VIF}=\dfrac{1}{1-R_i^2}$。当 VIF 越大时,多重共线性越严重。一些文献认为 VIF 小于 10 时,多重共线性可以视作不严重,但 VIF 小于 3 是一个更为稳妥的标准。

【例 4.4】 利用例 4.1 的数据,按上述方法判别所建立的回归方程是否存在多重共线性。

解:由 Excel 软件计算出 4 个自变量之间的相关系数矩阵(见表 4.4)。

表 4.4 相关系数矩阵

	各项贷款余额/亿元	本年累计应收贷款/亿元	贷款项目个数/个	本年固定资产投资额/亿元
各项贷款余额/亿元	1.000 000			

	各项贷款余额/亿元	本年累计应收贷款/亿元	贷款项目个数/个	本年固定资产投资额/亿元
本年累计应收贷款/亿元	0.752 622	1.000 000		
贷款项目个数/个	0.865 747	0.679 077	1.000 000	
本年固定资产投资额/亿元	0.733 016	0.542 926	0.720 915	1.000 000

首先，由相关系数矩阵可以看出自变量的相关系数基本都大于 0.65，这意味从经验值来看，自变量存在多重共线性问题。

其次，由表 4.3 输出的结果可知，回归模型的线性关系是显著的（Significance $F = 2.6899\mathrm{E}-15 < \alpha = 0.05$），而回归系数检验时却有 2 个没有通过 t 检验，这也暗示了模型中存在多重共线性。

最后，固定资产投资额的回归系数为负号（$-0.011\,364$），这也与预期的不一致。从不良贷款与固定资产投资额的一元回归中得知，固定资产投资额的增加也会使不良贷款增加。

总之，上述三点都表明回归模型中存在多重共线性。

2. 多重共线性问题的处理

一旦发现回归模型中存在多重共线性问题，就应采取某种解决措施。但具体采用哪种措施，并没有一个严格的标准。可能的方法有：

（1）将一个或多个相关的自变量从模型中剔除，使保留的自变量尽可能不相关。按照上述 VIF 的方法，如果仅从统计角度考虑，应该优先提出 VIF 值较大的自变量。

（2）如果要在模型中保留所有的自变量，也可以考虑将相关性较高的自变量做因子分析（第 8 章），提出共性部分纳入回归模型。

思考与习题

（1）什么是回归中的最小二乘法？

（2）相关分析和回归分析的区别是什么？

（3）某企业资料见表 4.5：

表 4.5　某企业资料

年　份	产量/千件	单位产品成本/(元/件)
1994	5	70
1995	7	69
1996	9	67
1997	8	68
1998	9	66
1999	10	64

要求：

① 定量判断产量与单位产品成本之间的相关系数。

② 用最小二乘法建立线性回归方程，并说明回归系数的经济含义。

③ 计算估计标准误差(以上问题均保留四位小数)。

(4) 某公司想决定在何处建造一个新的百货店，对已有的 30 个百货店的销售额作为其所处地理位置特征的函数进行回归分析，并且用该回归方程作为新百货店的不同位置的可能销售额，估计得出(括号内为估计的标准差)

$$\hat{Y}_t = 30 + 0.1X_{1t} + 0.01X_{2t} + 10.0X_{3t} + 3.0X_{4t}$$

$$(0.02) \qquad (0.01) \qquad (1.0) \qquad (1.0)$$

其中，Y_t = 第 i 个百货店的日均销售额(百美元)；

X_{1t} = 第 i 个百货店前每小时通过的汽车数量；

X_{2t} = 第 i 个百货店所处区域内的平均收入；

X_{3t} = i 个百货店内所有的桌子数量；

X_{4t} = i 个百货店内所处地区竞争店面的数量。

请回答以下问题：

① 各个变量前参数估计的符号是否与期望的符号一致？

② 计算每个变量参数估计值的 T 值。

③ 在 $\alpha = 0.05$ 的显著性水平下检验各变量的显著性。

第 5 章
方差分析

5.1 方差分析引论

方差分析（Analysis of Variance，ANOVA）是在 20 世纪 20 年代发展起来的一种统计方法，它是由英国统计学家费希尔 20 世纪 20 年代在进行试验设计时为解释试验数据而首先引入的，目前被广泛应用于心理学、生物学、工程和医药的试验数据。在管理研究中，特别是采用实验方法的研究中，常常会用到方差分析。

方差分析通过比较多个总体的均值来研究变量之间的关系。需要注意的是，方差分析的手段虽然是均值检验，但其目的是研究变量之间的关系。与前一章的回归分析、方差分析有许多类似的地方，区别在于方差分析是研究一个（单因素）或多个（双因素）分类型自变量与一个数值型因变量之间的关系。

1. 引例

先通过一个例子来说明方差分析所要解决的问题。

【例 5.1】 某企业进行霍桑实验，考察照明条件对工人的生产效率是否有影响。分别在工厂 A、工厂 B、工厂 C、工厂 D 四家工厂设置了不同的照明条件，并在四家工厂分别抽取了员工的日产量作为样本。其中工厂 A 抽取 7 名，工厂 B 抽取 6 名，工厂 C 抽取 5 名，工厂 D 抽取 5 名。假设四家工厂的其他生产条件相同，统计出各工厂员工的日产量如表 5.1 所示。

要分析四个工厂之间的日产量是否有显著差异，可以归结为检验这四个工厂的人均日产量是否相等。如果人均产量相等，则意味着四个工厂的人均产量没有显著差异，照明条件对生产效率没有显出影响的；如果人均产量不全相等，则意味着照明条件对生产效率是有影响的。

表 5.1　四家工厂员工日产量

工 厂 A	工 厂 B	工 厂 C	工 厂 D
57	68	31	44
66	39	49	51
49	29	21	65
40	45	34	77
34	56	40	58
53	51		
44			

在方差分析中,所要检验的对象称为因素或因子(factor),因素的不同表现称为水平或处理(treatment),每个因子水平下得到的样本数据称为观测值。在例 5.1 中,要分析照明条件对生产效率是否有显著影响。其中照明条件是要检验的对象,称为因素或因子;A、B、C、D 四家工厂是照明条件的具体表现,称为水平或处理;每家工厂得到的样本数据(员工日产量)称为观测值。由于这里只涉及照明条件这一个因素,因此例 5.1 称为单因素 4 水平的试验。因素的每一个水平可以看作一个总体,如 A、B、C、D 四家工厂可以看作 4 个总体,表 5.1 的数据可以看作从这 4 个总体中抽取的样本数据。

只有一个因素的方差分析,称为单因素方差分析。涉及两个变量:一个是分类型自变量,一个是数值型因变量。在例 5.1 中,不同的照明条件就是自变量,是一个分类变量;而生产效率,是一个数值型变量,日产量的多少就是因变量的取值。方差分析就是要研究不同照明条件对生产效率是否有显著影响。

2. 方差分析的基本原理

为了分析分类型自变量对数值型因变量的影响,需要从对数据误差来源的分析入手。画出例 5.1 的散点图(见图 5.11)。

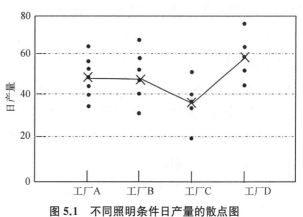

图 5.1　不同照明条件日产量的散点图

由图 5.1 可见,不同照明条件之间,日产量是有差异的,但这种差异是否显著还值得商榷。也许这种差异是由抽样的随机性造成的,也许是照明差异所引起的。因此,需要有更准确的方法来检验这种差异的显著性,即方差分析。注意,虽然名称叫作方差分析,但是对均值检验,只不过是利用方差分解的手段来检验均值。

我们先来定义几类误差。首先,在同一个工厂内,样本的观察值是不同的。比如在工厂 A,所抽取的 X 名员工日产量是不同的。由于工人是随机抽取的,因此他们之间的差异是随机因素影响造成的,或者是抽样的随机性所造成的误差。这种来自水平内部的数据误差也称为组内误差,或称随机误差。例如,零售业中所抽取的 7 家企业被日产量之间的误差就是组内误差,它反映了一个样本内部数据的离散程度。显然,组内误差只含有随机误差。

同时,不同照明条件(不同总体)下的观测值也是不同的,来自不同照明条件(不同总体,不同水平)之间的数据误差称为组间误差。这种误差是由照明条件这一因素造成的系统误差,它反映了不同总体的样本之间数据的离散程度。

因此,我们将样本数据总误差进行分解(见图 5.2)。反映全部数据误差大小的平方和称为总平方和,记为 SST。例如,所抽取的全部 23 名员工日产量的误差平方和就是总平方和,它反映了全部观测值的离散状况。反映组内误差大小的平方和称为组内平方和,也称为误差平方和或残差平方和,记为 SSE。例如,每个样本内部的数据平方和加在一起就是组内平方和,它反映了每个样本内各观测值的离散状况。反映组间误差大小的平方和称为组间平方和,也称为因素平方和,记为 SSA。

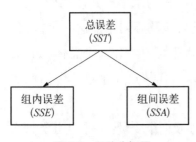

图 5.2 误差分解图

如果照明条件对生产效率没有影响,也就是四家工厂之间员工日产量的误差中只包含随机误差,而没有系统误差。这时,组间误差与组内误差经过平均后的数值(称为均方或方差)就应该很接近,它们的比值就会接近 1。反之,如果照明条件对生产效率有影响,在组间误差中除了包含随机误差,还会包含系统误差,这时组间误差平均后的数值就会大于组内误差平均后的数值,它们之间的比值就会大于 1。当这个比值大到某种程度时,就认为因素的不同水平之间存在着显著差异,也就是自变量对因变量有显著影响。

3. 方差分析的基本假定

方差分析中有三个基本假定:

（1）每个总体都应服从正态分布。也就是对于因素的每一个水平,其观测值是来自正态分布总体的简单随机样本。在例 5.1 中,要求每个工厂的日产量必须服从正态分布。

（2）各个总体的方差 σ^2 必须相同。也就是说,各组观察数据是从具有相同方差的正态总体中抽取的。在例 5.1 中,要求每个工厂的日产量方差都相同。

（3）观测值是独立的。在例 5.1 中,要求每个工厂的日产量都与其他工厂的日产量不相关。

在上述假定成立的前提下,要分析自变量对因变量是否有影响,形式上也就转化为检验自变量的各个水平(总体)的均值是否相等。

尽管不知道 4 个总体的均值,但可以用样本数据来检验它们是否相等。可以建立原假设 $H_0: \mu_1 = \mu_2 = \mu_3 = \mu_4$（4 家工厂的日产量均值相等）。如果原假设为真,则意味着每个样本都来自均值为 μ、方差为 σ^2 的同一个正态总体。换句话说,如果 4 个总体样本均值变动越小,越可以支持 H_0;样本均值变动越大,则越支持 H_1。

由样本均值的抽样分布可知,来自正态总体的一个简单随机样本的样本均值 $\bar{x}$ 服从均值为 μ、方差为 σ^2/n 的正态分布,如图 5.3(a) 所示。如果 μ_1,μ_2,μ_3,μ_4 完全不同,则意味着 4 个样本分别来自均值不同的 4 个正态总体。因此有 4 个不同的抽样分布,如图 5.3(b) 所示。在这种情况下,各样本均值也不像 H_0 为真时那样接近了。

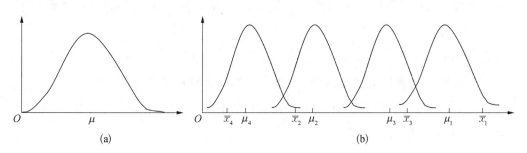

图 5.3　抽样分布

(a) H_0 为真时 $\bar{x}$ 的抽样分布　(b) 拒绝 H_0 时 $\bar{x}$ 的抽样分布

4. 问题的一般提法

设因素有 k 个水平,每个水平的均值分别用 μ_1,μ_2,…,μ_k 表示,要检验 k 个水平(总体)的均值是否相等,需要提出如下假设:

$H_0: \mu_1 = \mu_2 = \cdots = \mu_k$　　　自变量对因变量没有显著影响

$H_1: \mu_1$,μ_2,…,μ_k 不全相等　　自变量对因变量有显著影响

5.2 单因素方差分析

1. 数据结构

单因素方差分析(one-way analysis of variance)只涉及一个分类型自变量,对一个数值型因变量的影响,需要得到表 5.2 所示的数据结构。

表 5.2 单因素方差分析的数据结构

观测值 (j)	因 素 (i)			
	A_1	A_2	$\cdots$	A_k
1	x_{11}	x_{21}	$\cdots$	x_{k1}
2	x_{12}	x_{22}	$\cdots$	x_{k2}
$\vdots$	$\vdots$	$\vdots$	$\vdots$	$\vdots$
n	x_{1n}	x_{1n}	$\cdots$	x_{kn}

在单因素方差分析中,用 A 表示因素,因素的 k 个水平(总体)分别用 A_1,A_2,$\cdots$,A_k 表示,每个观测值用 $x_{ij}(i=1, 2, \cdots, k; j=1, 2, \cdots, n)$ 表示,即 x_{ij} 表示第 i 个水平(总体)的第 j 个观测值。例如,x_{21} 表示第二个水平的第一个观测值。其中,从不同水平中所抽取的样本量可以相等,也可以不相等。

2. 分析步骤

方差分析的步骤包括提出假设,构造检验的统计量和统计决策。

首先,提出假设。原假设为按照自变量 k 个不同水平(取值)分成的类中,因变量的均值相等,提出原假设如下:

$H_0: \mu_1 = \mu_2 = \cdots = \mu_i = \cdots = \mu_k$ 自变量对因变量没有显著影响

$H_1: \mu_i (i=1, 2, \cdots, k)$ 不全相等   自变量对因变量有显著影响

式中,μ_i 为第 i 个总体的均值。

如果拒绝原假设 H_0,则意味着自变量对因变量有显著影响,也就是自变量与因变量之间有显著关系;如果无法拒绝原假设 H_0,则认为没有证据能够支持自变量对因变量有显著影响。但需要注意的是,拒绝 H_0,只是表明至少有两个总体的均值不相等,也就是均值不全相等,但并不意味着所有的均值都不相等。

其次,构造统计量来检验 H_0 是否成立。结合表 5.1 的数据结构说明其计算过程。

（1）计算各样本的均值。假定从第 i 个总体中抽取一个容量为 n_i 的简单随机样本,令 $\bar{x}_i$ 为第 i 个总体的样本均值,则有

$$\bar{x}_i = \frac{\sum_{j=1}^{n_i} x_{ij}}{n_i}, \quad i = 1, 2, \cdots, k$$

式中, n_i 为第 i 个总体的样本量, x_{ij} 为第 i 个总体的第 j 个观测值。例如,根据表 5.1 中的数据,计算工厂 A 的样本均值为

$$\bar{x}_1 = \frac{\sum_{j=1}^{7} x_{1j}}{n_1} = \frac{57 + 66 + 49 + 40 + 34 + 53 + 44}{7} = 49$$

同样可以得到工厂 B、工厂 C 和工厂 D 的均值,结果见表 5.3。

表 5.3 四家工厂的日产量及其均值

工 厂 A	工 厂 B	工 厂 C	工 厂 D
57	68	31	44
66	39	49	51
49	29	21	65
40	45	34	77
34	56	40	58
53	51		
44			
$\bar{x}_1 = 49$	$\bar{x}_2 = 48$	$\bar{x}_3 = 35$	$\bar{x}_4 = 59$
7	6	5	5

$$\bar{\bar{x}} = \frac{57 + 66 + \cdots + 77 + 58}{23} = 47.869\,565$$

（2）计算全部观测值的总均值。它是全部观测值的总和除以观测值的总个数,令总均值为 $\bar{\bar{x}}$,则有

$$\bar{\bar{x}} = \frac{\sum\limits_{i=1}^{k} \sum\limits_{j=1}^{n_i} x_{ij}}{n} = \frac{\sum\limits_{i=1}^{k} n_i \bar{x}_i}{n}$$

式中，$n = n_1 + n_2 + \cdots + n_k$。根据表 5.1 中数据，全部观测值的总均值为 47.869 565。

（3）计算各误差平方和。为构造检验的统计量，在方差分析中需要计算三个误差平方和，它们是总平方和、组间平方和（因素平方和）、组内平方和（误差平方和或残差平方和）。

① 总平方和（SST）是全部观测值 x_{ij} 与总均值 $\bar{\bar{x}}$ 的误差平方和，计算公式为

$$SST = \sum_{i=1}^{k} \sum_{j=1}^{n_i} (x_{ij} - \bar{\bar{x}})^2$$

例如，根据表 5.1 中数据，已经计算出 $\bar{\bar{x}} = 47.869\ 565$，则总平方和为

$$SST = (57 - 47.869\ 565)^2 + \cdots + (58 - 47.869\ 565)^2$$
$$= 4\ 164.608\ 696$$

总平方和反映了所有观测值与平均数之间的差异。

② 组间平方和（SSA）是各组均值 $\bar{x}_i (i = 1, 2, \cdots, k)$ 与总均值 $\bar{\bar{x}}$ 的误差平方和，反映各样本均值之间的差异程度，计算公式为

$$SSA = \sum_{i=1}^{k} n_i (\bar{x}_i - \bar{\bar{x}})^2$$

例如，根据表 5.1 中数据，计算组间平方和为

$$SSA = \sum_{i=1}^{4} n_i (\bar{x}_i - \bar{\bar{x}})^2$$
$$= 7 \times (49 - 47.869\ 565)^2 + 6 \times (48 - 47.869\ 565)^2$$
$$\quad + 5 \times (35 - 47.869\ 565)^2 + 5 \times (59 - 47.869\ 565)^2$$
$$= 1\ 456.608\ 696$$

③ 组内平方和（SSE）反映了每个水平组内各样本数据与该组均值的误差平方和，反映了每个水平内样本观察值的离散状况，其计算公式为

$$SSE = \sum_{i=1}^{k} \sum_{j=1}^{n_i} (x_{ij} - \bar{x}_i)^2$$

在表 5.1 中，先求出每家工厂样本与其均值的误差平方和，然后将 4 家工厂的误差平方和加总，即为 SSE。可以分别算出 4 家工厂的计算误差平方和。

工厂 A：

$$\sum_{j=1}^{7} (x_{1j} - \bar{x}_1)^2 = (57 - 49)^2 + (66 - 49)^2 + \cdots + (44 - 49)^2 = 700$$

工厂 B：

$$\sum_{j=1}^{6} (x_{2j} - \bar{x}_2)^2 = (68 - 48)^2 + (39 - 48)^2 + \cdots + (51 - 48)^2 = 924$$

工厂 C：

$$\sum_{j=1}^{5} (x_{3j} - \bar{x}_3)^2 = (31 - 35)^2 + (49 - 35)^2 + \cdots + (40 - 35)^2 = 434$$

工厂 D：

$$\sum_{j=1}^{5} (x_{4j} - \bar{x}_4)^2 = (44 - 59)^2 + (51 - 59)^2 + \cdots + (58 - 59)^2 = 650$$

然后将其加总可以得到

$$SSE = 700 + 924 + 434 + 650 = 2\,708$$

上述三个平方和之间的关系为

$$\sum_{i=1}^{k} \sum_{j=1}^{n_i} (x_{ij} - \bar{x})^2 = \sum_{i=1}^{k} n_i (\bar{x}_i - \bar{x})^2 + \sum_{i=1}^{k} \sum_{j=1}^{n_i} (x_{ij} - \bar{x}_i)^2$$

总平方和（SST）＝组间平方和（SSA）＋组内平方和（SSE），计算结果可以验证这一点：

$$4\,164.608\,696 = 1\,456.608\,696 + 2\,708$$

从上述三个误差平方和可以看出，SSA 是对随机误差和系统误差大小的度量，反映了自变量（照明条件）对因变量（生产效率）的影响，也称为自变量效应或因子效应；SSE 是对随机误差大小的度量，它反映了除自变量对因变量的影响之外，其他因素对因变量的总影响，因此 SSE 也被称为残差变量，它所引起的误差也称为残差效应；SST 是对全部数据总误差程度的度量，它反映了自变量和残差变量的共同影响，因此它等于自变量效应加残差效应。

④ 计算统计量。为了消除观测值多少对误差平方和大小的影响，需要将其平均，也就是用各平方和除以它们所对应的自由度。三个平方和所对应的自由度分别为：

SST 的自由度为 $n-1$，其中 n 为全部观测值的个数。

SSA 的自由度为 $k-1$，其中 k 为因素水平（总体）的个数，计算其均方 $MSA = SSA/(k-1)$。

SSE 的自由度为 $n-k$，计算其均方 $MSE=SSE/(n-k)$。

可以构造 F 统计量如下：

$$F=\frac{MSA}{MSE}=\frac{SSA/(k-1)}{SSE/(n-k)} \sim F(k-1, n-k) \tag{5.1}$$

即当 H_0 为真时，两者的比值服从分子自由度为 $k-1$、分母自由度为 $n-k$ 的 F 分布。

根据表 5.1 计算，得

$$F=\frac{485.536\ 232}{142.526\ 316}=3.406\ 643$$

最后，进行统计决策。

如果原假设 $H_0:\mu_1=\mu_2=\cdots=\mu_i=\cdots=\mu_k$ 成立，表明在统计意义上没有系统误差，$SSA/(k-1)$ 和 $SSE/(n-k)$ 的差异就不会太大，F 统计量取值在 1 附近。

如果组间方差显著大于组内方差，说明各水平（总体）之间的差异显然不仅仅有随机误差，还有系统误差，这时 F 统计量将会变得很大。可见，判断因素的水平是否对其观测值有显著影响，实际上也就是比较组间方差与组内方差之间差异的大小。那么，它们之间的差异大到何种程度才表明有系统误差存在呢？这就需要借助 F 统计量进行判断，将 F 统计量与给定的显著性水平 α 的临界值 F_α 进行比较，从而做出对原假设 H_0 的决策。

根据给定的显著性水平 α，在 F 分布表中查找与分子自由度 $df_1=k-1$、分母自由度 $df_2=n-k$ 相应的临界值 $F_\alpha(k-1, n-k)$。

若 $F>F_\alpha$，则拒绝原假设 $H_0:\mu_1=\mu_2=\cdots=\mu_k$，表明 $\mu_i(i=1, 2, \cdots, k)$ 之间的差异是显著的；也就是说，所检验的因素（照明水平）对观测值（日产量）有显著影响。

若 $F<F_\alpha$，则不拒绝原假设 H_0，没有证据表明 $\mu_i(i=1, 2, \cdots, k)$ 之间有显著差异；也就是说，这时无法认为所检验的因素（照明水平）对观测值（日产量）有显著影响。

例如，根据上面的计算结果，计算出的 $F=3.406\ 643$。若取显著性水平 $\alpha=0.05$，根据分子自由度 $df_1=k-1=4-1=3$ 和分母自由度 $df_2=n-k=23-4=19$，查 F 分布表得到临界值 $F_{0.05}(3, 19)=3.13$。由于 $F>F_\alpha$，因此

拒绝原假设 $H_0 : \mu_1 = \mu_2 = \mu_3 = \mu_4$，表明 μ_1，μ_2，μ_3，μ_4 之间有显著差异，即照明条件对被日产量有显著影响。

(4) 方差分析表。为了让整个计算过程更加清晰，可以将上述步骤的内容列在一张表(见表 5.4)内，这就是方差分析表(analysis of variance table)。

表 5.4　方差分析表的一般形式

误差来源	平方和 SS	自由度 df	均方 MS	F 值	P 值	F 临界值
组间（因素影响）	SSA	$k-1$	MSA	MSA/MSE		
组内（误差影响）	SSE	$n-k$	MSE			
总计	SST	$n-1$				

将例 5.1 的计算结果列成方差分析表(见表 5.5)。

表 5.5　例 5.1 的方差分析表

误差来源	平方和 SS	自由度 df	均方 MS	F 值	P 值	F 临界值
组间	1 456.609	3	485.536 2	3.406 643	0.038 765	3.127 35
组内	2 708	19	142.526 3			
总计	4 164.609	22				

3. 关系强度的测量

例 5.1 的方差分析结果显示，不同行业日产量的均值之间有显著差异，这意味着行业(自变量)与日产量(因变量)之间的关系是显著的。从图 5.1 所示的散点图中也可以看出，不同行业日产量之间是有明显差异的。

前文我们可以通过方差分析检验自变量对因变量影响的显著性，那么这种影响的强度有多大? 可以用组间平方和(SSA)占总平方和(SST)的比例大小来反映，这一比例记为 R^2，即

$$R^2 = \frac{SSA}{SST}$$

当 R^2 越大,意味着组间平方和占总平方和的比例越大,意味着两个变量之间的关系显著,大得越多,表明它们之间的关系就越强;反之,当组间平方和比组内平方和小时,就意味着两个变量之间的关系不显著;小得越多,表明它们之间的关系就越弱。

例如,根据表 5.5 所示的结果,计算得

$$R^2 = \frac{SSA}{SST} = \frac{1\,456.608\,696}{4\,164.608\,696} = 0.349\,759 = 34.975\,9\%$$

这表明,照明条件(自变量)对日产量(因变量)的影响效应占总效应的 34.975 9%。而残差效应则占 65.024 1%。也就是说,工厂照明条件对员工日产量差异解释的比例达到近 35%。而其他因素(残差变量)所解释的比例为 65% 以上。尽管 R^2 并不高。但照明条件对日产量的影响已经达到了统计意义上的显著。

5.3 无交互作用的双因素方差分析

1. 数据结构

单因素方差分析考虑的是一个自变量(分类型)对因变量(数值型)的影响。但在实际问题中,常常需要考虑几个因素对试验结果的影响。例如,分析产品销售量的因素时,需要考虑品牌、地区、价格、质量等多个因素的影响。当方差分析中涉及两个分类型自变量时,称为双因素方差分析。

在双因素方差分析中,由于有两个影响因素,例如,品牌和地区对产品销售量的影响是相互独立的,这时双因素方差分析被称为无交互作用的双因素方差分析;如果考察价格和质量两个因素,两个因素的搭配还会对销售量产生一种新的影响,这时称为有交互作用的双因素方差分析。我们先来讨论无交互作用的双因素方差分析。

对于无交互作用的双因素方差分析,其基本思想和单因素方差分析类似,仅仅是统计量构造时,需要考虑两个因素的作用,因此计算方式会更加复杂。

由于有两个因素,在数据展示时需要将一个因素安排在"行"的位置,称为行因素,另一个因素安排在"列"的位置,称为列因素。设行因素有 k 个水平:行 1,行 2,…,行 k;列因素有 r 个水平:列 1,列 2,…,列 r;行因素和列因素的每一个水平都可以搭配成一组,观察它们对试验数据的影响,共抽取 kr 个观察数据,其数据结构见表 5.6。

表 5.6　双因素方差分析数据结构

		列　因　素（j）				平均值 $\bar{x}_i$
		列 1	列 2	列 3	列 4	
行因素（i）	行 1	x_{11}	x_{12}	$\cdots$	x_{1r}	$\bar{x}_1$
	行 2	x_{21}	x_{22}	$\cdots$	x_{2r}	$\bar{x}_2$
	$\vdots$	$\vdots$	$\vdots$	$\vdots$	$\vdots$	$\vdots$
	行 k	x_{k1}	x_{k2}	$\cdots$	x_{kr}	$\bar{x}_k$
平均值 $\bar{x}_j$		$\bar{x}_1$	$\bar{x}_2$	$\cdots$	$\bar{x}_r$	$\bar{\bar{x}}$

表 5.6 中，行因素共有 k 个水平，列因素共有 r 个水平。每一个观测值 $x_{ij}(i=1,2,\cdots,k;j=1,2,\cdots,r)$ 可以看成由行因素的 k 个水平和列因素的 r 个水平所组合成的 $k \times r$ 个总体中抽取的样本量为 1 的独立随机样本。这 kr 个总体中的每一个总体都服从正态分布，且有相同的方差。

表 5.6 中，$\bar{x}_i$ 是行因素的第 i 个水平下各观测值的平均值，其计算公式为

$$\bar{x}_i = \frac{\sum\limits_{j=1}^{r} x_{ij}}{r}, \quad i=1,2,\cdots,k$$

$\bar{x}_j$ 是列因素的第 j 个水平下各观测值的平均值，其计算公式为

$$x_{\bar{j}} = \frac{\sum\limits_{i=1}^{k} x_{ij}}{k}, \quad j=1,2,\cdots,r$$

$\bar{\bar{x}}$ 是全部 kr 个样本数据的总平均值，其计算公式为

$$\bar{\bar{x}} = \frac{\sum\limits_{i=1}^{k} \sum\limits_{j=1}^{r} x_{ij}}{kr}$$

2. 分析步骤

与单因素方差分析类似，双因素方差分析也包括提出假设、构造检验的统计量、统计决策等步骤。

（1）提出假设。因为需要检验两个因素的影响，分别提出原假设如下。

对行因素提出的假设为

$H_0:\mu_1=\mu_2=\cdots=\mu_i=\cdots=\mu_k$　　行因素（自变量）对因变量没有显著影响

$H_1:\mu_i(i=1,2,\cdots,k)$ 不完全相等　行因素（自变量）对因变量有显著影响

式中，μ_i 为行因素的第 i 个水平的均值。

对列因素提出的假设为

$H_0 : \mu_1 = \mu_2 = \cdots = \mu_j = \cdots = \mu_r$ 列因素（自变量）对因变量没有显著影响

$H_1 : \mu_j (j = 1, 2, \cdots, r)$ 不完全相等   列因素（自变量）对因变量有显著影响

式中，μ_j 为列因素的第 j 个水平的均值。

（2）构造检验的统计量。为检验假设是否成立，需要分别确定检验行因素和列因素的统计量。与单因素方差分析构造统计量的方法一样，也需要从总平方和的分解入手。总平方和是全部样本观察值 $x_{ij}(i = 1, 2, \cdots, k; j = 1, 2, \cdots, r)$ 与总的样本平均值的误差平方和，记为

$$SST = \sum_{i=1}^{k} \sum_{j=1}^{1} (x_{ij} - \bar{\bar{x}})^2$$
$$= \sum_{i=1}^{k} \sum_{j=1}^{r} (\bar{x}_{i.} - \bar{\bar{x}})^2 + \sum_{i=1}^{k} \sum_{j=1}^{r} (\bar{x}_{.j} - \bar{\bar{x}})^2$$
$$+ \sum_{i=1}^{k} \sum_{j=1}^{r} (x_{ij} - \bar{x}_{i.} - \bar{x}_{.j} + \bar{\bar{x}})^2$$

其中，分解后的等式右边的第一项是行因素所产生的误差平方和，记为

$$SSR = \sum_{i=1}^{k} \sum_{j=1}^{r} (\bar{x}_{i.} - \bar{\bar{x}})^2$$

第二项是列因素所产生的误差平方和，记为

$$SSC = \sum_{i=1}^{k} \sum_{j=1}^{r} (\bar{x}_{.j} - \bar{\bar{x}})^2$$

第三项是除行因素和列因素之外的剩余因素所产生的误差平方和，称为随机误差平方和，记为

$$SSE = \sum_{i=1}^{k} \sum_{j=1}^{r} (x_{ij} - \bar{x}_{i.} - \bar{x}_{.j} + \bar{\bar{x}})^2$$

上述各平方和的关系为

$$SST = SSR + SSC + SSE$$

在上述误差平方和的基础上计算均方，也就是将各平方和除以相应的自由度。与各误差平方和相对应的自由度分别是：

总平方和 SST 的自由度为 $kr - 1$，总均方 $MST = \dfrac{SST}{kr - 1}$；

行因素的误差平方和 SSR 的自由度为 $k-1$，行因素均方为 $MSR = \dfrac{SSR}{k-1}$；

列因素的误差平方和 SSC 的自由度为 $r-1$，列因素的均方 $MSC = \dfrac{SSC}{r-1}$；

随机误差平方和 SSE 的自由度为 $(k-1)(r-1)$，随机误差项的均方 $MSE = \dfrac{SSE}{(k-1)(r-1)}$；

为检验行因素对因变量的影响是否显著，采用统计量：

$$F_R = \frac{MSR}{MSE} \sim F(k-1,\ (k-1)(r-1))$$

为检验列因素对因变量的影响是否显著，采用统计量：

$$F_C = \frac{MSC}{MSE} \sim F(r-1,\ (k-1)(r-1))$$

（3）统计决策。计算出检验统计量后，根据给定的显著性水平 α 和两个自由度，查 F 分布表得到相应的临界值 F_a，然后将 F_R 和 F_C 与 F_a 进行比较。

若 $F_R > F_a$，则拒绝原假设 $H_0: \mu_1 = \mu_2 = \cdots = \mu_i = \cdots = \mu_k$，表明 $\mu_i(i = 1, 2, \cdots, k)$ 之间的差异是显著的；也就是说，所检验的行因素对观测值有显著影响。

若 $F_C > F_a$，则拒绝原假设 $H_0: \mu_1 = \mu_2 = \cdots = \mu_j = \cdots = \mu_r$，表明 $\mu_j(j = 1, 2, \cdots, r)$ 之间的差异是显著的；也就是说，所检验的列因素对观测值有显著影响。

通常将上述过程的内容列成方差分析表，其一般形式见表 5.7。

表 5.7　双因素方差分析表

误差来源	平方和 SS	自由度 df	均方 MS	F 值	P 值	F 临界值
行因素影响	SSR	$k-1$	MSR	F_R		
列因素影响	SSC	$r-1$	MSC	F_C		
组内（误差影响）	SSE	$(k-1) \times (r-1)$	MSE			
总计	SST	$kr-1$				

【例 5.2】　企业订单的多少直接反映了企业生产的产品畅销程度，因此企业订单数目的增减是企业经营者所关心的。某企业经营者为了研究产品的销售地区及外观

设计对月订单数目的影响,记录了一月中不同外观设计的一种产品在不同地区的订单数据(见表 5.8)。以此为基础,该经营者想检验下这种产品的销售地区与外观设计是否对订单的数量有所影响?(显著性水平为 0.05)

表 5.8   不同外观设计的产品在不同地区的订单

销 售 地 区	外 观 设 计		
	设计方案Ⅰ	设计方案Ⅱ	设计方案Ⅲ
北 京	700	518	720
上 海	597	450	567
深 圳	697	357	515
西 安	543	552	560
成 都	600	302	420
兰 州	618	389	502

解: $H_0 : a_1 = a_2 = \cdots = a_6$　　　　$H_1 : a_1, a_2, \cdots, a_6$ 不全为零

　　$H_0' : b_1 = b_2 = b_3 = 0$　　　　$H_1 : b_1, b_2, \cdots, b_6$ 不全为零

利用收集到的数据,计算得

$$SST = \sum_{i=1}^{k} \sum_{j=1}^{r} (X_{ij} - \bar{X})^2 = 234\,208.28$$

$$SSA = \sum_{i=1}^{k} \sum_{j=1}^{r} (X_{i.} - \bar{X})^2 = 67\,546.278$$

$$SSB = \sum_{i=1}^{k} \sum_{j=1}^{r} (X_{.j} - \bar{X})^2 = 119\,504.78$$

$$SST = SST - SSA - SSB = 234\,208.28 - 67\,546.278 - 119\,504.78$$
$$= 47\,157.222$$

检验统计量为

$$F_A = \frac{SSA/(k-1)}{SSE/((k-1)(r-1))} = \frac{67\,546.278/(6-1)}{47\,157.222/((6-1)(3-1))} = 2.865$$

$$F_B = \frac{SSB/(r-1)}{SSE/((k-1)(r-1))} = \frac{119\,504.78/(3-1)}{47\,157.222/((6-1)(3-1))} = 12.671$$

拒绝域临界值为

$$F_\alpha(k-1,\ (k-1)(r-1))=F_{0.05}(6-1,\ (6-1)(3-1))=3.326$$
$$F_\alpha(r-1,\ (k-1)(r-1))=F_{0.05}(3-1,\ (6-1)(3-1))=4.103$$

检验统计量的取值与相应临界值比较：

$$F_A=2.865\leqslant 3.226=F_{0.05}(5,\ 10)$$
$$F_B=12.671\leqslant 4.103=F_{0.05}(2,\ 10)$$

因此,不能拒绝原假设,但能够拒绝原假设,认为销售地区对订单的数量没有显著影响,外观设计对订单的数量有显著影响。

3. 关系强度的测量

例 5.2 方差分析的结果显示,不同品牌的销售量均值之间有显著差异,这意味着品牌(行自变量)与销售量(因变量)之间的关系是显著的。而不同地区的销售量的均值之间没有显著差异,表明地区(列自变量)与销售量(因变量)之间的关系是不显著的。那么,行和列两个因素合起来对因变量的关系强度有多大呢?

与单因素方差分析类似,我们将这两个因素所反映的平方和加总,作为两个自变量对因变量的联合效应,定义为

$$R^2=\frac{联合效应}{总效应}=\frac{SSR+SSC}{SST}$$

根据例 5.2 的计算结果,得

$$R^2=\frac{SSR+SSC}{SST}=\frac{13\,004.55+2\,011.70}{17\,888.95}=0.839\,4=83.94\%$$

这表明,品牌因素和地区因素合起来总共解释了销售量差异的 83.94%,其他因素(残差变量)只解释了销售量差异的 16.06%;而 $R=0.916\,2$,表明品牌和地区两个因素合起来与销售量之间有较强的关系。

当然,也可以分别考察行因素和列因素与因变量之间的关系,这时候需要分别做每个自变量与销售量的单因素方差分析,并分别计算每个 R^2。这里需要注意的是,如果在研究中能够识别出两个因素,那么双因素方差分析要优于分别对两个因素进行单因素方差分析,具体理由涉及残差分析,不再赘述。

5.4 有交互作用的双因素方差分析

如果两个因素(自变量)对因变量的影响不是独立的,而是两个搭配起来会产生一

种新的效应,就需要考虑交互作用对因变量的影响,这就是有交互作用的双因素方差分析。有交互作用需要在方差分析中考虑交互项的影响,具体的方差分析见表 5.9。

表 5.9　有交互作用的方差分析表

误差来源	平方和 SS	自由度 df	均方 MS	F 值	P 值	F 临界值
行因素影响	SSR	$k-1$	MSR	F_R		
列因素影响	SSC	$r-1$	MSC	F_C		
交互作用	SSRC	$(k-1)\times(r-1)$	MSRC			
组内（误差影响）	SSE	$kr(m-1)$	MSE			
总计	SST	$n-1$				

x_{ijl} 为对应于行因素的第 i 个水平和列因素的第 j 个水平的第 l 行的观测值;$\bar{x}_{i.}$ 为行因素的第 i 个水平的样本均值;$\bar{x}_{.j}$ 为列因素的第 j 个水平的样本均值;$\bar{x}_{ij}$ 为对应于行因素的第 i 个水平和列因素的第 j 个水平组合的样本均值;$\bar{\bar{x}}$ 为全部 n 个观测值的总均值。

各平方和的计算公式如下。

总平方和为

$$SST = \sum_{i=1}^{k} \sum_{j=1}^{r} \sum_{l=1}^{m} (x_{ijl} - \bar{\bar{x}})^2$$

行因素平方和为

$$SSR = rm \sum_{i=1}^{k} (\bar{x}_{i.} - \bar{\bar{x}})^2$$

列因素平方和为

$$SSC = km \sum_{j=1}^{r} (\bar{x}_{.j} - \bar{\bar{x}})^2$$

交互作用平方和为

$$SSRC = m \sum_{i=1}^{k} \sum_{j=1}^{r} (\bar{x}_{ij} - \bar{x}_{i.} - \bar{x}_{.j} + \bar{\bar{x}})^2$$

误差平方和为

$$SSE = SST - SSR - SSC - SSRC$$

【例 5.3】　仍然以霍桑实验为例,该企业需要考察两种照明条件(工厂 A 和工厂 B),以及性别(男和女)这两个因素对生产效率的影响。在两家工厂,分别对男女员工进行试验,获得 20 个日产量数据,如表 5.9 所示。试分析照明条件、性别,以及照明条件和性别的交互作用对日产量的影响($\alpha = 0.05$)。

设行变量有 k 个水平,例如,表 5.10 中的行变量(时段)有 2 个水平,即工厂 A 和工厂 B;列变量有 r 个水平,例如,表 5.10 中的列变量(路段)有 2 个水平,即男和女;行变量中每个水平的行数(Excel 中称为每个样本的行数)为 m,例如,表 5.10 中的行变量的每个水平(即每个样本)的行数各有 5 行;观察数据的总数为 n,例如,表 5.10 中共有 $n = 20$ 个数据。

表 5.10　不同性别和不同照明水平的日产量

			工厂(列变量)	
			工 厂 A	工 厂 B
性别 (行变量)	男	1	39.00	28.50
		2	36.00	30.00
		3	40.50	34.50
		4	37.50	33.00
		5	37.50	31.50
	女	6	30.00	27.00
		7	25.50	25.50
		8	33.00	19.50
		9	31.50	24.00
		10	25.50	18.00

下面针对例 5.3 中提出的问题,说明用 Excel 进行有交互作用的双因素方差分析的步骤,并对结果进行分析。

(1) 计算总体均值:

$$\bar{\bar{x}} = \frac{\sum_{i=1}^{k} \sum_{j=1}^{n_i} x_{ij}}{n} = \frac{\sum_{i=1}^{k} n_i \bar{x}_i}{n} = 30.375$$

（2）计算平方和。

总平方和为

$$SST = \sum_{i=1}^{k} \sum_{j=1}^{r} \sum_{l=1}^{m} (x_{ijl} - \bar{\bar{x}})^2 = 741.937\,5$$

行因素平方和为

$$SSR = rm \sum_{i=1}^{k} (\bar{x}_{i.} - \bar{\bar{x}})^2 = 391.612\,5$$

列因素平方和为

$$SSC = km \sum_{j=1}^{r} (\bar{x}_{.j} - \bar{\bar{x}})^2 = 208.012\,5$$

交互作用平方和为

$$SSRC = m \sum_{i=1}^{k} \sum_{j=1}^{r} (\bar{x}_{ij} - \bar{x}_{i.} - \bar{x}_{.j} + \bar{\bar{x}})^2 = 0.112\,5$$

误差平方和为

$$SSE = SST - SSR - SSC - SSRC = 142.2$$

（3）计算均方。

行因素（性别）差异，自由度为 $r - 1 = 2 - 1 = 1$，所以性别因素均方 $MSR = \dfrac{391.613}{1} = 391.613$。

列因素（工厂）差异，自由度为 $c - 1 = 2 - 1 = 1$，所以工厂因素均方 $MSC = \dfrac{208.013}{1} = 208.013$。

交互因素差异，自由度为 $(r-1)(c-1) = (2-1)(2-1) = 1$，所以交互因素均方 $MSRC = 0.112\,5$。

内部差异，自由度为 $20 - 1 - 1 - 1 - 1 = 16$，所以内部均方为 $MSE = \dfrac{142.2}{16} = 8.887\,5$。

（4）构建检验的 F 统计量：

$$F_R = MSR/MSE = \frac{391.613}{8.887\,5} = 44.063\,3$$

$$F_C = MSC/MSE = \frac{391.613}{8.887\,5} = 23.405\,1$$

$$F_{RC} = MSRC/MSE = \frac{0.112\,5}{8.887\,5} = 0.012\,66$$

以上结果和表 5.11 所获的结果一致。

表 5.11　Excel 输出的有交互作用的双因素方差分析结果

	工 厂 A	工 厂 B	总　计
观测数	5	5	10
求　和	190.5	157.5	348
平　均	38.1	31.5	34.8
方　差	2.925	5.625	15.9
观测数	5	5	10
求　和	145.5	114	259.5
平　均	29.1	22.8	25.95
方　差	11.925	15.075	23.025

总计

观测数	10	10
求　和	336	271.5
平　均	33.6	27.15
方　差	29.1	30.225

方差分析

差异源	平方和 SS	自由度 df	均方 MS	F 值	P 值	F 临界值
行	391.612 5	1	391.612 5	44.063 29	5.7E−06	4.493 998
列	208.012 5	1	208.012 5	23.405 06	0.000 182	4.493 998
交　互	0.112 5	1	0.112 5	0.012 658	0.911 819	4.493 998
内　部	142.2	16	8.887 5			
总　计	741.937 5	19				

根据给定显著水平 $\alpha = 0.05$，查 F 分布表，得 $F_{0.05}(1, 16) = 4.49$。

对于行因素，$F_R = 44.0633 > 4.49 = F_{0.05}(1, 16)$，落在拒绝域，即不同照明条件对员工日产量的影响有显著差别。

对于列因素，$F_C = 23.4051 > 4.49 = F_{0.05}(1, 16)$，落在拒绝域，即不同性别对员工日产量的影响有显著差别。

对于交互作用，$F_{RC} = 0.01266 < 4.49 = F_{0.05}(1, 16)$，落在接受域，即没有证据表明照明条件因素和性别因素的交互作用对员工日产量有显著影响。

思考与习题

（1）方差分析适用什么样的变量类型？

（2）某公司采用四种颜色包装产品，为了检验不同包装方式的效果，抽样得到了一些数据并进行单因素方差分析实验，实验依据四种包装方式将数据分为 4 组，每组有 5 个观察值，用 Excel 中的数据分析工具，在 0.05 的显著性水平下得到如表 5.12 所示的方差分析表。

表 5.12　习题(2)方差分析

方差来源	离差平方和 SS	自由度 df	均方 MS	F 值	P 值	F 临界值
组间	（　　）	（　　）	50	（　　）	0.0002	3.24
组内	80	（　　）	（　　）			
总计	（　　）	（　　）				

① 填表：请计算表中序号标出的 7 处缺失值，并直接填在表上。

② 请问这 4 种包装方式的效果是否会有显著差异？并说明理由。

（3）某灯泡厂用 4 种不同材料的灯丝生产了 4 批灯泡，在每批灯泡中随机抽取若干只观测其使用寿命（单位：h）。观测数据如下：

甲灯丝：1 600, 1 610, 1 650, 1 680, 1 700, 1 720, 1 800；

乙灯丝：1 580, 1 640, 1 640, 1 700, 1 750；

丙灯丝：1 540, 1 550, 1 600, 1 620, 1 640, 1 660, 1 740, 1 820；

丁灯丝：1 510, 1 520, 1 530, 1 570, 1 600, 1 680。

问：这 4 种灯丝生产的灯泡的使用寿命有无显著差异（$\alpha = 0.05$）？

（4）今有某种型号的三批电池，它们分别为一厂、二厂、三厂三个工厂所生产。为评比其质量，各随机抽取 5 只电池为样品，经试验测得其寿命(h)如下：

一厂：40，48，38，42，45；

二厂：26，34，30，28，32；

三厂：39，40，43，50，50。

试在显著性水平下检验电池的平均寿命有无显著的差异。

第 **6** 章
广义线性模型

6.1　广义线性模型的基本理论和方法

前面讲了线性回归模型和方差分析,这两种方法适用自变量 x 和因变量 y 取值类型(见表 6.1)。当因变量 y 为分类型变量时,不满足线性回归模型的前提条件,这时候就需要广义线性模型来分析自变量 x 和因变量 y 之间的关系。广义线性模型是线性回归模型的扩展,是通过联结函数建立因变量 y 与自变量 x 之间的线性关系。

表 6.1　不同模型对应的数据类型

x	y	
	数值型变量	分类型变量
数值型变量	线性回归模型	广义线性模型
分类型变量	方差分析模型	

管理研究中,常常需要研究某一现象发生的概率 p 的大小,比如一个公司成功或失败的概率,员工留下或离职的概率,还需要讨论该概率 p 的大小与哪些因素有关。但是,这种概率直接处理存在一定的困难,一是 $0 \leqslant p \leqslant 1$, p 与自变量的关系难以用线性模型来描述;二是当 p 接近 0 或 1 时, p 值的微小变化用普通的方法难以处理。这时,用一个连接函数将参数 p 映射到一个严格单调函数 $f(p)$ 就会方便很多。同时要求, $f(p)$ 对在 $p=0$ 或者 $p=1$ 附近的微小变化很敏感,即 $\dfrac{df}{dp}$ 应于 $\dfrac{p}{p(1-p)}$ 成比例。

除了 y 取概率的情况,还有一些计数情况,比如某客服中心接到的投诉数、来到某公共汽车站的乘客数等。对于这些情况,我们给出广义线性模型的定义。一般线

性模型要求 y 服从正态分布,或至少 y 的方差 σ^2 为有限常数。广义线性模型则对 σ^2 为有限常数做了进一步推广,要求 y 服从指数族概率密度函数 $f(y \mid \theta, \varphi) = \exp\left\{\left[\dfrac{y\theta - b(\theta)}{a(\varphi)}\right] + c(y, \varphi)\right\}$,并运用拟似然函数(quasi-likelihood function)的估计方法,求解满足下列条件的线性模型:

$$E(y) = \mu$$
$$f(\mu) = X\beta$$
$$\mathrm{cov}(y) = \sigma^2 V(\mu)$$

其中 f 是连接函数(也称转换函数),将 μ 转化为 β 的线性表达式,$V(\mu)$ 为 n 阶方阵,其中每个元素都是 μ 的函数。当 $f(\mu) = \mu$,$V(\mu) = I$,I 为单位矩阵,上式为一般线性模型。

常见的连接函数或转换函数有 Logit 变换 $f(p) = \ln \dfrac{p}{1-p}$,泊松变换 $f(p) = \ln p$ 等,对应的使用范围见表 6.2。

表 6.2　连接函数的使用范围

统计模型	线性预测	Y 的预测值为 μ 时,y 的分布	连 接 函 数	使用场景 y
普通线性模型	是	平均值为 μ,方差为常数的高斯分布	y	连续变量,比如身高,体重
逻辑回归模型	是	概率为 μ 的二项分布	$\log\left(\dfrac{P(y=1)}{1-p(y=1)}\right)$	二分类变量,如购买行为,投票行为
多项逻辑回归模型	是	概率为 μ 的二项分布	$\log\left(\dfrac{P(y=1)}{p(y=c)}\right)$	多分类变量,如分类模型
定序回归模型	是	概率为 μ 的二项分布	$\log\left(\dfrac{P(y \leqslant i)}{1-p(y \leqslant i)}\right)$	定序变量,如人的主观感受
泊松回归模型	是	平均值为 μ,方差也为 μ 的高斯分布	$\log(y)$	计数变量,如销售数量

6.2　Logistic 回归的方法及步骤

因为连接函数有许多种,我们以 Logistic 回归为例讲解具体方法和步骤。Logistic 回归是最常见的变换模型,也是在机器学习中分类的基础算法。

当因变量是一个二元变量，只取 0 与 1 两个离散值时，不适合直接作为回归模型中的因变量。如果纳入线性回归模型，这时回归函数 $E(y) = \pi = b_0 + b_1 x_1 + \cdots + b_k x_k$，这表示自变量为 $x = (x_1, x_2, \cdots, x_k)$ 的条件下 y 的平均值，而 y 是 0—1 型随机变量，从而 $E(y) = \pi$ 就是在自变量为 x 的条件下 y 等于 1 的比例。这时，我们可以考虑用 y 等于 1 的比例代替 y 本身作为因变量，因此因变量取 1 的概率 $p(y=1)$ 就是要研究的因变量。而自变量 $x = (x_1, x_2, \cdots, x_k)$，这些 x_i 中既可以是定性变量，也可以是定量变量。

采用 Logit 变换，将 p 换成 $f(p) = \ln \dfrac{p}{1-p}$。从 Logit 变换可看出，当 p 从 0 到 1 时，$f(p)$ 的值从 $-\infty$ 到 $+\infty$，因此 $f(p)$ 的值在区间 $(-\infty, +\infty)$ 上变化。这就克服了前面所述的数据处理困难。

接下来可以估计出 $f(p)$ 关于 $x_1, x_2, \cdots, x_k$ 的线性方程：$f(p) = \ln \dfrac{p}{1-p} = b_0 + b_1 x_1 + \cdots + b_k x_k$，然后从 p 与 $f(p)$ 的反函数关系式中求出 p 与自变量的关系。例如将 $x_1, x_2, \cdots, x_k$ 和系数 $b_0, b_1, \cdots, b_k$ 记作向量形式 $f(p) = b'x$，则有 $p = \dfrac{e^{b'x}}{1 + e^{b'x}}$。

需要注意的是，不能用普通线性回归的最小二乘法来估计 Logistic 回归，因为这样做会违反几个假定。首先，离散变量的误差形式遵从伯努利分布，而不是正态分布，从而使得基于正态性假设的统计检验无效；其次，二值变量的方差不是常数，会造成异方差性。

Logistic 回归的非线性特征使得在估计模型的时候采用极大似然估计方法，主要思想是找到系数的"最大可能"的估计值，这需要一些数理统计的知识，下面推导可以略过。Logistic 回归中对于系数的检验采用的是与多元回归中 t 检验不同的统计量，称为 Wald 统计量；同时在计算 Logistic 回归模型拟合度时，需要采用似然值而不是离差平方和。

下面介绍 Logistic 回归的最大似然估计。

y_i 遵从均值为 $\pi_i = f(\beta_0 + \beta_1 x_{i1} + \beta_2 x_{i2} + \cdots + \beta_p x_{ik})$ 的 0—1 型分布（也可称 $n=1$ 情况下的二项分布），概率函数为

$$P(y_i = 1) = \pi_i, \ P(y_i = 0) = 1 - \pi_i$$

n 次试验后，y_i 的概率函数可以写为

$$P(y_i) = \pi_i^{y_i}(1-\pi_i)^{1-y_i}, \ y_i = 0, 1; \ i = 1, 2, \cdots, n$$

于是，$y_1, y_2, \cdots, y_n$ 的似然函数为

$$L = \prod_{i=1}^{n} P(y_i) = \prod_{i=1}^{n} \pi_i^{y_i}(1-\pi_i)^{1-y_i}$$

对似然函数取自然对数，得

$$\ln L = \sum_{i=1}^{n} \left[y_i \ln \pi_i + (1-y_i)\ln(1-\pi_i) \right]$$
$$= \sum_{i=1}^{n} \left[y_i \ln \frac{\pi_i}{(1-\pi_i)} + \ln(1-\pi_i) \right]$$

对于 Logistic 回归，将

$$\pi_i = \frac{\exp(\beta_0 + \beta_1 x_{i1} + \cdots + \beta_p x_{ip})}{1 + \exp(\beta_0 + \beta_1 x_{i1} + \cdots + \beta_p x_{ip})}$$

代入 $\ln L$，得

$$\ln L = \sum_{i=1}^{n} \{ y_i(\beta_0 + \beta_1 x_{i1} + \cdots + \beta_p x_{ip})$$
$$- \ln[1 + \exp(\beta_0 + \beta_1 x_{i1} + \cdots + \beta_p x_{ip})] \}$$

极大似然估计就是选取 $\beta_0, \beta_1, \beta_2, \cdots, \beta_p$ 的估计值 $\hat{\beta}_0, \hat{\beta}_1, \hat{\beta}_2, \cdots, \hat{\beta}_p$，使上式 $\ln L$ 达到极大。

总结一下，Logistic 回归是针对一个两分类事件(有没有购买、公司成功还是失败)，用该二元值的概率值作为解释变量。通过一系列自变量来估计出该事件发生或者不发生的概率，计算出的概率值 $\frac{p}{1-p} = b_0 + b_1 x_1 + \cdots + b_k x_k$。如果 b_i 是正的，意味着概率值 p 随着 x_i 增大而增大；反之，如果 b_i 为负，则概率值 p 随着 x_i 增大而减小。如果概率大于 0.5，则预测该事件发生，反之则不发生。

【例 6.1】 在一次关于产品使用的社会调查中，一个调查项目为"是使用产品 A 还是使用产品 B"。因变量 $y=1$ 表示主要使用产品 A，$y=0$ 表示主要使用产品 B。自变量 x_1 是年龄，作为连续型变量，x_2 是月收入(元)，x_3 是性别，$x_3=1$ 表示男性，$x_3=0$ 表示女性。调查对象为消费者群体，数据见表 6.3。试建立 y 与自变量间的 Logistic 回归。

许多计算机软件均可进行 Logistic 回归的运算，表 6.4 展现的是运用 SPSS 软件的输出结果。

表 6.3　例 6.1 数据

序　号	性　别	年龄/岁	月收入/元	y
1	0	18	850	0
2	0	21	1 200	0
3	0	23	850	1
4	0	23	950	1
5	0	28	1 200	1
6	0	31	850	0
7	0	36	1 500	1
8	0	42	1 000	1
9	0	46	950	1
10	0	48	1 200	0
11	0	55	1 800	1
12	0	56	2 100	1
13	0	58	1 800	1
14	1	18	850	0
15	1	20	1 000	0
16	1	25	1 200	0
17	1	27	1 300	0
18	1	28	1 500	0
19	1	30	950	1
20	1	32	1 000	0
21	1	33	1 800	0
22	1	33	1 000	0
23	1	38	1 200	0
24	1	41	1 500	0

序　号	性　　别	年龄/岁	月收入/元	y
25	1	45	1 800	1
26	1	48	1 000	0
27	1	52	1 500	1
28	1	56	1 800	1

表 6.4　例 6.1 输出结果(1)

		B	标准误差	瓦尔德	自由度	显著性	Exp(B)
步骤 1[a]	性别(1)	2.502	1.158	4.669	1	.031	12.205
	年龄	.082	.052	2.486	1	.115	1.086
	月收入	.002	.002	.661	1	.416	1.002
	常量	−6.157	2.687	5.251	1	.022	.002

a. 在步骤 1 输入的变量：性别，年龄，月收入。

表 6.4 中，性别、年龄、月收入是 3 个自变量，Wald 是回归系数检验的统计量值，$\mathrm{Wald}=\left(\dfrac{B}{S.E.}\right)^2=\left(\dfrac{\beta_j}{\sqrt{D(\beta_j)}}\right)^2$；Sig. 是 Wald 检验的显著性概率。可以看出，月收入不显著，决定将其剔除。用 y 对性别与年龄两个自变量做回归，结果见表 6.5。

表 6.5　例 6.1 输出结果(2)

		B	标准误差	瓦尔德	自由度	显著性	Exp(B)
步骤 1[a]	性别(1)	2.224	1.048	4.506	1	.034	9.243
	年龄	.102	.046	4.986	1	.026	1.108
	常量	−4.852	1.926	6.350	1	.012	.008

a. 在步骤 1 输入的变量：性别，年龄。

可以看出，性别(SEX)、年龄(AGE)两个自变量都是显著的，最终的回归方程为

$$\hat{p}_i=\frac{\exp(-4.852-2.224\mathrm{SEX}+0.102\mathrm{AGE})}{1+\exp(-4.852-2.224\mathrm{SEX}+0.102\mathrm{AGE})}$$

以上方程式表明，女性使用产品 A 的比例高于男性，年龄越大，使用产品 A 的比

例也越高。

注意,对于 Logistic 回归,回归系数没有普通线性回归那样的解释,因而标准化回归系数并不重要。如果要考虑每个自变量在回归方程中的重要性,不妨直接比较 Wald 值(或 Sig.值),Wald 值大者(或 Sig.值小者)显著性高,也就更重要。

思考与习题

(1) 广义线性模型的适用条件是什么?

(2) 广义线性模型和一般线性模型的区别是什么?

(3) 某企业想了解顾客对某产品是否满意,同时还想了解不同收入的人群对其产品的满意程度是否相同(见表 6.6)。

表 6.6 高、中、低收入的人群对产品的满意度调查数据

	满　意	不　满　意	合　计
高	53	38	91
中	434	108	542
低	111	48	159
合计	598	194	792

表 6.7 中,用 Y 表示频数,X_1 表示收入人群,X_2 表示满意程度。

表 6.7 数据变换系数

Y	X_1	X_2
53	1	1
434	2	1
111	3	1
38	1	2
108	2	2
48	3	2

设有 3 台机器,用来生产规格相同的铝合金薄板。现从 3 台机器生产出的薄板中各随机抽取 5 块,测出厚度值(见表 6.8),试分析各机器生产的薄板厚度有无显著差异。

表 6.8　各机器生产的薄板厚度

机器 1	2.36	2.38	2.48	2.45	2.47	2.43
机器 2	2.57	2.53	2.55	2.54	2.56	2.61
机器 3	2.58	2.64	2.59	2.67	2.66	2.62

第 7 章
主成分和因子分析

7.1 主成分分析的基本原理

1. 主成分分析的基本思想

主成分分析和因子分析都是统计学中用来"降维"的重要工具。对某一事物进行实证研究时,往往要考虑与其有关系的多个指标,即在统计学中也称为变量的影响。这时会产生一些问题:一方面,在初始阶段,通常为了避免遗漏重要的信息,而尽可能多地在检验中纳入变量;但另一方面,到了数据处理阶段,由于指标的增多而增加了问题的复杂性,并且由于各指标可能反映了相互交叠的信息,可能会掩盖事物的真正特征与内在规律。

基于上述讨论,在管理研究中希望涉及的变量较少,而包含的信息量又较多,这就是对变量的"降维"。主成分分析是通过构建原来变量的少数几个线性组合来解释原来变量绝大多数信息的一种统计方法。主成分分析的思路是,如果原来变量之间有一定的相关性,则背后一定存在起着支配作用的共同因素(主成分),可以用这些共同因素来代替原来变量。从错综复杂的原始变量中找到一些主成分,可以提升统计数据的分析效率,给变量之间的内在关系提供更直观的解释,甚至得到对事物特征及其发展规律的深层次的启示。

一般来说,主成分分析后得到的共同因素与原始变量之间有如下关系:

(1) 每一个主成分都是各原始变量的线性组合。

(2) 主成分的数目大大少于原始变量的数目。

(3) 主成分保留了原始变量的绝大多数信息。

(4) 各主成分之间互不相关。

2. 主成分分析的基本理论

设对某一事物的研究涉及 p 个指标,分别用 X_1, X_2, $\cdots$, X_p 表示,这 p 个指标

构成的 p 维随机向量为 $\boldsymbol{X}=(X_1,X_2,\cdots,X_p)'$。设随机向量 $\boldsymbol{X}$ 的均值为 μ，协方差矩阵为 $\boldsymbol{\Sigma}$。对 X 进行线性变换，可以形成新的综合变量，用 Y 表示。这部分会涉及一些矩阵理论，感兴趣的同学可以去阅读相关书籍。新的综合变量 Y 可以由原来变量 X 线性表出，可以表示为

$$\begin{cases} Y_1=u_{11}X_1+u_{21}X_2+\cdots+u_{p1}X_p \\ Y_2=u_{12}X_1+u_{22}X_2+\cdots+u_{p2}X_p \\ \qquad\qquad\vdots \\ Y_p=u_{1p}X_1+u_{2p}X_2+\cdots+u_{pp}X_p \end{cases}$$

由矩阵理论可以知道，上述线性变换可以有无数种方法，但不同的线性变换得到的综合变量 Y 的统计特性却不相同。我们希望这个综合变量 Y 能够最大限度的保存 X 的信息量，并且各个 Y_i 之间不相关。也就是希望得到的综合变量 Y，其 $Y_i=u_i'X$ 的方差尽可能大，并且各 Y_i 之间互相独立。

由于 $\mathrm{var}(Y_i)=\mathrm{var}(u_i'X)=u_i'\Sigma u_i$，而对任意的常数 c，有 $\mathrm{var}(cu_i'X)=c^2u_i'\Sigma u_i$。这就意味着，如果对 u_i 不加限制，可使 $\mathrm{var}(Y_i)$ 任意增大，问题将变得没有意义，必须要对变量进行规范化处理。我们用以下原则来约束该线性变换：

(1) $u_i'u_i=1(i=1,2,\cdots,p)$。

(2) Y_i 与 Y_j 相互无关 $(i\neq j;i,j=1,2,\cdots,p)$。

(3) Y_1 是 $X_1,X_2,\cdots,X_p$ 的一切满足原则(1)的线性组合中方差最大者；Y_2 是与 Y_1 不相关的 $X_1,X_2,\cdots,X_p$ 的所有线性组合中方差最大者；……；以此类推，Y_p 是与 $Y_1,Y_2,\cdots,Y_{p-1}$ 都不相关的 $X_1,X_2,\cdots,X_p$ 的所有线性组合中方差最大者。在实际研究中，通常只挑选前几个方差最大的主成分，从而达到简化系统结构、抓住问题实质的目的，也就是"降维"。

3. 主成分分析的几何意义

从几何上，可以给主成分分析更直观的理解。为了方便，我们仅给二维空间中的几何意义，但是类似的结论可以扩展到多维的情况。

设有 N 个样本，每个样本有两个观测变量 X_1，X_2，这时变量 X_1，X_2 组成的坐标空间，N 个样品散布的情况如带状(见图 7.1)。

可以看出，这 N 个样品无论沿 X_1 轴方向还是沿 X_2 轴方向，均有较大的离散性，可以用变量 X_1

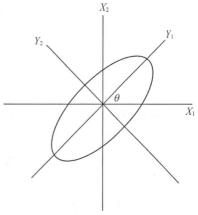

图 7.1　主成分分析的几何意义

和 X_2 的方差来定量表示两个变量的离散程度。如果需要降维,显然无论只考虑 X_1 和 X_2 中哪一个,原始数据中的信息均会有较大的损失。这时,我们可以考虑 X_1 和 X_2 的线性组合,将原始数据用新的变量 Y_1 和 Y_2 来刻画。

在几何上表示就是将坐标轴按逆时针方向旋转 θ 角度,得到新坐标轴 Y_1 和 Y_2,坐标旋转公式如下:

$$\begin{bmatrix} Y_1 \\ Y_2 \end{bmatrix} = \begin{bmatrix} \cos\theta & \sin\theta \\ -\sin\theta & \cos\theta \end{bmatrix} \begin{bmatrix} X_1 \\ X_2 \end{bmatrix} = UX$$

式中,U 为旋转变换矩阵,并且是满足 $U' = U^{-1}$,$U'U = I$ 的正交阵。

经过这样的旋转之后,N 个样本在 Y_1 轴上的离散程度最大,变量 Y_1 代表了原始数据的绝大部分信息。这时在实际研究中,即使不考虑变量 Y_2 也无损大局。主成分分析的目的就是找出上述变换矩阵 U。

我们以二元正态分布推导出主成分的结论(数学基础较弱的可以跳过),对于多维的情况,类似的结论依然成立。

二元正态分布的主成分推导:

设变量 X_1,X_2 服从二元正态分布,分布密度为

$$f(X_1, X_2) = \frac{1}{2\pi\sigma_1\sigma_2\sqrt{1-\rho^2}} \exp\left\{ -\frac{1}{2\sigma_1^2\sigma_2^2(1-\rho^2)} \left[(X_1-\mu_1)^2\sigma_2^2 \right. \right.$$
$$\left. \left. -2\sigma_1\sigma_2\rho(X_1-\mu_1)(X_2-\mu_2) + (X_2-\mu_2)^2\sigma_1^2 \right] \right\}$$

令 $\boldsymbol{\Sigma}$ 为变量 X_1,X_2 的协方差矩阵,其形式如下:

$$\boldsymbol{\Sigma} = \begin{bmatrix} \sigma_1^2 & \rho\sigma_1\sigma_2 \\ \rho\sigma_1\sigma_2 & \sigma_2^2 \end{bmatrix}$$

$$X = \begin{bmatrix} X_1 \\ X_2 \end{bmatrix}, \ \mu = \begin{bmatrix} \mu_1 \\ \mu_2 \end{bmatrix}$$

则上述二元正态分布的密度函数有如下矩阵形式:

$$f(X_1, X_2) = \frac{1}{2\pi |\boldsymbol{\Sigma}|^{1/2}} e^{-1/2(X-\mu)'\boldsymbol{\Sigma}^{-1}(X-\mu)}$$

考虑 $(X-\mu)'\boldsymbol{\Sigma}^{-1}(X-\mu) = d^2$($d$ 为常数),为方便,不妨设 $\mu = 0$,上式有如下展开形式:

$$\frac{1}{1-\rho^2}\left[\left(\frac{X_1}{\sigma_1}\right)^2-2\rho\left(\frac{X_1}{\sigma_1}\right)\left(\frac{X_2}{\sigma_2}\right)+\left(\frac{X_2}{\sigma_2}\right)^2\right]=d^2$$

令 $Z_1=\dfrac{X_1}{\sigma_1}$，$Z_2=\dfrac{X_2}{\sigma_2}$，则上面的方程变为

$$Z_1^2-2\rho Z_1 Z_2+Z_2^2=d^2(1-\rho^2)$$

这是一个椭圆的方程，长短轴分别为 $2d\sqrt{1\pm\rho}$。又令 $\lambda_1\geqslant\lambda_2>0$ 为 $\boldsymbol{\Sigma}$ 的特征根，$\boldsymbol{\gamma}_1$，$\boldsymbol{\gamma}_2$ 为相应的标准正交特征向量。$\boldsymbol{P}=(\boldsymbol{\gamma}_1,\boldsymbol{\gamma}_2)$，则 $\boldsymbol{P}$ 为正交阵，$\boldsymbol{\Lambda}=\begin{bmatrix}\lambda_1&0\\0&\lambda_2\end{bmatrix}$，有

$$\boldsymbol{\Sigma}=\boldsymbol{P}\boldsymbol{\Lambda}\boldsymbol{P}',\quad\boldsymbol{\Sigma}^{-1}=\boldsymbol{P}\boldsymbol{\Lambda}^{-1}\boldsymbol{P}'$$

因此有 $d^2=(X-\mu)'\boldsymbol{\Sigma}^{-1}(X-\mu)=X'\boldsymbol{\Sigma}^{-1}X(\mu=0)$

$$=X'(P\Lambda^{-1}P')X=X'\left(\frac{1}{\lambda_1}\boldsymbol{\gamma}_1\boldsymbol{\gamma}_1'+\frac{1}{\lambda_2}\boldsymbol{\gamma}_2\boldsymbol{\gamma}_2'\right)X$$

$$=\frac{1}{\lambda_1}(\boldsymbol{\gamma}_1'X)^2+\frac{1}{\lambda_2}(\boldsymbol{\gamma}_2'X)^2$$

$$=\frac{Y_1^2}{\lambda_1}+\frac{Y_2^2}{\lambda_2}$$

这是一个椭圆方程，且在 Y_1，Y_2 构成的坐标系中，其主轴的方向恰恰是 Y_1，Y_2 坐标轴的方向。因为 $Y_1=\boldsymbol{\gamma}_1'X$，$Y_2=\boldsymbol{\gamma}_2'X$，所以，$Y_1$，$Y_2$ 就是原始变量 X_1，X_2 的两个主成分，它们的方差分别为 λ_1，λ_2，经常有 λ_1 远大于 λ_2，因此，在 Y_1 方向的 X_1 和 X_2 的离差远大于在 Y_2 方向上的离差。

这样，我们就可以只研究原始数据在 Y_1 方向上的变化而不至于损失过多信息，而 $\boldsymbol{\gamma}_1$，$\boldsymbol{\gamma}_2$ 就是椭圆在原始坐标系中的主轴方向，也是坐标轴转换的系数向量。

这样，我们就对主成分分析的几何意义有了一个了解。主成分分析的过程无非就是坐标系旋转的过程，各主成分表达式就是新坐标系与原坐标系的转换关系，在新坐标系中，各坐标轴的方向就是原始数据离差最大的方向。

7.2　总体主成分及其性质

主成分分析就是在保留原始变量尽可能多的信息的前提下，提取较少个数的综

合变量,从而达到降维的目的,简化问题、并抓住主要矛盾。

一般来说,对于原始变量 X_1, X_2, $\cdots$, X_p 而言,其协方差矩阵或相关矩阵是对各变量离散程度,也就是变量之间相关程度信息的反映。保留原始变量尽可能多的信息,也就是生成的较少个数的综合变量(主成分)的方差和尽可能的大,尽可能地接近原始变量方差的总和。因此,从原始变量的协方差矩阵或相关矩阵的结构分析入手求解主成分。相关矩阵不过是将原始变量标准化后的协方差矩阵,所以从统计原理上,两者求得的主成分是一样的。

1. 从协方差矩阵出发求解主成分

【引论】 设矩阵 A 是对称阵,即 $A'=A$,将 A 的特征根 λ_1, λ_2, $\cdots$, λ_n 依大小顺序排列,不妨设 $\lambda_1 \geqslant \lambda_2 \geqslant \cdots \geqslant \lambda_n$。 γ_1, γ_2, $\cdots$, γ_n 为矩阵 Σ 各特征根 λ_i 对应的标准正交特征向量,则对任意向量 x,有

$$\max_{x \neq 0} \frac{x'Ax}{x'x} = \lambda_1, \ \min_{x \neq 0} \frac{x'Ax}{x'x} = \lambda_n$$

根据上述引论,可以得到随机向量 $X=(X_1$, X_2, $\cdots$, $X_p)'$ 的第 i 个主成分:

$$Y_i = \gamma_{1i}X_1 + \gamma_{2i}X_2 + \cdots + \gamma_{pi}X_p, \ i=1, \ 2, \ \cdots, \ p \tag{7.1}$$

此时有

$$\operatorname{var}(Y_i) = \gamma'_i \Sigma \gamma_i = \lambda_i, \ \operatorname{cov}(Y_i, \ Y_j) = \gamma'_i \Sigma \gamma_j = 0, \quad i \neq j$$

可以将式(7.1)写成向量相乘形式,即 $Y_1 = \gamma'_1 X$, $Y_2 = \gamma'_2 X$, $\cdots$, $Y_p = \gamma'_p X$。 这些 Y_i 则分别称为随机向量 X 的第一主成分、第二主成分 …… 第 p 主成分,并且满足:

(1) $Y = P'X$, $P = (\gamma_1$, γ_2, $\cdots$, $\gamma_p)$ 为 p 阶正交阵。

(2) Y 的分量之间互不相关,即 $D(Y) = \Lambda = \operatorname{diag}(\lambda_1$, λ_2, $\cdots$, $\lambda_p)$。

(3) Y 的 p 个分量按方差由大到小排列,即 $\lambda_1 \geqslant \lambda_2 \geqslant \cdots \geqslant \lambda_p$。

可以看出,求主成分的问题其实就是对协方差矩阵,求特征根与特征向量的问题。所求得的主成分,还有以下一些性质。

【性质 7.1】 Y 的协方差阵为对角阵 Λ。

【性质 7.2】 记 $\Sigma = (\sigma_i)_{p \times p}$,有 $\sum_{i=1}^{p} \lambda_i = \sum_{i=1}^{p} \sigma_{ii}$。

证明:由 $P = (\gamma_1$, γ_2, $\cdots$, $\gamma_p)$,则有

$$\Sigma = P\Lambda P'$$

于是有

$$\sum_{i=1}^{p} \sigma_i = \operatorname{tr}(\Sigma) = \operatorname{tr}(P\Lambda P') = \operatorname{tr}(\Lambda P'P) = \operatorname{tr}(\Lambda) = \sum_{i=1}^{p} \lambda_i$$

定义 7.1　称 $\alpha_k = \dfrac{\lambda_k}{\lambda_1 + \lambda_2 + \cdots + \lambda_p}(k=1, 2, \cdots, p)$ 为第 k 个主成分 Y_k 的方差

贡献率,称 $\dfrac{\sum\limits_{i=1}^{m} \lambda_i}{\sum\limits_{i=1}^{p} \lambda_i}$ 为主成分 Y_1, Y_2, $\cdots$, Y_m 的累积贡献率。

由此可以进一步去理解主成分分析。主成分分析是把 p 个随机变量的总方差 $\sum\limits_{i=1}^{p} \sigma_{ii}$ 分解为 p 个不相关的随机变量的方差之和,使第一主成分的方差达到最大,第二主成分第二大……并以此类推。

第一主成分的最大方差为 λ_1,$\alpha_1 = \dfrac{\lambda_1}{\sum \lambda_i}$ 则表明了最大方差占总方差的比值,称 α_1 为第一主成分的贡献率。这个值越大,表明 Y_1 这个新变量对原始变量 X_1, X_2, $\cdots$, X_p 信息的综合能力越强,即用 Y_1 的差异来解释随机向量 $\boldsymbol{X}$ 的差异的能力越强。

进行主成分分析的目的之一是降维,也就是减少变量的个数,所以一般不会取 p 个主成分,而是取 $m(m < p)$ 个主成分。至于 m 到底取多少,则是一个很实际的问题。经验上有两种标准:一是所取 m 使得累积贡献率达到 85% 以上,即 $\dfrac{\sum\limits_{i=1}^{m} \lambda_i}{\sum\limits_{i=1}^{p} \lambda_i} \geqslant 85\%$;二是取特征值不小于 1 的主成分,即取到 $\lambda_i \geqslant 1$ 时停止。

碎石图也可以从直观上帮助我们去选取主成分。如图 7.2 所示,第二个及第三个特征根变化的趋势已经开始趋于平稳,所以,取前两个或前三个主成分是比较合适的。

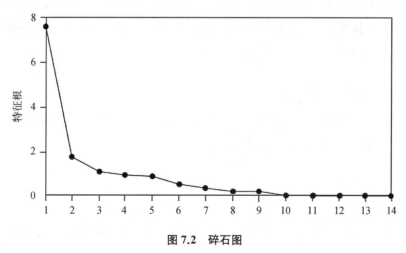

图 7.2　碎石图

定义 7.2 第 k 个主成分 Y_k 与原始变量 X_i 的相关系数 $\rho(Y_k, X_i)$ 称为因子负荷量。

因子负荷量是主成分解释中非常重要的解释依据,其绝对值刻画了该主成分的主要意义及其成因。在本章后半部分的因子分析中,将给出更为详细的解释。

【性质 7.3】 $\rho(Y_k, X_i) = \dfrac{\gamma_{ik}\sqrt{\lambda_k}}{\sqrt{\sigma_{ii}}}$, $k, i = 1, 2, \cdots, p$

证明: $\sqrt{\mathrm{var}(Y_k)} = \sqrt{\lambda_k}$, $\sqrt{\mathrm{var}(X_i)} = \sqrt{\sigma_{ii}}$。

令 $e_i = (0, \cdots, 1 \cdots, 0)'$ 为单位向量,则 $X_i = e_i'X$,又 $Y_k = \gamma_k'X$,于是有

$$\mathrm{cov}(Y_k, X_i) = \mathrm{cov}(\gamma_k'X, e_i'X) = e_i'D(X)\gamma_k = e_i'\boldsymbol{\Sigma}\gamma_k = \lambda_k e_i'\gamma_k = \lambda_k\gamma_{ik}$$

$$\rho(Y_k, X_i) = \frac{\mathrm{cov}(Y_k, X_i)}{\sqrt{\mathrm{var}(Y_k)}\sqrt{\mathrm{var}(X_i)}} = \frac{\gamma_{ik}\sqrt{\lambda_k}}{\sqrt{\sigma_{ii}}}$$

由此可知,因子负荷量 $\rho(Y_k, X_i)$ 与系数 γ_{ik} 呈正比,与 X_i 的标准差呈反比关系。因此,特别要注意的是,绝不能将因子负荷量与系数向量混为一谈。在解释主成分的成因或第 i 个变量对第 k 个主成分的重要性时,应当根据因子负荷量而不能仅仅根据 Y_k 与 X_i 的变换系数 γ_{ik}。

【性质 7.4】 $\displaystyle\sum_{i=1}^{p}\rho^2(Y_k, X_i)\sigma_{ii} = \lambda_k$。

证明:由性质 7.3 有

$$\sum_{i=1}^{p}\rho^2(Y_k, X_i)\sigma_{ii} = \sum_{i=1}^{p}\lambda_k\gamma_{ik}^2 = \lambda_k\sum_{i=1}^{p}\gamma_{ik}^2 = \lambda_k$$

【性质 7.5】 $\displaystyle\sum_{k=1}^{p}\rho^2(Y_k, X_i) = \frac{1}{\sigma_{ii}}\sum_{k=1}^{p}\lambda_k\gamma_{ik}^2 = 1$。

证明:因为向量 Y 是随机向量 X 的线性组合,因此 X_i 也可以精确表示成 Y_1, Y_2, $\cdots$, Y_p 的线性组合。由回归分析知识知,X_i 与 Y_1, Y_2, $\cdots$, Y_p 的全相关系数的平方和等于1,而因为 Y_1, Y_2, $\cdots$, Y_p 之间互不相关,所以 X_i 与 Y_1, Y_2, $\cdots$, Y_p 的全相关系数的平方和也就是 $\displaystyle\sum_{k=1}^{p}\rho^2(Y_k, X_i)$。

定义 7.3 X_i 与前 m 个主成分 Y_1, Y_2, $\cdots$, Y_m 的全相关系数平方和称为 Y_1, Y_2, $\cdots$, Y_m 对于变量 X_i 的方差贡献率为

$$v_i = \frac{1}{\sigma_{ii}}\sum_{k=1}^{m}\lambda_k\gamma_{ik}^2, \quad i = 1, 2, \cdots, p$$

也就是说,方差贡献率 v_i 是指前 m 个主成分所提取的原始变量 X_i 的信息比率。

2. 从相关矩阵出发求解主成分

考虑标准化变换 $Z_i = \dfrac{X_i - \mu_i}{\sqrt{\sigma_{ii}}}$，$i = 1, 2, \cdots, p$，其中 μ_i 与 σ_{ii} 分别表示变量 X_i 的期望与方差。于是有

$$E(Z_i) = 0, \quad \mathrm{var}(Z_i) = 1$$

$$\boldsymbol{\Sigma}^{1/2} = \begin{bmatrix} \sqrt{\sigma_{11}} & 0 & \cdots & 0 \\ 0 & \sqrt{\sigma_{22}} & \cdots & 0 \\ \vdots & \vdots & & \vdots \\ 0 & 0 & \cdots & \sqrt{\sigma_{pp}} \end{bmatrix}$$

将上述标准化变换写成矩阵的形式，记向量 $\boldsymbol{Z} = (Z_1, Z_2, \cdots, Z_p)$，$\boldsymbol{X} = (X_1, X_2, \cdots, X_p)$，$\boldsymbol{\mu} = (\mu_1, \mu_2, \cdots, \mu_p)$，则有 $\boldsymbol{Z} = (\boldsymbol{\Sigma}^{1/2})^{-1}(\boldsymbol{X} - \boldsymbol{\mu})$，以及 $E(\boldsymbol{Z}) = 0$，

$$\mathrm{cov}(\boldsymbol{Z}) = (\boldsymbol{\Sigma}^{1/2})^{-1} \boldsymbol{\Sigma} (\boldsymbol{\Sigma}^{1/2})^{-1} = \begin{bmatrix} 1 & \rho_{12} & \cdots & \rho_{1p} \\ \rho_{12} & 1 & \cdots & \rho_{2p} \\ \vdots & \vdots & & \vdots \\ \rho_{1p} & \rho_{2p} & \cdots & 1 \end{bmatrix} = \boldsymbol{R}$$

可见，原始变量 $X_1, X_2, \cdots, X_p$ 的相关矩阵实际上就是对原始变量标准化后的协方差矩阵。因此，由相关矩阵求主成分的过程及主成分的确定准则，和从协方差阵求主成分的方法是一致的。

仍用 λ_i，γ_i 表示相关矩阵 $\boldsymbol{R}$ 的特征根与对应的标准正交特征向量，可以计算出主成分与原始变量的关系式为

$$Y_i = \boldsymbol{\gamma}_i' Z = \boldsymbol{\gamma}_i' (\boldsymbol{\Sigma}^{1/2})^{-1} (X - \mu), \quad i = 1, 2, \cdots, p$$

同样，和协方差阵出发一样，从相关矩阵出发所求得的主成分依然具有类似的性质，不同的是在形式上更为简洁，这是由相关矩阵 $\boldsymbol{R}$ 的特性决定的。

【性质 7.6】　Y 的协方差矩阵为对角阵 $\boldsymbol{\Lambda}$。

【性质 7.7】　$\displaystyle\sum_{i=1}^{p} \mathrm{var}(Y_i) = \mathrm{tr}(\boldsymbol{\Lambda}) = \mathrm{tr}(\boldsymbol{R}) = p = \sum_{i=1}^{p} \mathrm{var}(Z_i)$。

【性质 7.8】　第 k 个主成分的方差占总方差的比例，即第 k 个主成分的方差贡献率为 $\alpha_k = \lambda_k / p$，前 m 个主成分的累积方差贡献率为 $\displaystyle\sum_{i=1}^{m} \lambda_i / p$。

【性质 7.9】　$\rho(Y_k, Z_i) = \boldsymbol{\gamma}_{ik} \sqrt{\lambda_k}$。

注意到 $\mathrm{var}(Z_i) = 1$，且 $\mathrm{tr}(\boldsymbol{R}) = p$，结合前面从协方差矩阵出发求主成分部分对

主成分性质的说明,可以很容易地得出上述性质。

虽然主成分的性质在这里有更简单的形式,但应注意其实质与前面的结论并没有区别。需要注意的一点是,判断主成分的成因或原始变量(这里,原始变量指的是标准化以后的随机向量 Z)对主成分的重要性有更简单的方法,因为由性质 7.4 知,这里因子负荷量仅依赖于由 Z_i 到 Y_k 的转换向量系数 γ_{ik}(因为对不同的 Z_i,因子负荷量表达式的后半部分 $\sqrt{\lambda_k}$ 是固定的)。

3. 协方差矩阵或相关矩阵求解主成分的差异

在实际分析过程中,我们既可以从原始数据的协方差矩阵出发,也可以从原始数据的相关矩阵出发,求解过程都是一致的。但从结果解释上,两者还是有一定差别的。

标准化过程是对量纲不同进行的处理,如果涉及的变量由于不同的度量单位,造成取值范围彼此差异非常大,应该考虑先将数据标准化。例如,如果分析上市公司的财务指标,利润率、市盈率等指标是比率,范围在 $0 \sim 1$ 之间,而利润总额、融资额等,常常从几十万元到上千万元,因此不同指标取值范围相差很大。这时如果直接从协方差矩阵入手进行主成分分析,会使得量纲较大的指标,例如利润总额等将起到支配性作用,而其他指标则难以体现出来,这时应该考虑对数据进行标准化处理,并从相关矩阵出发求解主成分。

但标准化的结果也会带来一定问题,因为对数据进行标准化的过程,也会抹杀掉始变量离散程度,损失一部分信息。例如标准化后的各变量方差均为 1,而实际上方差也是对数据信息的重要概括。通过丢掉原始数据中一部分重要信息,才使得标准化后的各变量在主成分中的作用趋于相等。如果原始变量取值范围相差不大,则从协方差矩阵求解主成分更为合适。

总的来说,从协方差矩阵还是相关矩阵求解主成分,现在并没有一个定论。在管理学研究中,需要从原始数据出发,看看是否存在明显差异,以及这种差异源自何处来确定用哪种方法更为可信。

4. 样本主成分的导出

在实际研究中,总体的协方差阵 $\pmb{\Sigma}$ 或者相关矩阵 $\pmb{R}$ 一般是未知的,需要通过样本数据来估计。假设获取了 n 个样本,每个样本 X_k 有 p 个指标,即 $X_k = (x_{k1}, x_{k2}, \cdots, x_{kp})'$,$k = 1, 2, \cdots, n$,这样共得到 np 个数据,原始数据的个指标为

$$X = \begin{bmatrix} x_{11} & x_{12} & \cdots & x_{1p} \\ x_{21} & x_{22} & \cdots & x_{2p} \\ \vdots & \vdots & & \vdots \\ x_{n1} & x_{n2} & \cdots & x_{np} \end{bmatrix}$$

样本的均值和协方差矩阵分别为

$$\bar{X} = \frac{1}{n}\sum_{k=1}^{n}X_k = (\bar{x}_1, \bar{x}_2, \cdots, \bar{x}_p)'$$

$$\boldsymbol{S} = \frac{1}{n-1}\sum_{k=1}^{n}(X_k - \bar{X})(X_k - \bar{X})'$$

$\boldsymbol{S}$ 为样本协方差矩阵,通常作为总体协方差矩阵 $\boldsymbol{\Sigma}$ 的无偏估计; $\boldsymbol{R}$ 是样本相关矩阵,为总体相关矩阵的估计。由样本协方差矩阵求解主成分的过程与前面所述是一致的,这里就不再赘述。

对于主成分分析,有两点需要说明。

(1) 主成分分析不要求样本来自正态总体。由上面的求解过程得知,无论是从原始变量协方差矩阵出发,还是从相关矩阵出发求解主成分,均没有涉及总体分布的问题。事实上,主成分分析只是对矩阵结构的分解,运用了矩阵运算的对角化和谱分解技术。对于多元随机变量而言,其协方差矩阵或相关矩阵均是对称非负定的,因此均可以按照上述步骤求出其特征根和规范正交特征向量,从而求出主成分,达到降维的目的。这一特性大大扩展了主成分分析的应用范围,对多维数据,只要是涉及降维问题的处理,均可以尝试使用用主成分分析。

(2) 如果原始数据相关性较弱,主成分分析无法起到较好的降维作用。主成分分析通常适用于原始变量之间存在较强相关性的情况,一般认为,如果原始数据大部分变量的相关系数都小于 0.3 时,运用主成分分析不会取得很好的结果。所以初学者需要特别注意,在做主成分分析前,需要对原始数据进行描述性统计。

【例 7.1】 试利用主成分综合评价全国各地区水泥制造业规模以上企业的经济效益,原始数据来源于 2014 年《中国水泥统计年鉴》,见表 7.1。

表 7.1 2013 年各地区水泥制造业规模以上企业的主要经济指标

地 区	企业单位数/个	流动资产合计/亿元	资产总额/亿元	负债总额/亿元	主营业务收入/亿元	利润总额/亿元	销售利润率/%
北 京	8	17.6	43.8	17.8	26.6	−1.4	−5.2
天 津	24	43.8	91.7	33.7	35.9	1.5	4.1
河 北	231	281.4	993.8	647.0	565.1	22.7	4.0
山 西	113	103.4	317.4	238.5	124.0	−2.1	−1.7

地　区	企业单位数/个	流动资产合计/亿元	资产总额/亿元	负债总额/亿元	主营业务收入/亿元	利润总额/亿元	销售利润率/%
内蒙古	116	135.9	384.4	256.8	245.8	11.9	4.8
辽　宁	151	151.4	417.6	247.9	350.3	23.0	6.6
吉　林	69	333.7	627.7	415.2	539.8	25.4	4.7
黑龙江	96	142.1	331.6	234.7	183.2	13.5	7.4
上　海	14	21.5	28.3	12.6	31.6	1.2	4.0
江　苏	254	300.3	680.0	435.7	713.3	62.6	8.8
浙　江	192	259.8	561.9	300.1	473.9	42.1	8.9
安　徽	169	217.2	591.9	305.2	518.8	64.9	12.5
福　建	111	93.2	276.4	163.9	284.8	11.2	3.9
江　西	138	143.8	398.1	208.4	400.3	47.5	11.9
山　东	295	351.8	792.7	412.5	878.3	80.3	9.1
河　南	238	388.5	804.2	475.2	673.7	58.3	8.7
湖　北	151	193.0	619.7	360.7	570.5	49.1	8.6
湖　南	220	86.4	398.8	212.3	434.1	33.6	7.7
广　东	204	217.0	592.1	345.3	474.3	40.5	8.5
广　西	148	116.0	387.2	178.7	344.0	49.6	14.4
海　南	15	53.1	102.1	52.9	80.7	5.6	6.9
重　庆	78	158.3	419.8	294.1	185.1	8.4	4.5
四　川	196	218.2	739.1	433.3	465.2	37.1	8.0
贵　州	133	91.5	367.5	244.2	224.7	28.2	12.6
云　南	149	134.2	434.7	290.2	251.0	11.3	4.5
西　藏	10	11.3	26.5	5.4	17.4	4.1	23.7
陕　西	116	82.2	312.6	203.8	253.2	14.4	5.7
甘　肃	68	61.8	213.2	126.8	124.3	13.3	10.7

地 区	企业单位数/个	流动资产合计/亿元	资产总额/亿元	负债总额/亿元	主营业务收入/亿元	利润总额/亿元	销售利润率/%
青 海	20	39.5	152.7	123.1	44.4	3.0	6.7
宁 夏	27	36.1	90.1	49.2	45.1	3.4	7.4
新 疆	86	220.6	602.7	353.4	136.1	1.5	1.1

R,Stata,SPSS 等计算机软件均可以进行主成分分析,应用 SPSS 软件得到的输出结果见表 7.2。

表 7.2 输出结果

相关矩阵

相关关系		X_1	X_2	X_3	X_4	X_5	X_6	X_7
	X_1	1.000	.763	.852	.795	.902	.821	.157
	X_2	.763	1.000	.923	.897	.881	.715	.025
	X_3	.852	.923	1.000	.981	.875	.694	.025
	X_4	.795	.897	.981	1.000	.810	.582	−.051
	X_5	.902	.881	.875	.810	1.000	.903	.188
	X_6	.821	.715	.694	.582	.903	1.000	.428
	X_7	.157	.025	.025	−.051	.188	.428	1.000

被解释的总方差表

成 分	初始特征值			平方载荷的提取物		
	特征值	方差百分比	累积方差百分比	特征值	方差百分比	累积方差百分比
1	5.163	73.763	73.763	5.163	73.763	73.763
2	1.209	17.273	91.036	1.209	17.273	91.036
3	.342	4.884	95.920			
4	.195	2.783	98.703			

成 分	初始特征值			平方载荷的提取物		
	特征值	方差百分比	累积方差百分比	特征值	方差百分比	累积方差百分比
5	.049	.701	99.404			
6	.034	.488	99.892			
7	.008	.108	100.000			

提取方法：主成分分析法。

成分矩阵*

	主 成 分	
	1	2
X_1	.925	.048
X_2	.931	−.170
X_3	.957	−.196
X_4	.909	−.296
X_5	.969	.077
X_6	.856	.395
X_7	.167	.943

提取方法：主成分分析法。
2 提取的 2 个主成分。

由输出的样本相关阵可以看出，除 X_7 与各变量的相关性不强外，其他变量之间均存在较强的相关关系，因此原始数据适合做主成分分析。从被解释的总方差表中可以看到，前两个主成分解释了全部变量总方差的 91.036%，说明只需要取这两个主成分来代表原来的 7 个指标已经足够。然后，对成分矩阵表中主成分 1 和主成分 2 所对应的两列元素分别除以第一个和第二个特征根的平方根 $\sqrt{5.163}$ 和 $\sqrt{1.209}$，得到两个主成分的变换系数，结果见表 7.3。

由表 7.3 可得两个主成分的线性表达式如下：

$$Y_1 = 0.407\,1X_1^* + 0.409\,7X_2^* + 0.421\,2X_3^* + 0.400\,0X_4^* + 0.426\,5X_5^* +$$
$$0.376\,7X_6^* + 0.073\,5X_7^*$$

表 7.3 主成分的变换系数

	主 成 分 1	主 成 分 2
X_1	0.407 1	0.043 7
X_2	0.409 7	−0.154 6
X_3	0.421 2	−0.178 3
X_4	0.400 0	−0.269 2
X_5	0.426 5	0.070 0
X_6	0.376 7	0.359 2
X_7	0.073 5	0.857 6

$$Y_2 = 0.043\ 7X_1^* - 0.154\ 6X_2^* - 0.178\ 3X_3^* - 0.269\ 2X_4^* + 0.070\ 0X_5^* + 0.359\ 2X_6^* + 0.857\ 6X_7^*$$

其中，X_1^*，X_2^*，X_3^*，X_4^*，X_5^*，X_6^*，X_7^* 表示对原始变量标准化后的变量。

主成分的经济意义由各线性组合中系数较大的几个原始指标来确定,但一定是这些指标的综合一样。例如,主成分 Y_1 中,除销售利润率的系数较小外,其他变量的系数大小相当,所以主成分 Y_1 综合反映水泥企业的整体规模和收入水平。主成分 Y_2 中,变量利润总额和销售利润率的系数较大,后者的系数最大,而其他变量的系数较小,所以主成分 Y_2 主要反映企业的盈利能力。

需要注意的是,主成分分析更偏重技术层面,也就是原始变量的统计结果,如何去解释这两个主成分,还需要联系相关的管理理论。有时候不同的理论会给出不同的理论解释,因而主成分的含义也不尽相同。

7.3 因子分析的基本原理

因子分析也是利用降维的思想研究原始变量的相关矩阵内部结构,将一些具有重复关系的变量归结为几个综合的因子。

因子分析的基本思想是根据相关性大小把原始变量分组,使得同组内的变量之间相关性较高,而不同组的变量间的相关性较低。每组变量代表一个基本结构,并用一个不可观测的综合变量表示,这个基本结构就称为公共因子。对于某一组原始变量,可以分为两部分:一部分是由少数几个不可观测的公共因子的线性函数;另一部分则是无法用公共因子表达的部分,称为特殊因子。在宏观经济中,一个典型的例子就是用几种主要商品的价格来反应物价变动情况。全面调查各种商品的价格显然耗时耗力,而某一类商品的价格之间显然存在相关性,因此只要选取主要商品的价格,进而进行综合,得到一种"综合商品"的价格,就可以反应一类物价变动情况。这种"综合商品"就是因子分析中的公共因子,这个过程就是从多个相互依赖的变量中找出几个少数主要因子的过程,抓住这些主要因子就可以简化问题的分析和解释。

因子分析还可以用于对样本的分类处理,计算出因子的表达式后,可以把原始变量的数据带入得到每个样本的因子得分,根据因子得分再将样本画出来,形象直观地进行分类。但这种方法只能从直观上看,如果因子在 4 个以上则无法直观展示出来,同时 Logit 模型等现代分类技术也能更好地进行分类,所以通过因子分析进行分类并非一个好的选择。

一般的因子分析模型为:假设有 n 个样本,每个样本可以观测到 p 个原始指标,并且这 p 个原始指标之间具有较强的相关性(注意因子分析这 p 个原始指标必须满足相关性较强的要求,所以在做因子分析前需要检验这些变量之间的相关性)。为了消除量纲造成的差异,对原始数据进行标准化处理,使得标准化后的原始变量均值为 0,方差为 1。方便起见,将原始变量及标准化后的变量均用 X 表示,用 F_1,F_2,$\cdots$,$F_m(m < p)$ 表示标准化的公共因子。如果有:

(1) $\boldsymbol{X} = (X_1, X_2, \cdots, X_p)'$ 是标准化的可观测随机向量,且均值向量 $\boldsymbol{E}(\boldsymbol{X}) = 0$,协方差矩阵 $\mathrm{cov}(\boldsymbol{X}) = \boldsymbol{\Sigma}$,这时协方差矩阵 $\boldsymbol{\Sigma}$ 与相关矩阵 R 相等。

(2) $\boldsymbol{F} = (F_1, F_2, \cdots, F_m)'(m < p)$ 是不可观测的变量,其均值向量 $E(\boldsymbol{F}) = 0$,协方差矩阵 $\mathrm{cov}(\boldsymbol{F}) = I$,即向量 $\boldsymbol{F}$ 的各分量是相互独立的。

(3) $\varepsilon = (\varepsilon_1, \varepsilon_2, \cdots, \varepsilon_p)'$ 与 F 相互独立,且 $E(\varepsilon) = 0$,ε 的协方差矩阵 $\boldsymbol{\Sigma}_\varepsilon$ 是对角方阵

$$\mathrm{cov}(\varepsilon) = \boldsymbol{\Sigma}_\varepsilon = \begin{bmatrix} \sigma_{11}^2 & & & 0 \\ & \sigma_{22}^2 & & \\ & & \ddots & \\ 0 & & & \sigma_{pp}^2 \end{bmatrix}$$

即 ε 的各分量之间也是相互独立的,则模型

$$\begin{cases} X_1 = a_{11}F_1 + a_{12}F_2 + \cdots + a_{1m}F_m + \varepsilon_1 \\ X_2 = a_{21}F_1 + a_{22}F_2 + \cdots + a_{2m}F_m + \varepsilon_2 \\ \qquad\qquad\qquad\qquad\vdots \\ X_p = a_{p1}F_1 + a_{p2}F_2 + \cdots + a_{pm}F_m + \varepsilon_p \end{cases} \tag{7.2}$$

称为因子模型,式(7.1)的矩阵形式为

$$X = AF + \varepsilon$$

式中, $A = \begin{bmatrix} a_{11} & a_{12} & \cdots & a_{1m} \\ a_{21} & a_{22} & \cdots & a_{2m} \\ \vdots & \vdots & & \vdots \\ a_{p1} & a_{p2} & \cdots & a_{pm} \end{bmatrix}$ 。

由式(7.2)及其假设前提知,公共因子 F_1, F_2, $\cdots$, F_m 相互独立且不可测,是在原始变量的表达式中都出现的因子。公共因子的含义必须结合具体理论和实际问题确定,并且是不可观测的,因此常常被称为潜变量。ε_1, ε_2, $\cdots$, ε_p 称为特殊因子,是向量 X 的分量 $X_i(i=1, 2, \cdots, p)$ 所特有的因子。各特殊因子 ε_i 之间及特殊因子与所有公共因子 F_i 之间均是相互独立的。

矩阵 A 称为因子载荷矩阵,其中的元素 a_{ij} 称为因子载荷,a_{ij} 的绝对值越大 ($|a_{ij}| \leqslant 1$),表明 X_i 与 F_j 的相依程度越大,或称公共因子 F_j 对于 X 的载荷量越大。因子分析的目的之一就是要求出各个因子载荷的值。根据式(7.2),可以得到如下的一些性质。

【性质 7.10】　原始变量 X_i 和公共因子 F_j 的相关系数即为因子载荷 a_{ij}。

$$\begin{aligned} \mathrm{cov}(X_i, F_j) &= \mathrm{cov}\Big(\sum_{j=1}^{m} a_{ij}F_j + \varepsilon_i, F_j\Big) \\ &= \mathrm{cov}\Big(\sum_{j=1}^{m} a_{ij}F_j, F_j\Big) + \mathrm{cov}(\varepsilon_i, F_j) \\ &= a_{ij} \end{aligned}$$

即 a_{ij} 是 X_i 与 F_j 的协方差,同时因为 X_i 与 $F_j(i=1, 2, \cdots, p; j=1, 2, \cdots, m)$ 都是均值为 0,方差为 1 的变量,因此,a_{ij} 同时也是 X_i 与 F_j 的相关系数。

【性质 7.11】　记变量 X_i 的共同度 $h_i^2 = a_{i1}^2 + a_{i2}^2 + \cdots + a_{in}^2(i=1, 2, \cdots, p)$。
由式(7.2)的因子分析模型,可以得到

$$\mathrm{var}(X_i) = 1 = h_i^2 + \mathrm{var}(\varepsilon_i)$$

记 $\mathrm{var}(\varepsilon_i)=\sigma_i^2$，则有

$$\mathrm{var}(X_i)=1=h_i^2+\sigma_i^2 \tag{7.3}$$

σ_i^2 即为剩余方差。可以看出变量共同度 h_i^2 越大，则表明 X_i 对公共因子的依赖程度越大，公共因子能解释 X_i 方差的比例就越大，因子分析的效果也就越好。

【性质 7.12】 记公共因子 F_j 的方差贡献 $g_j^2=a_{1j}^2+a_{2j}^2+\cdots+a_{pj}^2(j=1,2,\cdots,m)$，表示公共因子 F_j 对于 X 的每一分量 $X_i(i=1,2,\cdots,p)$ 所解释的方差的总和，是衡量某个公共因子重要性的指标。g_j^2 越大，说明该公共因子 F_j 对 X 的贡献越大，或者说对 X 的影响和作用就越大。如果将因子载荷矩阵 A 的所有 $g_j^2(j=1,2,\cdots,m)$ 从大到小排序，就可以提炼出最有影响的公共因子。

可以看出共同度 h_i^2 是考虑的所有公共因子 $F_1,F_2,\cdots,F_m$ 与某一个原始变量之间的关系，而方差贡献 g_j^2 则是考虑某一个公共因子 F_j 与所有原始变量 X_1，$X_2,\cdots,X_p$ 的关系。

7.4　因子分析的求解

因子分析可以分为确定因子载荷的求解、因子旋转及因子得分三个步骤。

1. 因子载荷的求解

通过样本数据确定因子载荷矩阵 A，可以有主成分法、主轴因子法、最小二乘法、极大似然法等。这些方法求解因子载荷的出发点不同，所得的结果也不完全相同。下面介绍比较常用的主成分法、主轴因子法与极大似然法。

（1）主成分法。用主成分法确定因子载荷是比较常用的求解因子载荷的方法之一，也是较为简单的一种方法。但是运用主成分法求解的因子载荷，特殊因子 ε_1，$\varepsilon_2,\cdots,\varepsilon_p$ 之间并不相互独立，因此用该方法确定的因子载荷并不完全符合因子模型的前提假设，但主成分分析法的结果非常直观。许多研究者在进行因子分析时，先用主成分分析法找出公共因子，再尝试其他方法进一步分析。

用主成分分析法求解因子载荷，是从相关阵出发，如果有 p 个原始变量，可以找到 p 个主成分。将 p 个主成分按由大到小的顺序排列，记为 $Y_1,Y_2,\cdots,Y_p$，根据前文主成分分析的方法，主成分与原始变量之间存在如下关系式：

$$\begin{cases} Y_1 = \gamma_{11}X_1 + \gamma_{12}X_2 + \cdots + \gamma_{1p}X_p \\ Y_2 = \gamma_{21}X_1 + \gamma_{22}X_2 + \cdots + \gamma_{2p}X_p \\ \qquad\qquad\qquad\vdots \\ Y_p = \gamma_{p1}X_1 + \gamma_{p2}X_2 + \cdots + \gamma_{pp}X_p \end{cases}$$

式中,γ_{ij} 为随机向量 $\boldsymbol{X}$ 的相关矩阵的特征根所对应的特征向量的分量。根据矩阵理论,特征向量之间彼此正交,并且由特征向量构成的特征矩阵是可逆的,因此可以得到由 Y 到 X 的转换关系:

$$\begin{cases} X_1 = \gamma_{11}Y_1 + \gamma_{21}Y_2 + \cdots + \gamma_{p1}Y_p \\ X_2 = \gamma_{12}Y_1 + \gamma_{22}Y_2 + \cdots + \gamma_{p2}Y_p \\ \qquad\qquad\qquad\vdots \\ X_p = \gamma_{1p}Y_1 + \gamma_{2p}Y_2 + \cdots + \gamma_{pp}Y_p \end{cases} \tag{7.4}$$

因为有降维的目的,所以对式(7.4)只保留前 m 个主成分而把后面的部分用 ε_i 代替,则式(7.4)转化为

$$\begin{cases} X_1 = \gamma_{11}Y_1 + \gamma_{21}Y_2 + \cdots + \gamma_{m1}Y_m + \varepsilon_1 \\ X_2 = \gamma_{12}Y_1 + \gamma_{22}Y_2 + \cdots + \gamma_{m2}Y_m + \varepsilon_2 \\ \qquad\qquad\qquad\vdots \\ X_p = \gamma_{1p}Y_1 + \gamma_{2p}Y_2 + \cdots + \gamma_{mp}Y_m + \varepsilon_p \end{cases} \tag{7.5}$$

式(7.5)在形式上与因子模型式(7.2)是一致的,并且 $Y_i(i=1,2,\cdots,m)$ 之间相互独立,Y_i 与 ε_i 之间也相互独立。为了将 Y_i 转化成合适的公共因子,只需要将主成分 Y_i 变成方差为 1 的变量。可以将 Y_i 除以其标准差,根据前文主成分的结论可知,Y_i 的方差为相关阵的特征根 λ_i,标准差则为 $\sqrt{\lambda_i}$。于是,令 $F_i = \dfrac{Y_i}{\sqrt{\lambda_i}}$,$a_{ij} = \sqrt{\lambda_j}\gamma_{ji}$,则式(7.5)变为

$$\begin{cases} X_1 = a_{11}F_1 + a_{12}F_2 + \cdots + a_{1m}F_m + \varepsilon_1 \\ X_2 = a_{21}F_1 + a_{22}F_2 + \cdots + a_{2m}F_m + \varepsilon_2 \\ \qquad\qquad\qquad\vdots \\ X_p = a_{p1}F_1 + a_{p2}F_2 + \cdots + a_{pm}F_m + \varepsilon_p \end{cases} \tag{7.6}$$

这样就得到了载荷矩阵 $\boldsymbol{A}$ 和一组初始公共因子 $F_i(i=1,2,\cdots,m)$。

一般设 $\lambda_1,\lambda_2,\cdots,\lambda_p(\lambda_1 \geqslant \lambda_2 \geqslant \cdots \geqslant \lambda_p)$ 为样本相关阵 $\boldsymbol{R}$ 的特征根,γ_1,

$\gamma_2, \cdots, \gamma_p$ 为对应的标准正交化特征向量。取前 $m(m < p)$ 个特征根,则因子载荷矩阵 $\boldsymbol{A}$ 的一个解为

$$\hat{A} = (\sqrt{\lambda_1} \gamma_1, \sqrt{\lambda_2} \gamma_2, \cdots, \sqrt{\lambda_m} \gamma_m)$$

共同度的估计为

$$\hat{h}_i^2 = \hat{a}_{i1}^2 + \hat{a}_{i2}^2 + \cdots + \hat{a}_{im}^2$$

(2) 主轴因子法。主轴因子法的思路可以理解为调整后的主成分法。在式(7.2)的因子模型中,可以得到关于 X 的相关矩阵 $\boldsymbol{R}$ 的关系式:

$$\boldsymbol{R} = \boldsymbol{AA'} + \boldsymbol{\Sigma}_\varepsilon$$

其中 $\boldsymbol{A}$ 为因子载荷矩阵,$\boldsymbol{\Sigma}_\varepsilon$ 为对角阵,其对角元素为对应的特殊因子的方差。将 $\boldsymbol{R}^* = \boldsymbol{R} - \boldsymbol{\Sigma}_\varepsilon = \boldsymbol{AA'}$ 称为调整后的相关矩阵,这时 $\boldsymbol{R}^*$ 的主对角元素不再是 1,而是共同度 h_i^2。

接下来和主成分法的方法一致,分别求解 $\boldsymbol{R}^*$ 的特征根与标准正交特征向量,进而求出因子载荷矩阵 $\boldsymbol{A}$。此时,$\boldsymbol{R}^*$ 比如有 m 个正的特征根,设为 λ_1^*,λ_2^*,$\cdots$,$\lambda_m^* (\lambda_1^* \geqslant \lambda_2^* \geqslant \cdots \geqslant \lambda_m^*)$,$\gamma_1^*$,$\gamma_2^*$,$\cdots$,$\gamma_m^*$ 为对应的标准正交化特征向量,则因子载荷矩阵 $\boldsymbol{A}$ 的一个主轴因子解为

$$\hat{A} = (\sqrt{\lambda_1^*} \gamma_1^*, \sqrt{\lambda_2^*} \gamma_2^*, \cdots, \sqrt{\lambda_m^*} \gamma_m^*)$$

(3) 极大似然法。如果公共因子 F 和特殊因子 ε 服从正态分布,或近似于正态分布,则可以用极大似然法得到因子载荷和特殊因子方差的估计。

设 X_1,X_2,$\cdots$,X_p 为来自正态总体 $N(\mu, \Sigma)$ 的随机样本,其中 $\Sigma = AA' + \Sigma_\varepsilon$。从数理统计的知识,可以求得似然函数为

$$L(\mu, \Sigma) = \frac{1}{(2\pi)^{np/2} |\Sigma|^{n/2}} e^{-1/2 \text{tr} \{\Sigma^{-1} [\sum_{j=1}^{n} (X_j - \bar{X})(X_j - \bar{X})' + n(\bar{X} - \mu)(\bar{X} - \mu)']\}}$$

该似然函数通过 Σ 依赖于 A 和 Σ_ε。还需要增加条件 $A' \Sigma_\varepsilon^{-1} A = \Lambda$ 来求解因子载荷 A,其中 Λ 是一个对角阵。对以上似然函数求最大值,可以得到因子载荷和特殊因子方差的极大似然估计 $\hat{A}$ 和 $\hat{\Sigma}_\varepsilon$。

那么如何确定公共因子的数目 m 呢?一般而言,这取决于问题的研究者本人。对于同一问题进行因子分析时,不同的研究者可能会给出不同的公共因子数。当然,有时由数据本身的特征可以很明确地确定因子数目。当用主成分法进行因子分析

时,也可以借鉴确定主成分个数的准则,如所选取的公共因子的信息量的和达到总体信息量的一个合适比例为止。但对这些准则不应生搬硬套,应具体问题具体分析,总之,要使所选取的公共因子能够合理地描述原始变量相关矩阵的结构,同时要有利于因子模型的解释。

2. 因子旋转

因子分析的目的不仅仅在于找到公共因子,还需要知道每一个公共因子的意义。但是通过初始的因子分析,得到的公共因子可能含义并不清晰,无法对实际问题进行分析。因此,可以对初始公共因子进行线性组合,即因子旋转,以得到更为明确、实际意义更为典型的公共因子。

设 F_1, F_2, $\cdots$, F_m 是初始公共因子,可以建立它们的线性组合得到一组新的公共因子 F'_1, F'_2, $\cdots$, F'_m。这些新的公共因子不仅相互独立,还能更好地解释原始变量和公共因子之间的关系。

$$
\begin{cases}
F'_1 = d_{11}F_1 + d_{12}F_2 + \cdots + d_{1m}F_m \\
F'_2 = d_{21}F_1 + d_{22}F_2 + \cdots + d_{2m}F_m \\
\qquad\qquad\qquad \vdots \\
F'_m = d_{m1}F_1 + d_{m2}F_2 + \cdots + d_{mm}F_m
\end{cases}
$$

经过旋转后,所有公共因子对每个 X_i 的共同度 h_i^2 并不改变。但因子载荷矩阵发生了变化,并且公共因子也从 F_i 变成了 F'_i,因此每个公共因子对原始变量的方差贡献 g_i^2 不再与原来相同。

因子旋转可以分为正交旋转和斜交旋转两种方法。经过正交旋转得到的新的公共因子仍然保持彼此独立,而斜交旋转则放弃了公共因子之间独立这个要求,但能够得到更为简洁、更容易解释的结果。最常用的正交旋转方法是最大方差正交旋转法(Varimax),常见的斜交旋转方法有极大似然法(Promax)等。

不论是正交旋转还是斜交旋转,都要使因子载荷矩阵中因子载荷的绝对值向 0 和 1 两个方向分化,使大的因子载荷变得更大,小的因子载荷变得更小。因为一个接近于零的载荷 a_{ij} 表明 X_i 与 F_j 的相关性很弱;而一个绝对值比较大的载荷 a_{ij} 则表明公共因子 F_j 在很大程度上解释了 X_i 的变化。这样,如果某一原始变量都与某些公共因子存在较强的相关关系,而与另外的公共因子几乎不相关的话,公共因子的实际意义就会比较容易确定。

3. 因子得分

建立好因子模型后,还需要考察每个样本的特质及样本之间的相互关系,即运用因子模型进行综合评价。例如,建立好企业财务绩效的因子模型后,我们希望知道每个企业财务绩效的情况,把企业进行分类,看出哪个企业财务绩效较好,哪些则较差等。这时需要将公共因子用变量的线性组合来表示,也即由企业的各类财务指标来估计它的因子得分。这就需要进行因子分析的第三个步骤,即计算因子得分。顾名思义,因子得分就是公共因子 F_1, F_2, $\cdots$, F_m 在每一个样本上的得分。这时需要用原始变量的线性表达式来表示公共因子,这个表达式能够把每个原始变量的取值代入,求出各因子得分。

在主成分分析中,主成分是原始变量的线性组合,即当有 p 个原始变量,并且取 p 个主成分时,主成分与原始变量之间的变换关系是可逆的,只要知道了原始变量用主成分的线性表达式,就可以通过矩阵逆运算得到用原始变量表示主成分的表达式。但在因子模型中,通常公共因子的个数少于原始变量的个数,即 $m < p$,且公共因子是不可观测的隐变量,载荷矩阵 A 不可逆,因而不能直接求得公共因子用原始变量表示的精确线性组合。

一种思路是用回归的思想求出线性组合系数的估计值,即建立如下以公共因子为因变量、原始变量为自变量的回归方程:

$$F_j = \beta_{j1}X_1 + \beta_{j2}X_2 + \cdots + \beta_{jp}X_p, \quad j = 1, 2, \cdots, m$$

因为原始变量与公共因子变量均为标准化变量,所以回归模型中不存在常数项。在最小二乘意义下,可以得到 F 的估计值为

$$\hat{F} = A'R^{-1}X$$

式中,A 为因子载荷矩阵;R 为原始变量的相关矩阵;X 为原始变量向量。这样,在得到一组样本值后,就可以代入上面的关系式求出公共因子的估计得分,从而用少数公共因子去描述原始变量的数据结构,用公共因子得分去描述原始变量的取值。在估计出公共因子得分后,可以利用因子得分进一步分析,如样本之间的比较分析、对样本的聚类分析等。

7.5 因子分析的示例

第 6 章中,我们用计算机软件的 Factor Analysis 模块实现了主成分分析,实际上,Factor Analysis 主要是计算机进行因子分析的模块。由于主成分分析与因子分析(特别是因子分析中的主成分法)之间有密切的关系,计算机软件将这两种分析方

法放在同一模块中。

【例7.2】 近年来,关于交通运输业上市公司的股票投资备受关注。投资者为了获得更多的收益,需要对公司的投资效益进行分析,掌握这些上市公司的经营状况、盈利状况等。表7.4给出了交通运输业的30家上市公司的8项财务指标数据(数据来源于巨潮资讯)。这8项指标分别为X_1:基本每股收益(元);X_2:每股净资产(元);X_3:净资产收益率(%);X_4:净利润率(%);X_5:总资产报酬率(%);X_6:存货周转率;X_7:固定资产周转率;X_8:总资产周转率。现使用因子分析方法对这些公司的整体投资效益进行评价,以便于投资者更好地进行决策。

表7.4 2017年交通运输业上市公司的财务指标数据

上市公司	X_1	X_2	X_3	X_4	X_5	X_6	X_7	X_8
西部创业	0.060 0	2.759 1	2.190 0	13.19	1.72	5.90	0.19	0.13
铁龙物流	0.253 0	4.032 5	6.438 0	2.83	4.05	3.63	4.22	1.43
大秦铁路	0.900 0	6.686 2	13.500 0	23.99	10.63	25.57	0.77	0.44
广深铁路	0.140 0	4.049 5	3.590 0	5.54	3.04	50.13	0.77	0.55
渤海轮渡	0.750 0	6.732 4	11.670 0	24.00	8.83	25.79	0.48	0.37
深圳机场	0.322 5	5.446 4	6.050 0	19.92	5.17	438.82	0.44	0.26
中信海直	0.150 0	4.862 6	3.150 0	7.17	1.73	3.22	0.42	0.24
白云机场	0.820 0	7.251 8	12.240 0	23.60	7.93	53.26	0.87	0.34
上海机场	1.910 0	13.042 0	15.530 0	45.69	13.52	206.53	0.86	0.30
南方航空	0.600 0	4.916 1	12.840 0	4.64	2.82	69.59	0.84	0.61
东方航空	0.439 1	3.670 8	12.640 0	6.25	2.90	40.73	0.65	0.47
海航控股	0.182 0	3.117 6	5.910 0	5.55	1.92	376.10	0.91	0.35
外运发展	1.494 2	9.035 0	17.160 0	21.80	14.31	744.18	7.16	0.66
厦门空港	1.379 4	11.440 2	12.160 0	24.74	9.41	4 215.49	0.54	0.38
中国国航	0.540 0	6.270 0	8.960 0	5.97	3.15	62.37	0.79	0.53
湖南投资	0.260 0	3.298 0	8.190 0	13.43	5.85	0.98	3.21	0.44
上港集团	0.497 8	2.998 4	17.918 0	30.83	8.94	1.62	1.11	0.29

续 表

上市公司	X_1	X_2	X_3	X_4	X_5	X_6	X_7	X_8
现代投资	0.570 0	5.622 1	10.560 0	8.17	3.84	10.83	4.39	0.47
富临运业	0.329 2	3.475 5	9.790 0	9.60	3.67	240.52	1.33	0.38
宜昌交运	0.757 0	10.829 0	9.070 0	5.44	3.85	10.11	3.29	0.71
中远海能	0.438 1	6.924 5	6.384 4	18.10	2.98	13.55	0.26	0.16
皖通高速	0.658 0	5.654 8	12.120 0	38.14	8.00	186.79	3.13	0.21
中原高速	0.401 6	4.402 4	9.690 0	20.06	2.38	2.39	0.32	0.12
福建高速	0.239 1	3.166 9	7.660 0	26.52	3.69	105.39	0.16	0.14
长江投资	−0.300 0	2.359 2	−11.180 0	−3.30	−3.80	11.69	7.87	1.15
山东高速	0.550 0	5.530 5	10.290 0	35.83	5.49	0.78	1.14	0.15
五洲交通	0.440 0	3.925 1	11.570 0	20.52	3.33	0.36	0.28	0.16
宁沪高速	0.712 2	4.668 8	16.060 0	37.94	9.11	1.41	5.44	0.24
锦江投资	0.449 0	6.093 5	7.480 0	10.45	5.49	20.51	2.21	0.53
交运股份	0.430 0	5.472 8	8.130 0	4.79	4.96	8.21	3.72	1.04

将表 7.4 中的数据录入 SPSS 数据窗口,依次 Analyze(选择分析)→Dimension Reduction(降维)→Factor Analysis(因子分析),进入因子分析对话框,将 8 个指标变量选入 Variables(变量)框中。然后在 Descriptives(描述性统计)对话框中的 Correlation Matrix(相关矩阵)框架下选中 Coefficients(相关系数)和 KMO and Bartlett's test of sphericity(KMO 和巴特利特球形检验);在 Extraction(拓展)对话框中 Display(展示)部分选中 Scree plot(碎石图);在 Rotation(旋转)对话框中的 Method(方法)部分选中 Varimax(最大方差);在 Scores(得分)对话框中分别选择 Save as variables(存为变量)和 Display factor score coefficient matrix(显示因子得分系数矩阵),以保存因子得分和输出因子得分系数矩阵。点击 Continue(继续)回到主对话框,点击 OK 运行,得到的主要结果见输出结果如表 7.5 所示。

由 KMO 和巴特利特检验表可知,KMO 统计量的值等于 0.66,说明勉强适合进行因子分析,而巴特利特检验的结果显示,在 0.01 的显著性水平下,拒绝协方差阵为单位阵的原假设,适合做因子分析。

表 7.5　输出结果

KMO 和巴特利特检验

Kaiser-Meyer-Olkin 采样充分性检验		.660
巴特利特球形检验	卡方值	179.131
	自由度	28
	显著性	0.000

被解释的总方差

成分	初始特征值			平方载荷的提取和		
	特征值	方差百分比	累积方差百分比	特征值	方差百分比	累积方差百分比
1	3.950	49.380	49.300	3.950	49.300	49.300
2	1.739	21.742	71.122	1.739	21.742	71.122
3	1.041	13.015	84.137	1.041	13.015	84.137
4	.538	6.720	90.856			
5	.422	5.274	96.130			
6	.189	2.366	98.496			
7	.087	1.088	99.584			
8	.033	.416	100.000			

提取方法：主成分分析法。

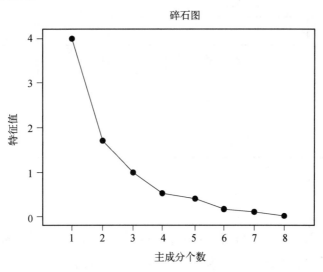

碎石图

129

旋转后的成分矩阵[*]

	主 成 分		
	主 成 分 1	主 成 分 2	主 成 分 3
X_1	.830	.057	.509
X_2	.558	.109	.687
X_3	.858	−.174	.053
X_4	.809	−.369	−.011
X_5	.928	.048	.235
X_6	.046	−.096	.900
X_7	062	.892	−.121
X_8	−.297	.878	.098

提取方法：主成分分析法。
旋转方法：Kaiser 标准化的最大方差法。
旋转在 6 次迭代中收敛。

主成分得分系数矩阵

	主 成 分		
	主 成 分 1	主 成 分 2	主 成 分 3
X_1	.205	.091	.179
X_2	.055	.077	.387
X_3	.309	−.010	−.170
X_4	.284	−.128	−.193
X_5	.315	.117	−.062
X_6	−.229	−.121	.704
X_7	.159	.553	−.179
X_8	−.043	.486	.088

提取方法：主成分分析法。
旋转方法：Kaiser 标准化的最大方差法。

由方差解释表和碎石图可看出，前三个特征根较大，其余五个特征根较小，而且前三个公共因子的总方差贡献率为 84.137%，基本提取了样本所包含的信息，因此选择三个公共因子是合适的。我们也可以根据碎石图的变化趋势选择四个公共因子，读者可以自行尝试。

旋转后的成分矩阵表中给出了对基于主成分得到的因子载荷阵进行方差最大化正交旋转后的因子载荷。可以看出，第一个公共因子 F_1 主要由基本每股收益、净资产收益率、净利润率和总资产报酬率四个指标决定，尤其总资产报酬率对 F_1 的贡献最大，它们主要代表公司的盈利能力，说明盈利能力在衡量公司的投资效益方面占有重要地位，公司的盈利能力越强，则意味着越具有投资价值。第二个公共因子 F_2 主要由固定资产周转率和总资产周转率决定，是代表公司经营效率的指标，主要反映企业运营能力。第三个公共因子 F_3 主要由存货周转率和每股净资产决定，尤其前者在 F_3 上的因子载荷为 0.9，是衡量企业运营能力的主要指标；后者反映公司的资本规模，是衡量公司投资价值的重要指标。

因子得分系数表给出了三个公共因子关于标准化原始变量的线性关系，可由其计算各公共因子的得分，由表可得到三个公共因子的表达式分别为

$$F_1 = 0.205X_1^* + 0.055X_2^* + 0.309X_3^* + 0.284X_4^* + 0.315X_5^* - 0.229X_6^*$$
$$+ 0.159X_7^* - 0.043X_8^*$$

$$F_2 = 0.091X_1^* + 0.077X_2^* - 0.010X_3^* - 0.128X_4^* + 0.117X_5^* - 0.121X_6^*$$
$$+ 0.553X_7^* - 0.486X_8^*$$

$$F_3 = 0.179X_1^* + 0.387X_2^* - 0.170X_3^* - 0.193X_4^* - 0.062X_5^* + 0.704X_6^*$$
$$- 0.179X_7^* + 0.088X_8^*$$

另外，返回数据窗口发现有三个名为 FAC1_1，FAC2_1 和 FAC3_1 的变量，分别是三个公共因子的得分。以各因子的方差贡献率占三个因子总方差贡献率的比重作为权重进行加权汇总，得到各公司的综合得分 F（这种综合评价方法目前应用较多，但也有较大争议，故应慎用）。根据综合得分 F 的大小降序排列，结果见表 7.6。

表 7.6　公共因子得分和综合因子得分

上市公司	F_1	F_2	F_3	F
西部创业	2.021 6	2.146 5	0.517 7	1.821 2
铁龙物流	2.425 3	−0.049 2	0.911 5	1.551 7
大秦铁路	1.594 1	0.538 0	−1.231 7	0.883 9
广深铁路	0.999 1	−0.082 4	−0.109 3	0.548 2

续　表

上市公司	F_1	F_2	F_3	F
渤海轮渡	−0.088 3	−0.698 1	4.669 7	0.490 4
深圳机场	1.057 2	−0.155 0	−0.614 6	0.485 3
中信海直	−0.056 7	1.086 6	0.828 8	0.375 7
白云机场	0.684 5	−0.294 2	0.018 7	0.328 6
上海机场	1.052 1	−0.547 4	−1.126 9	0.301 7
南方航空	0.667 4	−0.350 2	−0.073 2	0.289 8
东方航空	−0.310 5	1.533 9	−0.019 4	0.211 1
海航控股	0.007 9	0.775 4	−0.266 5	0.163 7
外运发展	−0.653 4	2.192 9	−0.142 8	0.161 0
厦门空港	0.555 0	−0.817 9	−0.561 8	0.027 4
中国国航	−0.197 4	0.318 2	−0.002 2	−0.034 0
湖南投资	−0.112 6	0.299 9	−0.695 0	−0.096 1
上港集团	−0.335 9	0.041 2	0.038 1	−0.180 6
现代投资	−0.484 6	−0.065 2	0.282 1	−0.257 6
富临运业	−0.390 8	−0.307 3	−0.281 8	−0.352 3
宜昌交运	−0.054 5	−1.008 4	−0.534 0	−0.375 2
中远海能	−0.460 0	−0.335 6	−0.233 2	−0.392 8
皖通高速	−0.378 9	−0.785 0	0.208 2	−0.393 0
中原高速	−0.371 7	−0.904 1	0.125 5	−0.432 3
福建高速	−0.248 4	−1.075 9	−0.411 6	−0.487 5
长江投资	−0.252 3	−1.195 4	−0.606 3	−0.550 8
山东高速	−1.037 0	−0.174 6	−0.038 9	−0.659 7
五洲交通	−1.058 1	−0.560 2	0.016 1	−0.763 2
宁沪高速	−2.407 9	2.398 5	−0.232 8	−0.829 4
锦江投资	−1.079 9	−0.775 3	−0.006 6	0.835 1
交运股份	−1.085 3	−1.149 8	−0.427 7	−1.000 2

由表 7.6 可知,外运发展公司的投资价值最大,该公司的盈利能力和经营能力均较强,因此该公司的股票适合投资。其次是上海机场,虽然它的综合因子得分位排第二,但它的经营能力相对较弱。如果投资者更看重公司的经营能力的话,他可能不会投资上海机场。综合得分主要衡量的是公司的综合投资价值,对于两方面表现均差的公司,其投资价值也相应较低,如西部创业公司。计算综合因子得分这种综合评价方法应用非常普遍,但有些文献提出不同看法,主要是认为产生公共因子的特征向量的各级分量符号不一致,很难进行排序评价,从而认为综合评价方法不严谨。我们认为这与其他统计方法一样,其实很多理论问题并没有解决,但似乎并不影响人们使用的热情。统计学应用中许多问题的完善需要人们去实践、去探讨,这个问题当然也在其中。

思考与习题

(1) 表 7.7 是 2007 年 30 家能源类上市公司的有关经营数据。其中 X_1 为主营业务利润,X_2 为净资产收益率,X_3 为每股收益,X_4 为总资产周转率,X_5 为资产负债率,X_6 为流动比率,X_7 为主营业务收入增长率,X_8 为资本积累率。要求进行主成分分析并确定主成分的数量。

表 7.7 30 家上市公司的经营数据

股票简称	X_1	X_2	X_3	X_4	X_5	X_6	X_7	X_8
海油工程	19.751	27.010	1.132	0.922	50.469	1.237	25.495	10.620
中海油服	33.733	12.990	0.498	0.510	25.396	3.378	46.990	−1.576
中国石化	13.079	18.260	0.634	1.635	54.584	0.674	55.043	43.677
中国石油	33.441	19.900	0.735	0.923	28.068	1.043	42.682	45.593
广聚施源	6.790	15.650	0.441	1.188	13.257	3.602	38.446	17.262
鲁润股份	5.315	0.500	0.011	1.879	52.593	1.222	207.373	33.721
海越股份	3.357	15.480	0.538	0.626	48.830	0.807	33.438	54.972
国际实业	29.332	10.340	0.299	0.662	53.140	1.218	16.579	7.622
清远煤电	29.961	16.040	0.255	0.662	36.596	0.700	20.902	−3.682

股票简称	X_1	X_2	X_3	X_4	X_5	X_6	X_7	X_8
美锦能源	23.342	18.580	0.497	0.923	60.963	0.992	1.271	12.128
神火股份	26.042	42.500	1.640	0.990	69.776	0.510	50.138	52.066
全牛能源	35.022	15.730	0.725	0.944	39.267	9.002	−3.877	0.953
煤气化	25.809	14.980	0.677	0.928	45.768	0.949	−3.851	24.881
西山煤电	39.506	17.820	0.868	0.703	45.450	1.525	9.162	−85.430
露天煤业	29.895	22.450	0.709	0.800	40.977	1.321	3.310	4.369
郑州煤电	18.160	12.740	0.299	1.374	52.962	1.240	−100.000	85.688
兰花科创	41.402	20.070	1.414	0.617	52.916	1.060	6.789	14.259
黑化股份	8.783	1.430	0.033	0.753	48.061	0.545	−11.659	6.856
兖州煤业	45.592	13.730	0.548	0.688	22.350	2.158	21.199	21.953
国阳新能	16.061	14.920	1.030	1.623	48.386	0.973	15.342	20.860
盘汇股份	11.003	6.660	0.260	1.187	30.201	1.682	41.657	75.804
上海能源	24.876	17.950	0.709	0.968	48.674	0.510	20.548	14.526
山西焦化	12.825	4.450	0.331	0.849	48.476	1.417	43.676	29.419
恒源煤电	32.228	17.820	1.070	0.449	72.079	0.515	9.872	149.837
开滦股份	24.423	20.670	1.102	0.845	54.198	1.102	73.285	26.542
大同煤业	44.005	12.990	0.597	0.667	47.554	1.843	30.621	15.668
中国神华	48.180	15.400	0.994	0.408	37.687	2.097	27.813	46.229
潞安环能	28.567	21.710	1.534	1.023	54.261	1.590	48.315	29.610
中煤能源	41.214	16.680	0.441	0.669	40.932	2.058	29.903	11.350
国投新集	30.015	9.680	0.222	0.350	64.471	0.630	24.278	36.437

（2）根据上题数据：

① 检验该数据是否适合进行因子分析。

② 进行因子分析，并对 30 家上市公司的因子综合得分进行排序。

第 8 章
聚类分析

8.1 聚类分析的基本原理

在传统分类学中,人们主要靠经验和专业知识做定性分类处理,导致许多分类带有主观性和任意性,不能很好地揭示客观事物内在的本质差别和联系,特别是对于多因素、多指标的分类问题,定性分类更难以实现准确分类。随着数理统计的发展,以及在科学技术中的应用,统计这个有用的工具逐渐引入分类学,形成了数理分类学。进一步在统计学领域也形成了聚类分析这个新分支。

在管理研究中,存在着大量分类研究、构造分类模式的问题。例如,为了研究不同地区城镇居民的收入及消费状况,往往需要划分为不同的类型去研究;为了研究不同类型的企业变小,需要构造财务指标的函数来研究企业的发展规律。

聚类分析将个体或对象分类,使得同一类的对象之间的相似性比与其他类的对象的相似性更强,目的在于使类内对象的同质性最大化和类与类间对象的异质性最大化。需要注意的是,与其他统计方法相比,聚类分析的方法还是比较粗糙的,数理统计的理论也不算完善,但由于它能解决许多实际问题,并且是人工智能领域的核心技术,所以也得到了充分的重视。

1. 聚类的方法

聚类分析提供了丰富多彩的分类方法,这些方法大致可归纳为:

(1) 系统聚类法。首先,将 n 个样品看成 n 类(一类包含一个样品),然后将性质最接近的两类合并成一个新类,得到 $n-1$ 类,再从中找出最接近的两类加以合并,变成 $n-2$ 类,如此下去,最后所有的样品均在一类,将上述并类过程画成一张图(称为聚类图)便可决定分多少类,每类各有哪些样品。

(2) 模糊聚类法。将模糊数学的思想观点用到聚类分析中产生的方法。该方法多用于定性变量的分类。

（3）K-均值法。K-均值法是一种非谱系聚类法，它是把样品聚集成k个类的集合。类的个数k可以预先给定或者在聚类过程中确定。该方法可应用于样本量较大的数据组。

（4）有序样品的聚类。n个样品按某种原因（时间、地层深度等）排成次序，必须是次序相邻的样品才能聚成一类。

（5）分解法。它的程序正好和系统聚类法相反，首先所有的样品均在一类，然后用某种最优准则将它分为两类。再试图用同种准则将这两类各自分裂为两类，从中选一个较好的目标函数，这样由两类变成三类。如此下去，一直分裂到每类只有一个样品为止（或采用其他停止规则），将上述分裂过程画成图，由图便可求得各个类。

（6）加入法。将样品依次加入，每次加入后将它放到当前聚类图的应在位置上，全部加入后，即可得到聚类图。

2. 相似性度量

当对样本进行聚类时，我们希望同一类的更为"靠近"，而不同类的则更不"靠近"。那么这种"靠近"往往用某种距离来刻画，也成为样本之间相似性的度量。

用X_{ij}表示第i个样本的第j个指标，数据矩阵见表8.1，第j个指标的均值和标准差记作$\bar{x}_j$和S_j。用d_{ij}表示第i个样本与第j个样品之间的距离。

表 8.1　聚类分析数据结构表

样本	指　标			
	X_1	X_2	$\cdots$	X_p
1	x_{11}	x_{12}	$\cdots$	x_{1p}
2	x_{21}	x_{22}	$\cdots$	x_{2p}
$\cdots$	$\cdots$	$\cdots$	$\cdots$	$\cdots$
n	x_{n1}	x_{n2}	$\cdots$	x_{np}

表8.1中，每个样品有p个指标，故每个样品可以看成p维空间中的一个点，n个样品就组成p维空间中的n个点，此时自然想用距离来度量样品之间的接近程度。

最常见、最直观的距离是：

$$d_{ij}(1) = \sum_{k=1}^{p} \mid x_{ik} - x_{jk} \mid \tag{8.1}$$

$$d_{ij}(2) = \Big[\sum_{k=1}^{p}(x_{ik}-x_{jk})^2\Big]^{1/2} \tag{8.2}$$

前者称为绝对值距离,后者称为欧氏距离,这两个距离可以统一成

$$d_{ij}(q) = \Big[\sum_{k=1}^{p}\mid x_{ik}-x_{jk}\mid^{q}\Big]^{1/q} \tag{8.3}$$

式(8.3)称为明考斯基(Minkowski)距离。当 $q=1$ 和 $q=2$ 时就是上述两个距离,当 q 趋于无穷时:

$$d_{ij}(\infty) = \max_{1\leqslant k\leqslant p}\mid x_{ik}-x_{jk}\mid \tag{8.4}$$

式(8.4)称为切比雪夫距离。

可以验证, $d_{ij}(q)$ 满足距离的四条公理:非负性、自反性、对称性和三角不等式。

$d_{ij}(q)$ 在实际中应用广泛,但是有一些缺点,例如距离的大小与各指标的观测单位有关,具有一定的人为性;另外,它没有考虑指标之间的相关性。通常的改进办法有下面两种:

(1) 当各指标的测量值相差较大时,先将数据标准化,然后用标准化后的数据计算距离。

令 $\bar{x}_j$, R_j 和 S_j 分别表示第 j 个指标的样本均值、样本极差和样本标准差,即

$$\bar{x}_j = \frac{1}{n}\sum_{i=1}^{n}x_{ij}$$

$$R_j = \max_{1\leqslant i\leqslant n}\{x_{ij}\} - \min_{1\leqslant i\leqslant n}\{x_{ij}\}$$

$$S_j = \Big[\frac{1}{n-1}\sum_{i=1}^{n}(x_{ij}-\bar{X}_j)^2\Big]^{1/2}$$

标准化后的数据为

$$x'_{ij} = \frac{x_{ij}-\bar{X}_i}{S_j}$$

$$\text{或 } x_{ij} = \frac{x_{ij}+\bar{X}_i}{S_j}, \ i=1,2,\cdots,n; \ j=1,2,\cdots,p$$

当 $x_{ij}>0(i=1,2,\cdots,n; \ j=1,2,\cdots,p)$ 时,也可以定义如下距离:

$$d_{ij}(LW) = \frac{1}{p}\sum_{k=1}^{p}\frac{\mid x_{ik}-x_{jk}\mid}{x_{ik}+x_{jk}} \tag{8.5}$$

它最早是由兰斯(Lance)和威廉姆斯(Williams)提出的,称为兰氏距离。这个距离有助于克服 $d_{ij}(q)$ 的第一个缺点,但没有考虑指标间的相关性。

（2）另一种改进的距离测量方法就是马氏距离。

设 $x_{(i)}$ 和 $x_{(j)}$ 是来自均值向量为 μ，协方差为 Σ 的总体 G 中的样本，这两个样本点之间的马氏距离定义为

$$d_{ij}^2(M) = (x_{(i)} - x_{(j)})' \sum{}^{-1} (x_{(i)} - x_{(j)}) \tag{8.6}$$

这里应该注意到，当 $\Sigma = I$（单位矩阵）时，即为欧氏距离的情形。

但在聚类分析之前，我们对研究对象有多少不同类型的情况一无所知，则马氏距离中的 Σ^{-1} 无法计算。如果用所有数据计算的均值和协方差阵来计算马氏距离，效果也不是很理想。因此，通常人们还是喜欢用欧式距离来算聚类。

在聚类分析中，有时候不仅需要将样本分类，也需要将指标分类。在指标之间也可以定义距离，更常用的是相似系数，用 C_{ij} 表示指标 i 和指标 j 之间的相似系数。C_{ij} 的绝对值越接近于 1，表示指标 i 和指标 j 的关系越密切；C_{ij} 的绝对值越接近于 0，表示指标 i 和指标 j 的关系越疏远。对于间隔尺度，常用的相似系数有夹角余弦和相关系数。

夹角余弦的定义是

$$C_{ij}(1) = \frac{\sum_{k=1}^{n} x_{ki} x_{kj}}{\left[(\sum_{k=1}^{n} x_{ki}^2)(\sum_{k=1}^{n} x_{kj}^2) \right]^{1/2}} \tag{8.7}$$

它是指标向量 $(x_{1i}, x_{2i}, \cdots, x_{ni})$ 和 $(x_{1j}, x_{2j}, \cdots, x_{nj})$ 之间的夹角余弦。

相关系数是大家最熟悉的统计量，是将数据标准化后的夹角余弦，这里记为 $C_{ij}(2)$。它的定义是

$$C_{ij}(2) = \frac{\sum_{k=1}^{n} (x_{ki} - \bar{X}_i)(x_{kj} - \bar{X}_j)}{\left[\sum_{k=1}^{n} (x_{ki} - \bar{X}_i)^2 \sum_{k=1}^{n} (x_{kj} - \bar{X}_j)^2 \right]^{1/2}} \tag{8.8}$$

有时也可用距离来描述指标之间的接近程度。实际上，距离和相似系数之间可以互相转化。若 d_{ij} 是一个距离，则 $C_{ij} = 1/(1+d_{ij})$ 为相似系数。若 C_{ij} 为相似系数且非负，则 $d_{ij} = 1 - C_{ij}^2$ 可以看成距离（不一定符合距离的定义），或把 $d_{ij} = [2(1-C_{ij})]^{1/2}$ 看成距离。

3. 类和类的特征

我们的目的是聚类，那么什么叫作类呢？由于客观事物千差万别，在不同的问题中类的含义是不尽相同的。因此企图给类下一个严格的定义，绝非一件容易的事情，这也是聚类分析中没有那么严谨的部分。下面给出类的几个定义，不同的定义适用

于不同的场合。

用 G 表示类,设 G 中有 k 个元素,这些元素用 i ,j 等表示。

定义 8.1 T 为一给定的阈值,如果对任意的 i ,$j \in G$,有 $d_{ij} \leqslant T$(d_{ij} 为 i 和 j 的距离),则称 G 为一个类。

定义 8.2 对阈值 T,如果对每个 $i \in G$,有 $\dfrac{1}{k-1} \sum\limits_{j \in G} d_{ij} \leqslant T$,则称 G 为一个类。

定义 8.3 对阈值 T,V,如果 $\dfrac{1}{k(k-1)} \sum\limits_{i \in G} \sum\limits_{j \in G} d_{ij} \leqslant T$,$d_{ij} \leqslant V$,对一切 i ,$j \in G$,则称 G 为一个类。

定义 8.4 对阈值 T,若对任意一个 $i \in G$,一定存在 $j \in G$,使得 $d_{ij} \leqslant T$,则称 G 为一个类。

可以看出,在上面四个定义中,定义 8.1 的要求是最高的,凡符合它的类,一定也是符合后三种定义的类。此外,凡符合定义 8.2 的类,也一定是符合定义 8.3 的类。

现在类 G 的元素用 x_1 ,x_2 ,$\cdots$,x_m 表示,m 为 G 内的样本量(或指标数),可以从不同的角度来刻画 G 的特征。常用的特征有下面三种。

均值 $\bar{x}_G$(或称为 G 的重心):

$$\bar{x}_G = \frac{1}{m} \sum_{i=1}^{m} x_i$$

样本离差阵及协方差阵:

$$L_G = \sum_{i=1}^{m} (x_i - \bar{x}_G)(x_i - \bar{x}_G)'$$

$$\sum G = \frac{1}{n-1} L_G$$

G 的直径有多种定义,例如:

$$D_G = \sum_{i=1}^{m} (x_i - \bar{x}_G)'(x_i - \bar{x}_G) = \mathrm{tr}(L_G)$$

或者, $$D_G = \max_{i,j \in G} d_{ij}$$

在聚类分析中,不仅要考虑各个类的特征,而且要计算类与类之间的距离。由于类的形状是多种多样的,所以类与类之间的距离也有多种计算方法。令 G_p 和 G_q 中分别有 k 个和 m 个样品,它们的重心分别为 $\bar{x}_p$ 和 $\bar{x}_q$,它们之间的距离用 $D(p,q)$ 表示。下面是一些常用的定义。

(1) 最短距离法:

$$D_k(p,q) = \min\{d_{jl} \mid j \in G_p, l \in G_q\} \tag{8.9}$$

它等于类 G_p 和类 G_q 中最邻近的两个样品的距离。该准则下的类间距离如图 8.1 所示。

图 8.1 最短距离法 $D_k(p, q) = d_{24}$

(2) 最长距离法:

$$D_s(p, q) = \max\{d_{jl} \mid j \in G_p, l \in G_q\} \tag{8.10}$$

它等于类 G_p 和类 G_q 中最远的两个样品的距离。该准则下的类间距离如图 8.2 所示。

图 8.2 最长距离法 $D_s(p, q) = d_{13}$

(3) 类平均法:

$$D_G(p, q) = \frac{1}{lk} \sum_{i \in G_p} \sum_{i \in G_q} d_{ij} \tag{8.11}$$

它等于类 G_p 和类 G_q 中任两个样品距离的平均,式中的 l 和 k 分别为类 G_p 和类 G_q 中的样品数。该准则下的类间距离如图 8.3 所示。

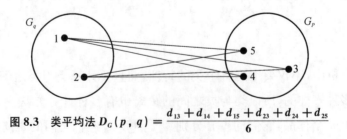

图 8.3 类平均法 $D_G(p, q) = \dfrac{d_{13} + d_{14} + d_{15} + d_{23} + d_{24} + d_{25}}{6}$

(4) 重心法:

$$D_c(p, q) = d_{\bar{X}_p \bar{X}_q} \tag{8.12}$$

它等于两个重心 $\bar{x}_p$ 和 $\bar{x}_q$ 间的距离。

（5）离差平方和法。若采用直径的第一种定义方法，用 D_p 和 D_q 分别表示类 G_p 和类 G_q 的直径，用 D_{p+q} 表示大类 D_{p+q} 的直径，则

$$D_p = \sum_{i \in G_p} (x_i - \bar{x}_p)(x_i - \bar{x}_p)'$$

$$D_q = \sum_{j \in G_q} (x_j - \bar{x}_q)(x_j - \bar{x}_q)'$$

$$D_{p+q} = \sum_{j \in G_p \cup G_q} (x_j - \bar{x})(x_j - \bar{x})'$$

其中，$\bar{x} = \dfrac{1}{k+m} \sum_{i \in G_p \cup G_q} x_i$。

用离差平方和法定义 G_p 和 G_q 之间的距离平方为

$$D_w^2(p, q) = D_{p+q} - D_p - D_q \tag{8.13}$$

8.2 系统聚类法

系统聚类法是聚类分析诸方法中使用最多的，它包含下列步骤（见图 8.4）。

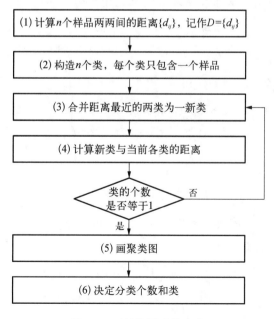

图 8.4 系统聚类法的步骤

上节曾给出类与类之间的五种距离的定义,每一种定义用到上述系统聚类程序中,就得到一种系统聚类法。现在通过一个简单的例子来说明各种系统聚类法。

【例 8.1】 为了研究 A 企业 5 个工厂 2016 年产品生产的结构和水平,并根据产品生产的结构和水平对工厂进行聚类,现收集 A 企业主要销售产品的成本情况,具体见表 8.2。

表 8.2　A 企业 5 个工厂产品生产情况　　　　　　单位:元

X_1食品烟酒		X_2服装		X_3家具		X_4生活用品	
X_5电子设备		X_6文化周边		X_7医疗器械		X_8其他	
工厂	X_1	X_2	X_3	X_4	X_5	X_6	X_7	X_8
甲	6 901.6	2 321.3	4 632.8	1 558.2	3 447.0	3 018.5	2 313.6	802.8
乙	8 467.3	1 903.9	7 385.4	1 420.7	5 100.9	3 452.3	1 691.9	645.3
丙	5 067.7	1 746.6	3 753.4	1 430.2	1 993.8	2 078.8	1 524.5	492.8
丁	5 777.3	1 776.9	3 752.6	1 329.1	2 517.9	2 322.1	1 583.4	479.9
戊	5 975.7	1 963.5	3 809.4	1 322.1	3 064.3	2 352.9	1 750.4	614.9

现将表 8.2 中的每个工厂看成一个样品,先计算五个工厂之间的欧氏距离,用 D_0 表示相应的矩阵(由于矩阵对称,故只写出下三角部分)。

$$
D_0 = \begin{bmatrix}
 & & 1 & 2 & 3 & 4 & 5 \\
甲 & 1 & 0 & & & & \\
乙 & 2 & 3\,681.88 & 0 & & & \\
丙 & 3 & 2\,863.01 & 6\,030.37 & 0 & & \\
丁 & 4 & 2\,091.25 & 5\,333.50 & 923.14 & 0 & \\
戊 & 5 & 1\,631.27 & 4\,936.59 & 1\,474.24 & 650.44 & 0
\end{bmatrix}
$$

距离矩阵 D_0 中的各元素数值的大小就反映了五个工厂间生产成本的接近程度。例如丁和戊之间的欧氏距离最小(为 650.44),反映了这两个工厂生产成本最接近。

1. 最短距离法和最长距离法

最短距离法是类与类之间的距离采用式(8.9)计算的系统聚类法。

初始例 8.1 有 5 类:$G_1 = \{$甲 1$\}$,$G_2 = \{$乙 2$\}$,$G_3 = \{$丙 3$\}$,$G_4 = \{$丁 4$\}$,$G_5 = \{$戊 5$\}$,由最短距离法的定义,这时

$$D_k(i, j) = d_{ij}, \quad i, j = 1, 2, \cdots, 5$$

即这五类之间的距离等于五个样品之间的距离。为了简化记号，下面用 $D(i, j)$ 代替 $D_k(i, j)$。我们发现 $\boldsymbol{D}_0$ 中最小的元素是 $D(4, 5) = 650.44$，故将类 G_4 和类 G_5 合并成一个新类 $G_6 = \{4, 5\}$，然后计算 G_6 与 G_1，G_2，G_3 之间的距离。利用

$$D(6, i) = \min\{D(4, i), D(5, i)\}, i = 1, 2, 3$$

其最近相邻的距离为

$$d_{(4,5)1} = \min\{d_{14}, d_{15}\} = \min\{2\,091.25, 1\,631.27\} = 1\,631.27$$

$$d_{(4,5)2} = \min\{d_{24}, d_{25}\} = \min\{5\,333.50, 4\,936.59\} = 4\,936.59$$

$$d_{(4,5)3} = \min\{d_{34}, d_{35}\} = \min\{923.14, 1\,474.24\} = 923.14$$

在距离矩阵 $\boldsymbol{D}_0$ 中消去 4,5 所对应的行和列，并加入 $\{4,5\}$ 这一新类对应的一行一列，得到新的距离矩阵为

$$\boldsymbol{D}_1 = \begin{matrix} & G_1 & G_2 & G_3 & G_6 \\ G_1 & 0 & & & \\ G_2 & 3\,681.88 & 0 & & \\ G_3 & 2\,863.01 & 6\,030.37 & 0 & \\ G_6 & 1\,631.27 & 4\,936.59 & 9\,923.14 & 0 \end{matrix}$$

然后，在 $\boldsymbol{D}_1$ 中发现类间最小距离是 $d_{63} = d_{(4,5)3} = 923.14$，合并类 $\{4, 5\}$ 和 G_3 得到新类 $G_7 = \{3, 4, 5\}$。再利用

$$D(7, i) = \min\{D(3, i), D(6, i)\}, \quad i = 1, 2$$

计算得

$$d_{(3,4,5)1} = \min\{d_{13}, d_{16}\} = \min\{2\,863.01, 1\,631.27\} = 1\,631.27$$

$$d_{(3,4,5)2} = \min\{d_{23}, d_{26}\} = \min\{6\,030.37, 4\,936.59\} = 4\,936.59$$

故得下一层次聚类的距离矩阵为

$$\boldsymbol{D}_1 = \begin{matrix} & G_1 & G_2 & G_7 \\ G_1 & 0 & & \\ G_2 & 3\,681.88 & 0 & \\ G_7 & 1\,631.27 & 4\,936.59 & 0 \end{matrix}$$

类间最小距离是 $d_{17} = 1\,631.27$，合并类 G_1 和类 G_7 得到新类 $G_8 = \{1, 3, 4, 5\}$。

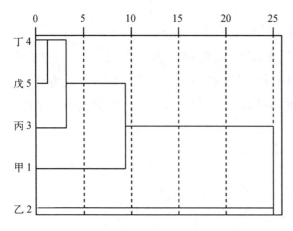

图8.5　最短距离法的谱系聚类图(欧式距离)

此时，我们有两个不同的类 $G_8 = \{1, 3, 4, 5\}$ 和 G_2。最后，合并类 G_8 和 G_2 形成一个大的聚类系统，上述合并类的过程所对应的谱系图，如图 8.5 所示。

最后，决定类的个数与类。若用类的定义 8.1，分两类较为合适，这时，阈值 $T = 10$，这等价于在图 8.5 上距离为 10 处切一刀，得到两类分别为 {丁、戊、丙、甲} 与 {乙}。

所谓最长距离法，是类与类之间的距离采用式(8.10)计算的系统聚类法。

上述两种方法中，主要的不同是计算新类与其他类的距离的递推公式不同。设某步将类 G_p 与类 G_q 合并为 G_r，则 G_r 与其他类 G_l 的距离为

$$D_k(r, l) = \min\{D_k(p, l), D_k(q, l)\} \tag{8.14}$$

$$D_s(r, l) = \max\{D_s(p, l), D_s(q, l)\} \tag{8.15}$$

也就是说，在最长距离法中，选择最大的距离作为新类与其他类之间的距离，然后将类间距离最小的两类合并，一直合并到只有一类为止。

最短距离法也可用于对指标的分类，分类时可以用距离，也可以用相似系数。但用相似系数时应找最大的元素并类，计算新类与其他类的距离应使用式(8.15)。

最短距离法的主要缺点是它有链接聚合的趋势，因为类与类之间的距离为所有距离中的最短者，两类合并以后，它与其他类的距离缩小了，这样容易形成一个比较大的类，大部分样品都被聚在一类中，在树状聚类图中会看到一个延伸的链状结构，所以最短距离法的聚类效果并不好，实践中不提倡使用。

最长距离法克服了最短距离法链接聚合的缺陷，两类合并以后与其他类的距离是原来两个类中的距离最大者，加大了合并后的类与其他类的距离(见图 8.6)。

由此可见，本例中最短距离法与

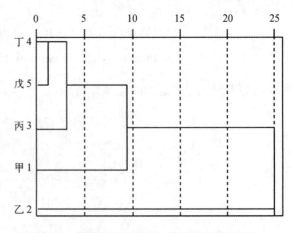

图8.6　最长距离法的谱系聚类图(欧氏距离)

最长距离法得到的结果是相同的。

2. 重心法和类平均法

从物理的观点看,一个类用它的重心(该类样品的均值)做代表比较合理,类与类之间的距离就用重心之间的距离来代表。若样品之间采用欧氏距离,设某一步将类 G_p 与类 G_q 合并为 G_r,它们各有 n_p, n_q, $n_r(n_r = n_p + n_q)$ 个样品,它们的重心用 $\bar{X}_p$, $\bar{X}_q$ 和 $\bar{X}_r$ 表示,显然

$$\bar{X}_r = \frac{1}{n_r}(n_p \bar{X}_p + n_q \bar{X}_q) \tag{8.16}$$

某一类 G_k 的重心为 $\bar{X}_k$,它与新类 G_r 的距离为

$$D_c^2(k, r) = (\bar{X}_k - \bar{X}_r)(X_k - \bar{X}_r)' \tag{8.17}$$

可以证明,$D_c^2(k, r)$ 是如下的形式:

$$D_c^2(k, r) = \frac{n_p}{n_r}D_c^2(k, p) + \frac{n_q}{n_r}D_c^2(k, q) - \frac{n_p}{n_r}\frac{n_q}{n_r}D_c^2(p, q) \tag{8.18}$$

这就是重心法的距离递推公式。

重心法虽有很好的代表性,但并未充分利用各样本的信息。有学者将两类之间的距离平方定义为这两类元素两两之间的平均平方距离,即

$$D_G^2(k, r) = \frac{1}{n_k n_r}\sum_{i \in G_k, j \in G_r} d_{ij}^2 = \frac{1}{n_k n_r}\Big[\sum_{i \in G_k, j \in G_p} d_{ij}^2 + \sum_{i \in G_k, j \in G_q} d_{ij}^2\Big] \tag{8.19}$$

上式也可记为

$$D_G^2(k, r) = \frac{n_p}{n_r}D_G^2(k, p) + \frac{n_q}{n_r}D_G^2(k, q) \tag{8.20}$$

这就是类平均法的递推公式。类平均法是聚类效果较好、应用比较广泛的一种聚类方法。它有两种形式:一种是组间联结法(between-groups linkage);另一种是组内联结法(within-groups linkage)。组间联结法在计算距离时只考虑两类之间样品距离的平均;组内联结法在计算距离时把两组所有个案之间的距离都考虑在内。

有人认为,类平均法是系统聚类法中比较好的方法之一。

在类平均法的递推公式中没有反映 D_{pq} 的影响,有学者将递推公式改为

$$D_{kr}^2 = \frac{n_p}{n_r}(1-\beta)D_{kp}^2 + \frac{n_q}{n_r}(1-\beta)D_{kq}^2 + \beta D_{pq}^2 \tag{8.21}$$

式中，$\beta < 1$。对应于式(8.21)的聚类法称为可变类平均法。

可变类平均法的分类效果与 β 的选择关系极大，有一定的人为性，因此在实践中使用尚不多。β 如果接近 1，一般分类效果不好，故 β 常取负值。重心法的谱系聚类图，如图 8.7 所示。类平均法(组内联结法)的谱系聚类(欧氏距离)如图 8.8 所示。

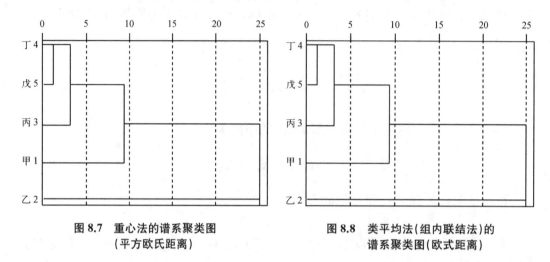

图 8.7　重心法的谱系聚类图　　　　图 8.8　类平均法(组内联结法)的
　　　　　(平方欧氏距离)　　　　　　　　　　　谱系聚类图(欧式距离)

3. 离差平方和法

离差平方和法是由沃德(Ward)提出的，许多文献中称为 Ward 法。它的思想源于方差分析，即如果类分的正确，同类样品的离差平方和应当较小，类与类之间的离差平方和应当较大。

设将 n 个样品分成 k 类 $G_1, G_2, \cdots, G_k$，用 x_i 表示类 G_t 中的第 i 个样品(注意 x_{it} 是 p 维向量)，n_t 表示类 G_t 中的样品个数，$\bar{x}_t$ 是类 G_t 的重心，则在类 G_t 中的样品的离差平方和为

$$L_t = \sum_{i=1}^{n_t} (x_{it} - \bar{x}_t)(x_{it} - \bar{x}_t)'$$

整个类内平方和为

$$L = \sum_{t=1}^{k} \sum_{i=1}^{n_t} (x_{it} - \bar{x}_t)(x_{it} - \bar{x}_t)' = \sum_{t=1}^{k} L_t$$

当 k 固定时，要选择使 L 达到极小的分类，n 个样品分成 k 类，一切可能的分法有

$$R(n, k) = \frac{1}{k} \sum_{i=1}^{k} (-1)^{k-i} \binom{k}{i} i^n \tag{8.22}$$

例如,当 $n=21$, $k=2$ 时, $R(21,2)=2^{21}-1=2\,097\,151$。 当 n, k 更大时,$R(n,k)$ 就达到了天文数字。因此,要比较这么多分类来选择最小的 L,即使高速计算机也难以完成。于是,只好放弃在一切分类中求 L 的极小值的要求,而是提出某种方法:找到一个局部最优解。Ward 法就是寻找局部最优解的一种方法。其思想是先让 n 个样品各自成一类,然后每次缩小一类,每缩小一类,离差平方和就要增大,选择使 L 增加最小的两类合并,直到所有的样品归为一类为止。

若将某类 G_p 与类 G_q 合并为 G_r,则类 G_k 与新类 G_r 的距离递推公式为

$$D_w^2(k,r)=\frac{n_p+n_k}{n_r+n_k}D_w^2(k,p)+\frac{n_q+n_k}{n_r+n_k}D_w^2(k,q) \tag{8.23}$$

$$-\frac{n_k}{n_r+n_k}D_w^2(p,q)$$

需要指出的是,离差平方和法只能得到局部最优解(见图 8.9),至今还没有很好的办法以较少的计算求得精确最优解。

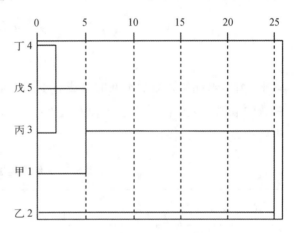

图 8.9　离差平方和法的谱系聚类图(平方欧式距离)

4. 分类数的确定

到目前为止,我们还没有讨论过如何确定分类数,聚类分析的目的是要对研究对象进行分类,因此,如何选择分类数成为各种聚类方法中由主要问题之一。在 K-均值聚类法中,聚类之前需要指定分类数;在谱系聚类法(系统聚类卷)中,我们最终得到的只是一个树状结构图,从图中可以看出存在很多类,但问题是如何确定类的最佳个数。

确定分类数是聚类分析中迄今为止尚未完全解决的问题之一,主要的障碍是对类的结构和内容很难给出一个统一的定义,这样就不能给出在理论上和实践中都可行的虚无假设。实际应用中人们主要根据研究的目的,从实用的角度出发,选择合适的分类数。德穆曼(Demirmen)曾提出根据树状结构图来分类的准则。

准则 8.1:任何类都必须在邻近各类中是突出的,即各类重心之间距离必须大。

准则 8.2:各类所包含的元素都不应过多。

准则 8.3:分类的数目应该符合使用的目的。

准则 8.4:若采用几种不同的聚类方法处理,则在各自的聚类图上应发现相同

的类。

系统聚类中每次合并的类与类之间的距离也可以作为确定类数的一个辅助工具。在系统聚类过程中,首先把离得近的类合并,所以在并类过程中聚合系数(agglomeration coefficients)呈增加趋势,聚合系数小,表示合并的两类的相似程度较大,两个差异很大的类合并到一起,会使该系数很大。如果以 y 轴为聚合系数,x 轴表示分类数,画出聚合系数随分类数的变化曲线,会得到类似于因子分析中的碎石图,可以在曲线开始变得平缓的点选择合适的分类数。

5. 系统聚类法的统一

上面介绍的五种系统聚类法,并类的原则和步骤是完全一样的,所不同的是类与类之间的距离有不同的定义,从而得到不同的递推公式。如果能将它们统一为一个公式,将大大有利于编制计算机程序。辛斯和威廉姆斯于 1967 年给出了一个统一的公式:

$$D^2(k, r) = \alpha_p D^2(k, p) + \alpha_q D^2(k, q) + \beta D^2(p, q)$$
$$+ \gamma \mid D^2(k, p) - D^2(k, q) \mid \tag{8.24}$$

式中,α_p,α_q,β,γ 对于不同的方法有不同的取值,表 8.3 列出了不同方法中这四个参数的取值。表中除了上述五种方法外,还列举了另外三种系统聚类法,由于它们用得较少,这里不再详述。

表 8.3 系统聚类法参数表

方　法	α_p	α_q	β	γ
最短距离法	1/2	1/2	0	$-1/2$
最长距离法	1/2	1/2	0	1/2
中间距离法	1/2	1/2	$-1/4$	0
重心法	n_p/n_r	n_q/n_r	$-\alpha_p/\alpha_q$	0
类平均法	n_p/n_r	n_q/n_r	0	0
可变类平均法	$(1-\beta)n_p/n_r$	$(1-\beta)n_q/n_r$	$\beta < 1$	0
可变法	$(1-\beta)/2$	$(1-\beta)/2$	$\beta < 1$	0
离差平方和法	$(n_k+n_p)/(n_k+n_r)$	$(n_k+n_p)/(n_k+n_r)$	$-n_k/(n_k+n_r)$	0

一般而言,不同聚类方法的结果不完全相同。最短距离法适用于条形的类。最长距离法、重心法、类平均法、离差平方和法适用于椭圆形的类。

　　现在许多统计软件都包含系统聚类法的程序,只要将数据输入,即可很方便地将上述八种方法定义的距离全部算出,并画出聚类图。本书将介绍采用计算机软件实现聚类分析的过程。

　　由于上述聚类方法得到的结果不完全相同,于是产生一个问题:选择哪一个结果为好? 为了解决这个问题,需要研究系统聚类法的性质,现简要介绍如下:

　　(1) 单调性。令 D_r 为系统聚类法中第 r 次并类时的距离,如例 8.1,用最短距离时,有 $D_1 = 650.44$,$D_2 = 923.14$,$D_3 = 1\ 631.27$,$D_4 = 3\ 681.88$,此时 $D_1 < D_2 < D_3 < \cdots$。一种系统聚类法若能保证 $\{D_r\}$ 是严格单调上升的,则称它具有单调性。由单调性画出的聚类图符合系统聚类的思想,先结合的类关系较近,后结合的类关系较远。显然,最短距离法和最长距离法具有并类距离的单调性。可以证明,类平均法、离差平方和法、可变法和可变类平均法都具有单调性,只有重心法和中间距离法不具有单调性。

　　(2) 空间的浓缩与扩张。对同一问题作聚类图时,横坐标(并类距离)的范围相差很远。最短距离法的范围较小,最长距离法的范围较大,类平均法则介于两者之间。范围小的方法区分类的灵敏度差,而范围太大的方法灵敏度又过高,会使支流淹没主流,这与收音机的灵敏度有相似之处。灵敏度太低的收音机接收的台少,灵敏度太高,台与台之间容易干扰,适中为好。按这一直观的想法引进如下的概念:

　　设两个同阶矩阵 $\boldsymbol{A} = (a_{ij})$ 和 $\boldsymbol{B} = (b_{ij})$ 的元素非负,如果 $\boldsymbol{A}$ 的每一个元素不小于 $\boldsymbol{B}$ 相应的元素,若 $a_{ij} \geqslant b_{ij}(\forall i, j)$,则记作 $\boldsymbol{A} \geqslant \boldsymbol{B}$(请勿与非负定阵 $\boldsymbol{A} \geqslant \boldsymbol{B}$ 的意义相混淆,这个记号仅在本节中使用)。由定义推知,$\boldsymbol{A} \geqslant 0$,表示 $\boldsymbol{A}$ 的元素非负。

　　设有 A,B 两种系统聚类法,第 k 步的距离阵记作 A_k 和 $B_k(k = 0, 1, 2, \cdots, n-1)$,若 $A_k \geqslant B_k(k = 0, 1, 2, \cdots, n-1)$,则称 A 比 B 扩张或者 B 比 A 浓缩。对系统聚类法有如下的结论:

$$(K) \leqslant (G) \leqslant (S)$$
$$(C) \leqslant (G) \leqslant (W)$$

式中,(K) 是最短距离法,(S) 是最长距离法,(C) 是重心法,(W) 是离差平方和法,(G) 是类平均法。归纳起来说,与类平均法相比,最短距离法、重心法使空间浓缩;最长距离法、离差平方和法使空间扩张。太浓缩的方法不够灵敏,太扩张的方法在样本大时容易失真。类平均法比较适中,相比其他方法,类平均法不太浓缩也不太扩张,故许多书籍推荐这种方法。

　　有关系统聚类法的性质,学者们还从其他角度提出了比较优劣的原则。欲将 n

个样品分为 k 类,有人定义一个分类函数(或叫损失函数),然后寻找这个函数的最优解,在某些条件下,最短距离法的解是最优的,而系统聚类法的其他方法都不具有这个性质,故最短距离法在实践中也很受推崇。

8.3 K-均值聚类

非谱系聚类法是把样品(而不是变量)聚集成 K 个类的集合。类的个数 K 可以预先给定,或者在聚类过程中确定。因为在计算机计算过程中无须确定距离(或相似系数矩阵),也无须存储数据,所以,非谱系方法可应用于比系统聚类法大得多的数据组。

非谱系聚类法或者一开始就对元素分组,或者从一个构成各类核心的"种子"集合开始。选择好的初始构形将能消除系统的偏差。一种方法是从所有项目中随机地选择"种子"点或者随机地把元素分成若干个初始类。

这里讨论一种更特殊的非谱系过程,即 K-均值法,又叫快速聚类法。

麦克奎因(Macqueen)于 1967 年提出了 K-均值法。这种聚类方法的思想是把每个样品聚集到其最近形心(均值)类中。在它的最简单说明中,这个过程由下列三步组成:

(1) 把样品粗略分成 K 个初始类。

(2) 进行修改,逐个分派样品到其最近均值类中(通常用标准化数据或非标准化数据计算欧氏距离)。重新计算接受新样品的类和失去样品的类的形心(均值)。

(3) 重复第(2)步,直到各类无元素进出。

若不在一开始就粗略地把样品分到 K 个预先指定的类[第(1)步],也可以指定 K 个最初形心("种子"点),然后进行第(2)步。

样品的最终聚类在某种程度上依赖于最初的划分,或种子点的选择。

为了检验聚类的稳定性,可用一个新的初始分类重新检验整个聚类算法。如果最终分类与原来一样,则不必再行计算;否则,须另行考虑聚类算法。

关于 K-均值法,对其预先不固定类数 K 这一点有很大的争论,其中包括下面三点:

(1) 如果有两个或多个"种子"点无意中跑到一个类内,则其聚类结果将很难区分。

(2) 局外干扰的存在将至少产生一个样品非常分散的类。

（3）即使已知总体由 K 个类组成，抽样方法也可造成属于最稀疏类的数据不出现在样本中。强行把这些数据分成 K 个类会导致无意义的聚类。

许多聚类算法都要求给定 K，而选择几种算法进行反复检验，对于结果的分析也许是有好处的。

思考与习题

（1）简述聚类分析的基本思想和基本步骤。

（2）假设有一个二维正态总体，它的分布为：$N_2\left[\begin{pmatrix} 0 \\ 0 \end{pmatrix}, \begin{pmatrix} 1 & 0.9 \\ 0.9 & 1 \end{pmatrix}\right]$，并且还已知有两点 $A=(1,1)'$ 和 $B=(1,-1)'$。要求分别用马氏距离和欧氏距离计算这两点 A 和 B 各自到总体均值点 $\mu=(0,0)'$ 的距离。

（3）下面是五个样品两两间的距离阵：

$$D_{(0)} = \begin{bmatrix} 0 & & & & \\ 4 & 0 & & & \\ 6 & 9 & 0 & & \\ 1 & 7 & 10 & 0 & \\ 6 & 3 & 5 & 8 & 0 \end{bmatrix}$$

试用最长距离法，中间距离法做系统聚类，并画出聚类图。

（4）对某行业的上市公司财务数据做聚类分析。

第9章
判别分析

9.1　判别分析的基本原理

判别分析在主要目的是识别某个样本属于哪个类别,例如,新产品是成功还是失败,某人是或者不是目标消费者,一家公司是成功还是破产,某个公司的信用风险是好还是差,等等。也就是说,判别分析的被解释变量通常是分类变量,而解释变量是度量型变量。

判别分析需要满足三条假设:

(1) 每一个判别变量(解释变量)不能是其他判别变量的线性组合。这是因为为其他变量线性组合的判别变量不能提供新的信息,更重要的是在这种情况下无法估计判别函数。不仅如此,有时一个判别变量与另外的判别变量高度相关,或与另外的判别变量的线性组合高度相关,虽然能求解,但参数估计的标准误将很大,以至于参数估计统计上不显著。这就是通常所说的多重共线性问题。

(2) 各组变量的协方差矩阵相等。判别分析最简单和最常用的形式是采用线性判别函数,它们是判别变量的简单线性组合。在各组协方差矩阵相等的假设条件下,可以使用很简单的公式来计算判别函数和进行显著性检验。

(3) 各判别变量遵从多元正态分布,即每个变量对于所有其他变量的固定值有正态分布。在这种条件下可以精确计算显著性检验值和分组归属的概率。当违背该假设时,计算的概率将非常不准确。

9.2　距离判别

1. 两总体情况

设有两个总体 G_1 和 G_2,x 是一个 p 维样品,若能定义样品到总体 G_1 和 G_2 的距

离 $d(x, G_1)$ 和 $d(x, G_2)$，则可用如下的规则进行判别：若样品 x 到总体 G_1 的距离小于到总体 G_2 的距离，则认为样品 x 属于总体 G_1，反之，则认为样品 x 属于总体 G_2；若样品 x 到总体 G_1 和 G_2 的距离相等，则让它待判。这个准则的数学模型可做如下描述：

$$\begin{cases} x \in G_1, d(x, G_1) < d(x, G_2) \\ x \in G_2, d(x, G_1) > d(x, G_2) \\ \text{待判}: d(x, G_1) = d(x, G_2) \end{cases} \tag{9.1}$$

当总体 G_1 和 G_2 为正态总体且协方差阵相等时，可以选用马氏距离，即

$$d^2(x, G_1) = (x - \mu_1)' \Sigma_1^{-1} (x - \mu_1) \tag{9.2}$$

$$d^2(x, G_2) = (x - \mu_2)' \Sigma_2^{-1} (x - \mu_2) \tag{9.3}$$

这里，μ_1，μ_2，Σ_1，Σ_2 分别为总体 G_1 和 G_2 的均值和协方差阵。当总体不是正态总体时，有时也可以用马氏距离来描述 x 到总体的远近。

若 $\Sigma_1 = \Sigma_2 = \Sigma_E$，这时令

$$d^2(x, G_2) - d^2(x, G_1) = 2\left(x - \frac{\mu_1 + \mu_2}{2}\right)' \Sigma^{-1} (\mu_1 - \mu_2)$$

$$\alpha = \Sigma^{-1} (\mu_1 - \mu_2)$$

$$\mu = \frac{\mu_1 + \mu_2}{2}$$

$$W(x) = (\mu_1 - \mu_2)' \Sigma^{-1} (x - \bar{\mu}) = \alpha' (x - \bar{\mu}) \tag{9.4}$$

于是判别规则可表示为

$$\begin{cases} x \in G_1, W(x) > 0 \\ x \in G_2, W(x) < 0 \\ \text{待判}: W(x) = 0 \end{cases} \tag{9.5}$$

这个规则取决于 $W(x)$ 的值，通常称 $W(x)$ 为判别函数，由于它是线性函数，又称为线性判别函数，α 称为判别系数（类似于回归系数）。线性判别函数使用最方便，在实际中应用也最广泛。

当 μ_1，μ_2，Σ 未知时，可通过样本来估计。设 $x_1^{(1)}$，$x_2^{(1)}$，$\cdots$，$x_{n_1}^{(1)}$，是来自 G_1 的样本，$x_1^{(2)}$，$x_2^{(2)}$，$\cdots$，$x_{n_2}^{(2)}$ 是来自 G_2 的样本，可以得到以下估计：

$$\hat{\mu}_1 = \frac{1}{n_1} \sum_{i=1}^{n_1} x_i^{(1)} = \bar{x}^{(1)}$$

$$\hat{\mu}_2 = \frac{1}{n_2} \sum_{i=1}^{n_2} x_i^{(2)} = \bar{x}^{(2)}$$

$$\hat{\Sigma} = \frac{1}{n_1 + n_2 - 2}(A_1 + A_2)$$

其中，$A_a = \sum_{j=1}^{n_a}(x_j^{(a)} - \bar{x}^{(a)})(x_j^{(a)} - \bar{x}^{(a)})'$，$a = 1, 2$。

当两个总体协方差阵 Σ_1 与 Σ_2 不等时，可用

$$W(x) = d^2(x, G_2) - d^2(x, G_1)$$

$$= (x - \mu_2)' \overset{-1}{\underset{2}{\Sigma}}(x - \mu_2) - (x - \mu_1)' \overset{-1}{\underset{1}{\Sigma}}(x - \mu_1)$$

作为判别函数，这时它是 x 的二次函数。

2. 多总体情况

（1）协方差阵相同。设有 k 个总体 G_1，G_2，…，G_k，它们的均值分别是 μ_1，μ_2，…，μ_k，协方差阵均为 Σ。类似于两总体的讨论，判别函数为

$$W_{ij}(x) = \left(x - \frac{\mu_i + \mu_j}{2}\right)' \overset{-1}{\Sigma}(\mu_i - \mu_j), \quad i, j = 1, 2, \cdots, k$$

相应的判别规则为

$$\begin{cases} x \in G_i, W_{ij}(x) > 0, \forall j \neq i \\ 待判： W_{ij}(x) = 0 \end{cases}$$

当 μ_1，μ_2，…，μ_k，Σ 未知时，设从 G_a 中抽取的样本为 $x_1^{(a)}$，$x_2^{(a)}$，…，$x_a^{(a)}(a = 1, 2, \cdots, k)$，则它们的估计为

$$\hat{\mu}_a = \bar{x}^{(a)} = \frac{1}{n_a} \sum_{j=1}^{n_a} x_j^{(a)}$$

$$\hat{\Sigma} = \frac{1}{n-k} \sum_{a=1}^{k} A_a$$

式中，$n = n_1 + n_2 + \cdots + n_k$，$A_a = \sum_{j=1}^{n_a}(x_j^{(a)} - \bar{x}^{(a)})(x_j^{(a)} - \bar{x}^{(a)})'$。

（2）协方差阵不相同。这时的判别函数为

$$W_{ij}(x) = (x - \mu_i)' \overset{-1}{\underset{i}{\Sigma}} (x - \mu_i) - (x - \mu_j)' \overset{-1}{\underset{j}{\Sigma}} (x - \mu_j)$$

判别规则为

$$\begin{cases} x \in G_i, W_{ij}(x) < 0, \ \forall j \neq i \\ 待判: W_{ij}(x) = 0 \end{cases}$$

当 $\mu_1, \mu_2, \cdots, \mu_k, \Sigma_1, \Sigma_2, \cdots, \Sigma_k$ 未知时，$\hat{\mu}_a$ 的估计与协方差阵相同时的估计一致，而

$$\hat{\Sigma}_a = \frac{1}{n_a - 1} A_a, \quad a = 1, 2, \cdots, k$$

式中，A_a 与协方差阵相同时的估计一致。

线性判别函数容易计算，二次判别函数计算比较复杂，为此需要一些计算方法。因 $\Sigma_i > 0$，存在唯一的下三角阵 V_i，其对角线元素均为正，使得 $\Sigma_i = W_i W_i'$，从而

$$\overset{-1}{\underset{i}{\Sigma}} = (W_i')^{-1} W_i^{-1} = L_i' L_i$$

L_i 仍为下三角阵。我们可事先将 $L_1, L_2, \cdots, L_k$ 算出。令 $Z_i = L_i(x - \mu_i)$，则

$$d^2(x, G_i) = (x - \mu_i)' L_i' L_i (x - \mu_i) = Z_i' Z_i$$

用这样的方法计算就比较方便。

9.3　贝叶斯判别

贝叶斯(Bayes)统计的思想是：假定对研究对象已有一定的认识，常用先验概率分布来描述这种认识，然后我们取得一个样本，用样本来修正已有的认识（先验概率分布），得到后验概率分布，各种统计推断都通过后验概率分布来进行。将贝叶斯思想用于判别分析，就得到贝叶斯判别。

设有 k 个总体 $G_1, G_2, \cdots, G_k$，分别具有 p 维密度函数 $p_1(x), p_2(x), \cdots, p_k(x)$，已知出现这 k 个总体的先验分布为 $q_1, q_2, \cdots, q_k$，我们希望建立判别函数和判别规则。

用 $D_1, D_2, \cdots, D_k$ 表示 R^p 的一个划分，即 $D_1, D_2, \cdots, D_k$ 互不相交，且 $D_1 \bigcup D_2 \bigcup \cdots \bigcup D_k = R^p$。如果这个划分取得适当，正好对应于 k 个总体，这时判别规则

可以表示为

$$x \in G_i, \; x \text{ 落入 } D_i, \quad i=1, 2, \cdots, k$$

问题是如何获得这个划分。用 $c(j \mid i)$ 表示样品来自 G_i 而误判为 G_j 的损失,这一误判的概率为

$$p(j \mid i) = \int_{D_j} p_i(x) \mathrm{d}x$$

于是有以上判别规则,所带来的平均损失为

$$ECM(D_1, D_2, \cdots, D_k) = \sum_{i=1}^{k} q_i \sum_{j=1}^{k} c(j \mid i) p(j \mid i)$$

我们总是定义 $c(j \mid i)=0$,目的是求 $D_1, D_2, \cdots, D_k$,使 ECM 达到最小。

9.4   费歇判别

费歇判别的思想是投影,将 k 组 p 维数据投影到某一个方向,使得组与组之间的投影尽可能地分开。如何衡量组与组之间尽可能地分开呢?费歇判别借用了一元方差分析的思想。

设从 k 个总体分别取得 k 组 p 维的观察值为

$$G_1: x_1^{(1)}, x_2^{(1)}, \cdots, x_{n_1}^{(1)}$$
$$G_2: x_1^{(2)}, x_2^{(2)}, \cdots, x_{n_2}^{(2)}, \; n = n_1 + n_2 + \cdots + n_k$$
$$G_k: x_1^{(k)}, x_2^{(k)}, \cdots, x_{n_k}^{(k)}$$

令 α 为 R^p 中的任一向量,$u(x) = a'x$ 为 x 向以 α 为法线方向的投影,这时,上述数据的投影为

$$G_1: a'x_1^{(1)}, a'x_2^{(1)}, \cdots, a'x_{n_1}^{(1)}$$
$$G_2: a'x_1^{(2)}, a'x_2^{(2)}, \cdots, a'x_{n_2}^{(2)}$$
$$\vdots$$
$$G_k: a'x_1^{(k)}, a'x_2^{(k)}, \cdots, a'x_{n_k}^{(k)}$$

它正好组成一元方差分析的数据,其组间平方和为

$$SSG = \sum_{i=1}^{k} n_i (a' \bar{x}^{(i)} - a' \bar{x})^2$$

$$= a' \Big[\sum_{i=1}^{k} n_i (\bar{x}^{(i)} - \bar{x})(\bar{x}^{(i)} - \bar{x})' \Big] a = a' B a$$

式中，$B = \sum_{i=1}^{k} n_i (\bar{x}^{(i)} - \bar{x})(\bar{x}^{(i)} - \bar{x})'$，$\bar{x}^{(i)}$ 和 $\bar{x}$ 分别为第 i 组均值和总均值向量。

组内平方和为

$$SSE = \sum_{i=1}^{k} \sum_{j=1}^{n_i} (a' x_j^{(i)} - a' \bar{x}^{(i)})^2$$

$$= a' \Big[\sum_{i=1}^{k} \sum_{j=1}^{n_i} (x_j^{(i)} - \bar{x}^{(i)})(x_j^{(i)} - \bar{x}^{(i)})' \Big] a = a' E a$$

式中，$E = \sum_{i=1}^{k} \sum_{j=1}^{n_i} (x_j^{(i)} - \bar{x}^{(i)})(x_j^{(i)} - \bar{x}^{(i)})'$。如果 k 组均值有显著差异，则

$$F = \frac{SSG/(k-1)}{SSE/(n-k)} = \frac{n-k}{k-1} \frac{a'BaE}{Ea}$$

应充分的大，或者

$$\Delta(a) = \frac{a'Ba}{a'Ea}$$

应充分的大。所以我们可以求 α，使得 $\Delta(a)$ 达到最大。显然，这个 α 并不唯一，如果 α 使 $\Delta(\cdot)$ 达到极大，则 $c\alpha$ 也使 $\Delta(\cdot)$ 达到极大，c 为任意不等于零的实数。根据矩阵知识，我们知道 $\Delta(\cdot)$ 的极大值为 λ_1，它是 $| B - \lambda E | = 0$ 的最大特征根，l_1，l_2，$\cdots$，l_r 为相应的特征向量，当 $a = l_1$ 时，可使 $\Delta(\cdot)$ 达到最大。由于 $\Delta(a)$ 的大小可衡量判别函数 $u(x) = a'x$ 的效果，故称 $\Delta(a)$ 为判别效率。综上所述，得到如下定理。

【定理 9.1】 费歇准则下的线性判别函数 $u(x) = a'x$ 的解 α 为方程 $| B - \lambda E | = 0$ 的最大特征根 λ_1 所对应的特征向量 l_1，且相应的判别效率为 $\Delta(l_1) = \lambda_1$。

在有些问题中，仅用一个线性判别函数不能很好地区分各个总体，可取 λ_2 对应的特征向量 l_2 建立第二个判别函数 $l_2'x$。如还不够，可建立第三个线性判别函数 $l_3'x$，依此类推。

迄今为止，我们仅仅给出了费歇准则下的判别函数，没有给出判别规则。前面曾讲过，在费歇准则下的判别函数并不唯一，若 $u(x) = l'x$ 为判别函数，则 $au(x) + \beta$ 与

$u(x)$ 具有相同判别效率的判别函数。不唯一性对于制定判别规则并没有妨碍,我们可从中任取一个。一旦选定了判别函数,根据它就可以确定判别规则。

思考与习题

(1) 某超市经销十种品牌的饮料,其中有四种畅销、三种滞销、三种平销。表 9.1 是这十种品牌饮料的销售价格(元)和顾客对各种饮料的口味评分、信任度评分的平均数。

表 9.1　顾客对十种饮料的评分

销售情况	产品序号	销售价格	口味评分	信任度评分
畅　销	1	2.2	5	8
	2	2.5	6	7
	3	3.0	3	9
	4	3.2	8	6
平　销	5	2.8	7	6
	6	3.5	8	7
	7	4.8	9	8
滞　销	8	1.7	3	4
	9	2.2	4	2
	10	2.7	4	3

① 根据数据建立贝叶斯判别函数,并根据此判别函数对原样本进行回判。

② 现有一新品牌的饮料再在该超市试销,其销售价格为 3.0,顾客对其口味的评分平均分为 8,信任评分为 5,试预测该饮料的销售情况。

(2) 银行的贷款部门需要判别每个客户的信用好坏(是否未履行还贷责任),以决定是否给予贷款。可以根据贷款申请人的年龄、受教育程度、现从事工作的年龄、未变更住址的年数、收入,负债收入比例、信用卡债务、其他债务等来判断其信用情况。表 9.2 是某银行的客户资料中抽取的部分数据,① 根据样本资料,分别用距离判别法、贝叶斯判别法和费系尔判别法建立判别函数和判别规则。② 某客户如上情况的资料为(53，1，9，18，50，11，20，2.02，3.58)，对其进行信用好坏的判别。

表 9.2　某银行从客户资料中抽取的部分数据

目前信用好坏	客户序号	X_1	X_2	X_3	X_4	X_5	X_6	X_7	X_8
已履行还贷责任	1	23	1	7	2	31	6.6	0.34	1.71
	2	34	1	17	3	59	8.0	1.81	2.91
	3	42	2	7	23	41	4.6	0.94	0.94
	4	39	1	19	5	48	13.1	1.93	4.36
	5	35	1	9	1	34	5.0	0.40	1.30
未履行还贷责任	6	37	1	1	3	24	15.1	1.80	1.82
	7	29	1	13	1	42	7.4	1.46	1.65
	8	32	2	11	6	75	23.3	7.76	9.72
	9	28	2	2	3	23	6.4	0.19	1.29
	10	26	1	4	3	27	10.5	2.47	0.36

下 篇

大数据分析前沿

第 **10** 章
数据挖掘导论

10.1 数据挖掘概念

数据挖掘,在人工智能领域,习惯上又称为数据库中知识发现(Knowledge Discovery in Database,KDD),也有人把数据挖掘视为数据库中知识发现过程的一个基本步骤。知识发现过程由三个阶段组成:① 数据准备;② 数据挖掘;③ 结果表达和解释。数据挖掘可以与用户或知识库交互。

并非所有的信息发现任务都被视为数据挖掘。例如,使用数据库管理系统查找个别的记录,或通过因特网的搜索引擎查找特定的 Web 页面,则是信息检索(information retrieval)领域的任务。虽然这些任务是重要的,可能涉及使用复杂的算法和数据结构,但是它们主要依赖传统的计算机科学技术和数据的明显特征来创建索引结构,从而有效地组织和检索信息。尽管如此,数据挖掘技术也已用来增强信息检索系统的能力。

数据挖掘可以在任何类型的数据上进行,即可以来自社会科学,又可以来自自然科学产生的数据,还可以是卫星观测得到的数据。数据形式和结构也各不相同,可以是传统的关系数据库,可以是面向对象的高级数据库系统,也可以是面向特殊应用的数据库,如空间数据库、时序数据库、文本数据库和多媒体数据库等,还可以是 Web 数据信息。

数据挖掘的目标是从海量数据中发现隐含的、有意义的知识。它的任务主要是分类、预测、时间序列模式、聚类分析、关联分析预测和偏差分析等。

(1) 分类:分类就是按照一定的标准把数据对象划归成不同类别的过程。

(2) 预测:预测就是通过对历史数据的分析找出规律,并建立模型,通过模型对未来数据的种类和特征进行分析。

(3) 时间序列模式:时间序列模式就是根据数据对象随时间变化的规律或趋势

来预测将来的值。

（4）聚类分析：聚类分析是在没有给定划分类的情况下，根据数据信息的相似度进行数据聚集的一种方法。

（5）关联分析预测：关联分析就是对大量的数据进行分析，从中发现满足一定支持度和可信度的数据项之间的联系规则。

（6）偏差分析：偏差分析就是通过对数据库中的孤立点数据进行分析，寻找有价值和意义的信息。

10.2 数据挖掘的过程

数据挖掘是使用一定的算法从实际应用数据中挖掘出未知、有价值的模式或规律等知识，整个过程由数据准备、数据挖掘、模式评估、结果分析和运用知识等步骤组成。

1. 数据准备

数据挖掘的处理对象是数据，这些数据一般存储在数据库系统中，是长期积累的结果。但往往不适合直接在这些数据上进行知识挖掘，首先要清除数据噪声和与挖掘主题明显无关的数据；其次将来自多数据源中的相关数据组合并；然后将数据转换为易于进行数据挖掘的数据存储形式，这就是数据准备。

2. 数据挖掘

数据挖掘就是根据数据挖掘的目标，选取相应算法及参数，分析准备好的数据，产生一个特定的模式或数据集，从而得到可能形成知识的模式模型。

3. 模式评估

由挖掘算法产生的模式规律，存在无实际意义或无实用价值的情况，也存在不能准确反映数据的真实意义的情况，甚至在某些情况下与事实相反，因此需要对其进行评估，从挖掘结果中筛选出有意义的模式规律。在此过程中，为了取得更为有效的知识，可能会返回前面的某一处理步骤中以反复提取，从而提取出更有效的知识。

10.3 数据挖掘的常用方法

1. 决策树方法

决策树是一种常用于预测模型的算法，它通过一系列规则将大量数据有目的分类,从中找到一些有价值的、潜在的信息。它的主要优点是描述简单,分类速度快,易于理解、精度较高,特别适合大规模的数据处理,在知识发现系统中应用较广。它的主要缺点是很难基于多个变量组合发现规则。在数据挖掘中,决策树方法主要用于分类。

2. 神经网络方法

神经网络是模拟人类的形象直觉思维,在生物神经网络研究的基础上,根据生物神经元和神经网络的特点,通过简化、归纳、提炼总结出来的一类并行处理网络,利用其非线性映射的思想和并行处理的方法,用神经网络本身结构来表达输入和输出的关联知识。

3. 粗糙集方法

粗糙集理论是一种研究不精确、不确定知识的数学工具。粗糙集处理的对象是类似二维关系表的信息表。目前成熟的关系数据库管理系统和新发展起来的数据仓库管理系统,为粗糙集的数据挖掘奠定了坚实的基础。粗糙集理论能够在缺少先验知识的情况下对数据进行分类处理。在该方法中知识是以信息系统的形式表示的,先对信息系统进行归约,再从经过归约后的知识库抽取得到更有价值、更准确的一系列规则。因此,基于粗糙集的数据挖掘算法实际上就是对大量数据构成的信息系统进行约简,得到一种属性归约集的过程,最后抽取规则。

4. 遗传算法

遗传算法是一种基于生物自然选择与遗传机理的随机搜索算法。数据挖掘是从大量数据中提取人们感兴趣的知识,这些知识是隐含的、事先未知的、潜在有用的信息。因此,许多数据挖掘问题可以看成是搜索问题,数据库或者数据仓库为搜索空间,挖掘算法是搜索策略。应用遗传算法在数据库中进行搜索,对随机产生的一组规则进行进化,直到数据库能被该组规则覆盖,就可以挖掘出隐含在数据库中的规则。

第 *11* 章
支持向量机

11.1　分类间隔

支持向量机（Support Vector Machine，SVM）是万坎普（Vapnic）等人根据统计学习理论提出的一种模式分类方法。目前，支持向量机分类技术已经广泛应用于机器学习、模式识别、模式分类、计算机视觉、工业工程应用、航空应用等各个领域中，且其分类效果可观。在管理领域，也有许多应用场景，例如在文本分类、消费者分析、图像处理等问题中，都有支持向量机成功的应用。

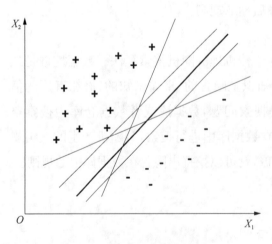

图 11.1　存在多个划分超平面将两类训练样本分开

SVM 是从线性可分情况下最优分类超平面发展而来的，基本思想可用两类线性可分情况说明。如图 11.1 所示，正号和负号代表两类样本点，并且是线性可分的。SVM 的输出结果是寻找最优的超平面不但能将两类样本正确地分开，而且使分类间隔最大。分类间隔是指两类中离分类超平面最近的样本且平行于分类超平面的两个超平面间的距离。

给定训练样本集 $D=\{(x_1,y_1),(x_2,y_2),\cdots,(x_m,y_m)\}$，$y_i\in\{-1,+1\}$，分类学习最基本的想法就是基于训练集 D 在样本空间中找到一个划分超平面，将不同类别的样本分开。但能将训练样本分开的划分超平面可能有很多（见图 11.1），我们应该努力去找到哪一个呢？

166

直观上看,应该去找位于两类训练样本"正中间"的划分超平面,因为该划分超平面对训练样本局部扰动的"容忍"性最好。例如,由于训练集的局限性或噪声的因素,训练集外的样本可能比图 11.1 中的训练样本更接近两个类的分隔界,这将使许多划分超平面出现错误。因此,需要用最优化的思路去求解,将支持向量机最优分类面的求解问题可转化为求数据样本分类间隔最大化的二次函数的解,求得分类间隔最大值的目标解。

在样本空间中,划分超平面可通过如下线性方程来描述:

$$w^{\mathrm{T}}x + b = 0 \tag{11.1}$$

其中 $w = (w_1; w_2; \cdots; w_d)$ 为法向量,决定了超平面的方向;b 为位移项,决定了超平面与原点之间的距离。显然,划分超平面可被法向量 w 和位移 b 确定。

下面我们将其记为 (w, b),样本空间中任意点 x 到超平面 (w, b) 的距离可写为

$$r = \frac{|w^{\mathrm{T}}x + b|}{\|w\|} \tag{11.2}$$

假设超平面 (w, b) 能将训练样本正确分类,即对于 $(x_i, y_i) \in D$,若 $y_i = +1$,则有 $w^{\mathrm{T}}x_i + b > 0$;若 $y_i = -1$,则有 $w^{\mathrm{T}}x_i + b < 0$,令

$$\begin{cases} w^{\mathrm{T}}x_i + b \geqslant +1, & y_i = +1 \\ w^{\mathrm{T}}x_i + b \leqslant -1, & y_i = -1 \end{cases} \tag{11.3}$$

如图 11.2 所示,距离超平面最近的这几个训练样本点使式(11.3)的等号成立,它们被称为"支持向量",两个异类支持向量到超平面的距离之和为

$$\gamma = \frac{2}{\|w\|} \tag{11.4}$$

称为"间隔"。

这时,通过最优化的思想,需要找到"最大间隔"的划分超平面,也就是要找到能满足式(11.3)中约束的参数 w 和 b,使得 γ 最大,即

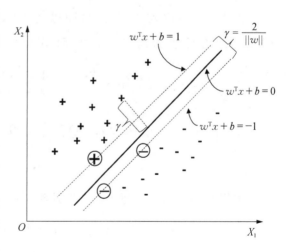

图 11.2　支持向量与间隔

$$\max_{w, b} \quad \frac{2}{\|w\|} \tag{11.5}$$
$$s.t. \quad y_i(w^{\mathrm{T}}x_i + b) \geqslant 1, \quad i = 1, 2, \cdots, m$$

显然,为了最大化间隔,仅需最大化 $\|w\|^{-1}$,这等价于最小化 $\|w\|^2$。于是,式(11.5)可以转化为

$$\min_{w,b} \quad \frac{1}{2}\|w\|^2$$

$$s.t. \quad y_i(w^{\mathrm{T}}x_i+b) \geqslant 1, \quad i=1,2,\cdots,m \tag{11.6}$$

这就是支持向量机的基本型。

为了求解式(11.6),以得到最大间隔及最优划分超平面所对应的模型:

$$f(x) = w^{\mathrm{T}}x + b \tag{11.7}$$

对式(11.6)使用拉格朗日乘子法可得到其"对偶问题"。该问题的拉格朗日函数可写为

$$L(w,b,\alpha) = \frac{1}{2}\|w\|^2 + \sum_{i=1}^{m}\alpha_i(1 - y_i(w^{\mathrm{T}}x_i+b)) \tag{11.8}$$

其中,$\alpha_i \geqslant 0$ 为每个样本所对应的拉格朗日乘子。为求解式(11.8)的最小值,可以令该泛函 $L(w,b,\alpha)$ 对 w 和 b 求偏导,并等于零,则

$$w = \sum_{i=1}^{m}\alpha_i y_i \boldsymbol{x}_i \tag{11.9}$$

$$0 = \sum_{i=1}^{m}\alpha_i y_i \tag{11.10}$$

将式(11.9)代入式(11.8),即可将 $L(w,b,\alpha)$ 中的 w 和 b 消去,再考虑式(11.10)的约束,就得到式(11.6)的对偶问题:

$$\max_{\alpha} \sum_{i=1}^{m}\alpha_i - \frac{1}{2}\sum_{i=1}^{m}\sum_{j=1}^{m}\alpha_i\alpha_j y_i y_j x_i^{\mathrm{T}}x_j \tag{11.11}$$

$$s.t. \quad \sum_{i=1}^{m}\alpha_i y_i = 0$$

$$\alpha_i \geqslant 0, i=1,2,\cdots,m.$$

解出 α 后,求出 w 与 b 即可得到模型:

$$\begin{aligned} f(x) &= w^{\mathrm{T}}x + b \\ &= \sum_{i=1}^{m}\alpha_i y_i x_i^{\mathrm{T}}x + b \end{aligned} \tag{11.12}$$

从对偶问题(11.11)解出的 α_i 是式(11.8)中的拉格朗日乘子,它恰对应着训练样本 (x_i, y_i)。注意到式(11.6)中有不等式约束,根据 KKT(Karush Kuhn Tucker)条件,有要求如下:

$$\begin{cases} \alpha_i \geqslant 0 \\ y_i f(x_i) - 1 \geqslant 0 \\ \alpha_i (y_i f(x_i) - 1) = 0 \end{cases} \tag{11.13}$$

于是,对任意训练样本 (x_i, y_i),总有 $\alpha_i = 0$ 或 $y_i f(x_i) = 1$。若 $\alpha_i = 0$,则该样本将不会在式(11.12)的求和中出现,也就不会对 $f(x)$ 有任何影响;若 $\alpha_i > 0$,则必有 $y_i f(x_i) = 1$,所对应的样本点位于最大间隔边界上,是一个支持向量。这显示出支持向量机的一个重要性质:训练完成后,大部分的训练样本都不需保留,最终模型仅与支持向量有关。

那么,如何求解式(11.11)呢?不难发现,这是一个二次规划问题,可使用通用的二次规划算法来求解;然而,该问题的规模正比于训练样本数,这会在实际任务中造成很大的开销。计算机科学家为此提出了很多高效的算法,其中最常用的算法就是序列最小优化算法(Sequential Minimal Optimization,SMO)。

SMO 算法由约翰·C.普拉特(John C. Platt)在 1998 年提出,并成为最快的二次规划优化算法,特别针对线性 SVM 和数据稀疏时性能更优。

SMO 算法的基本思路是先固定 α_i 之外的所有参数,然后求 α_i 上的极值。由于存在约束 $\sum_{i=1}^m \alpha_i y_i = 0$,若固定 α_i 之外的其他变量,则 α_i 可由其他变量导出。于是,SMO 每次选择两个变量 α_i 和 α_j,并固定其他参数。这样,在参数初始化后,SMO 不断执行如下两个步骤直至收敛。

(1) 选取一对需更新的变量 α_i 和 α_j。

(2) 固定 α_i 和 α_j 以外的参数,求解式(11.11)获得更新后的 α_i 和 α_j。

注意到只需选取的 α_i 和 α_j 中有一个不满足 KKT 条件[式(11.13)],目标函数就会在迭代后减小。直观来看,KKT 条件违背的程度越大,则变量更新后可能导致的目标函数值减幅越大。于是,SMO 先选取违背 KKT 条件程度最大的变量。第二个变量应选择一个使目标函数值减小最快的变量,但由于比较各变量所对应的目标函数值减幅的复杂度过高,因此 SMO 采用了一个启发式:使选取的两变量所对应样本之间的间隔最大。一种直观的解释是,这样的两个变量有很大的差别,与对两个相似的变量进行更新相比,对它们进行更新会带给目标函数值更大的变化。

SMO 算法之所以高效,恰由于在固定其他参数后,仅优化两个参数的过程能做到非常高效。具体来说,仅考虑 α_i 和 α_j 时,式(11.11)中的约束可重写为

$$\alpha_i y_i + \alpha_j y_j = c, \ \alpha_i \geqslant 0, \ \alpha_j \geqslant 0 \tag{11.14}$$

其中

$$c = -\sum_{k \neq i, j} \alpha_k y_k \tag{11.15}$$

是使 $\sum_{i=1}^{m} \alpha_i y_i = 0$ 成立的常数。用

$$\alpha_i y_i + \alpha_j y_j = c \tag{11.16}$$

消去式(11.11)中的变量 α_j，则得到一个关于 α_i 的单变量二次规划问题，仅有的约束是 $\alpha_i \geqslant 0$。不难发现，这样的二次规划问题具有闭式解，于是不必调用数值优化算法即可高效地计算出更新后的 α_i 和 α_j。

如何确定偏移项 b 呢？注意到对任意支持向量 (x_s, y_s) 都有 $y_s f(x_s) = 1$，即

$$y_s \left(\sum_{i \in S} \alpha_i y_i x_i^{\mathrm{T}} x_s + b \right) = 1 \tag{11.17}$$

其中 $S = \{i \mid \alpha_i > 0, i = 1, 2, \cdots, m\}$ 为所有支持向量的下标集。理论上，可选取任意支持向量并通过求解式(11.17)获得 b，但现实任务中常采用一种更鲁棒的做法：使用所有支持向量求解的平均值：

$$b = \frac{1}{|S|} \sum_{s \in S} \left(y_s - \sum_{i \in S} \alpha_i y_i x_i^{\mathrm{T}} x_s \right) \tag{11.18}$$

11.2 核函数

但对上述问题，在原始空间中最优化分类间隔可能得不到令人满意的分类结果。针对这种情况，一个解决的思想是把原始空间中的非线性样本数据投影到某个更高维的空间中，在高维的空间中寻找一个最优超平面能线性地将样本数据分开。为取得良好的分类效果，研究人员设计不同的核函数方法分别应用于简单支持向量机以达到期望结果。

核函数变换的基本思想是将一个 n 维空间中矢量 x 映射到更高维的特征空间中去，然后在高维空间中进行线性地分类。常用的核函数有线性函数、多项式函数、高斯径向基核、拉普拉斯函数、Sigmoid 函数等，选择不同的核函数可以构造不同的支持向量机。

令 $\phi(x)$ 表示将 x 映射后的特征向量，于是，在特征空间中划分超平面所对应的模型可表示为

$$f(x) = w^{\mathrm{T}} \phi(x) + b \tag{11.19}$$

其中 w 和 b 是模型参数。类似式(11.6)，有

$$\min_{w,\,b}\quad \frac{1}{2}\parallel w\parallel^2 \tag{11.20}$$

$$s.t.\quad y_i(w^{\mathrm{T}}\phi(x_i)+b)\geqslant 1,\quad i=1,2,\cdots,m$$

其对偶问题为

$$\max_{\alpha}\sum_{i=1}^{m}\alpha_i-\frac{1}{2}\sum_{i=1}^{m}\sum_{j=1}^{m}\alpha_i\alpha_j y_i y_j\phi(x_i)^{\mathrm{T}}\phi(x_j) \tag{11.21}$$

$$s.t.\quad \sum_{i=1}^{m}\alpha_i y_i=0$$

$$\alpha_i\geqslant 0,\quad i=1,2,\cdots,m$$

求解式 11.21 涉及计算 $\phi(x_i)^{\mathrm{T}}\phi(x_j)$，这是样本 x_i 与 x_j 映射到特征空间之后的内积。由于特征空间维数可能很高，甚至可能是无穷维，因此直接计算 $\phi(x_i)^{\mathrm{T}}\phi(x_j)$ 通常是困难的。为了避开这个障碍，可以设想这样一个函数：

$$\kappa(x_i,x_j)=\langle\phi(x_i),\phi(x_j)\rangle=\phi(x_i)^{\mathrm{T}}\phi(x_j) \tag{11.22}$$

这称为"核技巧"（kernel trick）。

即 x_i 与 x_j 在特征空间的内积等于它们在原始样本空间中通过函数 $\kappa(\cdot,\cdot)$ 计算的结果。有了这样的函数，我们就不必直接去计算高维甚至无穷维特征空间中的内积，于是式(11.21)可重写为

$$\max_{\alpha}\quad \sum_{i=1}^{m}\alpha_i-\frac{1}{2}\sum_{i=1}^{m}\sum_{j=1}^{m}\alpha_i\alpha_j y_i y_j\kappa(x_i,x_j) \tag{11.23}$$

$$s.t.\quad \sum_{i=1}^{m}\alpha_i y_i=0$$

$$\alpha_i\geqslant 0,\quad i=1,2,\cdots,m$$

求解后即可得到

$$\begin{aligned}f(x)&=w^T\phi(x)+b\\&=\sum_{i=1}^{m}\alpha_i y_i\phi(x_i)^{\mathrm{T}}\phi(x)+b\\&=\sum_{i=1}^{m}\alpha_i y_i\kappa(x,x_i)+b\end{aligned} \tag{11.24}$$

这里的函数 $\kappa(\cdot,\cdot)$ 就是"核函数"（kernel function）。式(11.24)显示出模型最优解可通过训练样本的核函数展开，这一展式亦称"支持向量展式"（support vector expansion）。

显然,若已知合适映射 $\phi(\cdot)$ 的具体形式,则可写出核函数 $\kappa(\cdot,\cdot)$。但在现实任务中我们通常不知道 $\phi(\cdot)$ 是什么形式,这时我们并不知道什么样的核函数是合适的,而核函数也仅是隐式地定义了这个特征空间。于是,"核函数选择"成为支持向量机的最大变数。若核函数选择不合适,则意味着将样本映射到了一个不合适的特征空间,很可能导致性能不佳。表 11.1 列出了几种常用的核函数。

表 11.1 常用核函数

名　称	表　达　式	参　数
线性核	$\kappa(x_i,x_j)=x_i^{\mathrm{T}}x_j$	
多项式核	$\kappa(x_i,x_j)=(x_i^{\mathrm{T}}x_j)^d$	$d\geqslant1$ 时为多项式对次数
高斯核	$\kappa(x_i,x_j)=\exp\left(-\dfrac{\parallel x_i-x_j\parallel^2}{2\sigma^2}\right)$	$\sigma>0$ 为高斯核的带宽(width)
拉普拉斯核	$\kappa(x_i,x_j)=\exp\left(-\dfrac{\parallel x_i-x_j\parallel}{\sigma}\right)$	$\sigma>0$
Sigmoid 核	$\kappa(x_i,x_j)=\tanh(\beta x_i^{\mathrm{T}}x_j+\theta)$	$\tanh$ 为双曲正切函数,$\beta>0$,$\theta<0$

此外,还可通过函数组合得到,例如:

(1) 若 κ_1 和 κ_2 为核函数,则对于任意正数 γ_1、γ_2,其线性组合

$$\gamma_1\kappa_1+\gamma_2\kappa_2 \tag{11.25}$$

也是核函数。

(2) 若 κ_1 和 κ_2 为核函数,则核函数的直积

$$\kappa_1\otimes\kappa_2(x,z)=\kappa_1(x,z)\kappa_2(x,z) \tag{11.26}$$

也是核函数。

(3) 若 κ_1 为核函数,则对于任意函数 $g(x)$,

$$\kappa(x,z)=g(x)\kappa_1(x,z)g(z) \tag{11.27}$$

也是核函数。

11.3　软间隔和松弛变量的替代损失函数

在前面的讨论中,一直假定训练样本在样本空间或特征空间中是线性可分的,即存在一个超平面能将不同类的样本完全划分开。然而,在现实任务中往往很难确定

合适的核函数使得训练样本在特征空间中线性可分;退一步说,即便恰好找到了某个核函数使训练集在特征空间中线性可分,也很难断定这个貌似线性可分的结果不是由于过拟合所造成的。

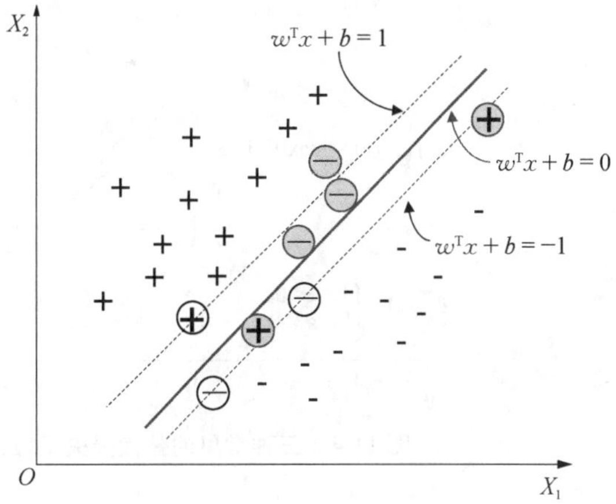

缓解该问题的一个办法是允许支持向量机在一些样本上出错。为此,要引入"软间隔"(soft margin)的概念,如图 11.3 所示。

具体来说,前面介绍的支持向量机形式是要求所有样本均满足约束(式 11.3),即所有样本都必须划分正确,这称为"硬间隔",而软间隔则是允许某些样本不满足约束。

图 11.3　软间隔示意图,圆圈为一些不满足约束的样本

$$y_i(w^{\mathrm{T}}x_i + b) \geqslant 1 \quad (11.28)$$

当然,在最大化间隔的同时,不满足约束的样本应尽可能少。于是,优化目标可写为

$$\min_{w,b} \frac{1}{2}\|w\|^2 + C\sum_{i=1}^{m}\ell_{0/1}(y_i(w^{\mathrm{T}}x_i + b) - 1) \quad (11.29)$$

其中,$C > 0$ 是一个常数,$\ell_{0/1}$ 是"0/1 损失函数":

$$\ell_{0/1}(z) = \begin{cases} 1, & \text{若 } z < 0 \\ 0, & \text{其他} \end{cases} \quad (11.30)$$

显然,当 C 为无穷大时,式(11.29)迫使所有样本均满足约束式(11.28),于是式(11.29)等价于式(11.6);当 C 取有限值时,式(11.29)允许一些样本不满足约束。

然而,$\ell_{0/1}$ 非凸、非连续,数学性质不太好,使得式(11.29)不易直接求解。于是,人们通常用其他一些函数来代替 $\ell_{0/1}$,称为"替代损失"(surrogate loss)。替代损失函数一般具有较好的数学性质,如它们通常是凸的连续函数且是 $\ell_{0/1}$ 的上界。图 11.5 给出了三种常用的替代损失函数。

hinge 损失:

$$\ell_{\text{hinge}}(z) = \mathrm{m}(0,\ 1 - z) \quad (11.31)$$

指数损失(exponential loss):

$$l_{\exp}(z) = \exp(-z) \quad (11.32)$$

对率损失(logistic loss):

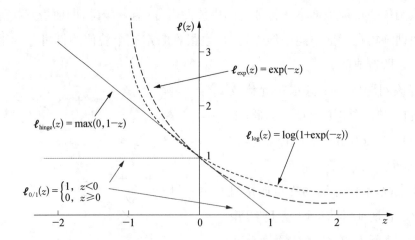

图 11.4 三种常见的替代损失函数：hinge 损失、指数损失、对率损失

$$\ell_{\log}(z) = \log(1 + \exp(-z)) \tag{11.33}$$

若采用 hinge 损失，则式(11.29)变成

$$\min_{w, b} \frac{1}{2} \| w \|^2 + C \sum_{i=1}^{m} \mathrm{m}(0, 1 - y_i(w^{\mathrm{T}} x_i + b)) \tag{11.34}$$

引入"松弛变量"(slack variables) $\xi_i \geqslant 0$，可将式(11.34)重写为

$$\min_{w, b, \xi_i} \frac{1}{2} \| w \|^2 + C \sum_{i=1}^{m} \xi_i \tag{11.35}$$

$$s.t. \quad y_i(w^{\mathrm{T}} x_i + b) \geqslant 1 - \xi_i$$

$$\xi_i \geqslant 0, \, i = 1, 2, \cdots, m$$

这就是常用的"软间隔支持向量机"。

显然，式(11.35)中每个样本都有一个对应的松弛变量，用以表征该样本不满足约束式(11.28)的程度。但是，与式(11.6)相似，这仍是一个二次规划问题。于是，类似式(11.8)，通过拉格朗日乘子法可得到式(11.35)的拉格朗日函数

$$L(w, b, \alpha, \xi, \mu) = \frac{1}{2} \| w \|^2 + C \sum_{i=1}^{m} \xi_i$$

$$+ \sum_{i=1}^{m} \alpha_i (1 - \xi_i - y_i(w^{\mathrm{T}} x_i + b)) - \sum_{i=1}^{m} \mu_i \xi_i \tag{11.36}$$

其中 $\alpha_i \geqslant 0, \mu_i \geqslant 0$ 是拉格朗日乘子。

令 $L(w, b, \alpha, \xi, \mu)$ 对 w, b, ξ_i 的偏导为零，可得

$$w = \sum_{i=1}^{m} \alpha_i y_i x_i \tag{11.37}$$

$$0 = \sum_{i=1}^{m} \alpha_i y_i \tag{11.38}$$

$$C = \alpha_i + \mu_i \tag{11.39}$$

将式(11.37)~式(11.39)代入式(11.36)即可得到式(11.35)的对偶问题：

$$\max_{\alpha} \quad \sum_{i=1}^{m} \alpha_i - \frac{1}{2} \sum_{i=1}^{m} \sum_{j=1}^{m} \alpha_i \alpha_j y_i y_j x_i^{\mathrm{T}} x_j$$

$$s.t. \quad \sum_{i=1}^{m} \alpha_i y_i = 0, \tag{11.40}$$

$$0 \leqslant \alpha_i \leqslant C, \quad i = 1, 2, \cdots, m$$

将式(11.40)与硬间隔下的对偶问题式(11.11)对比可看出，两者唯一的差别就在于对偶变量的约束不同：前者是 $0 \leqslant \alpha_i \leqslant C$，后者是 $0 \leqslant \alpha_i$。于是，可采用 11.2 节中同样的算法求解式(11.40)；在引入核函数后能得到与式(11.24)同样的支持向量展式。

类似式(11.13)，对软间隔支持向量机，KKT 条件要求：

$$\begin{cases} \alpha_i \geqslant 0, \ \mu_i \geqslant 0 \\ y_i f(x_i) - 1 + \xi_i \geqslant 0 \\ \alpha_i (y_i f(x_i) - 1 + \xi_i) = 0 \\ \xi_i \geqslant 0, \ \mu_i \xi_i = 0 \end{cases} \tag{11.41}$$

于是，对任意训练样本 (x_i, y_i)，总有 $\alpha_i = 0$ 或 $y_i f(x_i) = 1 - \xi_i$。若 $\alpha_i = 0$，则该样本不会对 $f(x)$ 有任何影响；若 $\alpha_i > 0$，则必有 $y_i f(x_i) = 1 - \xi_i$，即该样本是支持向量：由式(11.39)可知，若 $\alpha_i < C$，则 $\mu_i > 0$，进而有 $\xi_i = 0$，即该样本恰在最大间隔边界上；若 $\alpha_i = C$，则有 $\mu_i = 0$，此时若 $\xi_i \leqslant 1$，则该样本落在最大间隔内部，若 $\xi_i > 1$，则该样本被错误分类。由此可见，软间隔支持向量机的最终模型仅与支持向量有关，即通过采用 hinge 损失函数仍保持了稀疏性。

思考与习题

(1) 支持向量机的基本思想是什么？

(2) 已知正例点 $x_1 = (1, 2)^{\mathrm{T}}$，$x_2 = (2, 3)^{\mathrm{T}}$，$x_3 = (3, 3)^{\mathrm{T}}$，负例点 $x_4 = (2, 1)^{\mathrm{T}}$，$x_5 = (3, 2)^{\mathrm{T}}$，试求最优分类间隔，并在图上画出最优分类间隔及支持向量。

第12章
朴素贝叶斯

12.1　贝叶斯决策论

　　朴素贝叶斯分类是一种十分简单的分类算法,叫它朴素贝叶斯分类是因为这种方法的思想确实很"朴素"。朴素贝叶斯的思想基础是这样的:对于给出的待分类项,求解在此项出现的条件下各个类别出现的概率,哪个最大,就认为此待分类项属于哪个类别。

　　如果一种水果具有红、圆、直径大概 3 in(1 in=0.025 4 m)等特征,该水果可以被判定为是苹果。尽管这些特征相互依赖或者有些特征由其他特征决定,然而朴素贝叶斯分类器认为这些属性在判定该水果是否为苹果的概率分布上独立的。在许多实际应用中,朴素贝叶斯模型参数估计使用最大似然估计方法;换而言之,在不用到贝叶斯概率或者任何贝叶斯模型的情况下,朴素贝叶斯模型也能奏效。

　　贝叶斯决策论是概率框架下实施决策的基本方法。对分类任务来说,在所有相关概率都已知的理想情形下,贝叶斯决策论考虑如何基于这些概率和误判损失来选择最优的类别标记。贝叶斯决策论的特点主要是:增量式学习的特点;先验知识可以与观察到的实例一起决定假设的最终概率的特点;允许假设做出不确定性预测的特点;对新实例的分类可由多个假设以它们的概率为权重一起做出预测的特点;等等。

　　我们先从贝叶斯公式讲起,假设有 N 种可能的类别标记,即 $\{c_1, c_2, \cdots, c_N\}$,贝叶斯公式为

$$P(c_i \mid x) = \frac{P(c_i)P(x \mid c_i)}{P(x)}$$

其中，$P(c_i)$ 是类先验概率，$P(x \mid c_i)$ 是样本 x 相对于类 c_i 的类条件概率，或称为"似然"，$P(x)$ 是用于归一化的"证据"因子。对给定样本 x，证据因子 $P(x)$ 与类标记无关，因此估计 $P(c_i \mid x)$ 的问题就转化为如何基于训练数据 D 来估计先验 $P(c_i)$ 和似然 $P(x \mid c_i)$。

类先验概率 $P(c_i)$ 表达了样本空间种各类样本所占的比例，根据大数定律，当训练集包含充足的独立同分布样本时，$P(c_i)$ 可通过各类样本出现的频率来进行估计。

对类条件概率 $P(x \mid c_i)$ 来说，由于它涉及关于 x 所有属性的联合概率，直接根据样本出现的频率来估计将会遇到严重的困难。因为在现实应用中，很多样本取值在训练集中根本没有出现，直接用频率来估计 $P(x \mid c_i)$ 显然不可行，可以用极大似然估计来解决问题。

λ_{ij} 是将一个真实标记为 c_j 的样本误分类为 c_i 所产生的损失。基于后验概率 $P(c_i \mid x)$ 可获得将样本 x 分类为 c_i 所产生的期望损失，即在样本 x 上的"条件风险"：

$$R(c_i \mid x) = \sum_{j=1}^{N} \lambda_{ij} P(c_j \mid x) \tag{12.1}$$

我们的任务是寻找一个判定准则 $h: \mathcal{X} \mapsto \mathcal{Y}$ 以最小化总体风险：

$$R(h) = E_X \big[R(h(x) \mid x) \big] \tag{12.2}$$

显然，对每个样本 x，若 h 能最小化条件风险 $R(h(x) \mid x)$，则总体风险 $R(h)$ 也将被最小化。这就产生了贝叶斯判定准则：为最小化总体风险，只需在每个样本上选择那个能使条件风险 $R(c_i \mid x)$ 最小的类别标记，即

$$h^*(x) = \arg\min_{c \in \mathcal{Y}} R(c_i \mid x) \tag{12.3}$$

此时，h^* 称为贝叶斯最优分类器，与之对应的总体风险 $R(h^*)$ 称为贝叶斯风险。$1 - R(h^*)$ 反映了分类器所能达到的最好性能，即通过机器学习所能产生的模型精度的理论上限。

具体来说，若目标是最小化分类错误率，则误判损失 λ_{ij} 可写为

$$\lambda_{ij} = \begin{cases} 0, & \text{若 } i = j \\ 1, & \text{其他} \end{cases} \tag{12.4}$$

此时，条件风险为

$$R(c_i \mid x) = 1 - P(c_i \mid x) \tag{12.5}$$

于是，最小化分类错误率的贝叶斯最优分类器为

$$h^*(x) = \arg\min_{c \in y} P(c_i \mid x) \tag{12.6}$$

即对每个样本 x，选择能使后验概率 $P(c_i \mid x)$ 最大的类别标记。

不难看出，欲使用贝叶斯判定准则来最小化决策风险，首先要获得后验概率 $P(c_i \mid x)$。然而，在现实任务中通常难以直接获得。从这个角度来看，机器学习所要实现的是基于有限的训练样本集尽可能准确地估计出后验概率 $P(c_i \mid x)$。大体来说，主要有两种策略：① 给定 x，可通过直接建模 $P(c_i \mid x)$ 来预测 c_i，这样得到的是"判别式模型"；② 也可先对联合概率分布 $P(x, c_i)$ 建模，然后再由此获得 $P(c_i \mid x)$，这样得到的是"生成式模型"。

12.2 极大似然估计

估计类条件概率的一种常用策略是先假定其具有某种确定的概率分布形式，再基于训练样本对概率分布的参数进行估计。具体地，记关于类别 c 的类条件概率为 $P(x \mid c)$，假设 $P(x \mid c)$ 具有确定的形式并且被参数向量 θ_c 唯一确定，则我们的任务就是利用训练集 D 估计参数 θ_c。为明确起见，我们将 $P(x \mid c)$ 记为 $P(x \mid \theta_c)$。

事实上，概率模型的训练过程就是参数估计过程。极大似然估计（Maximum Likelihood Estimation，MLE）是根据数据采样来估计概率分布参数的经典方法。

令 D_c 表示训练集 D 中第 c 类样本组成的集合，假设这些样本是独立同分布的，则参数 θ_c 对于数据集 D_c 的似然是

$$P(D_c \mid \theta_c) = \prod_{x \in D_c} P(x \mid \theta_c) \tag{12.7}$$

对 θ_c 进行极大似然估计，就是去寻找能最大化似然 $P(D_c \mid \theta_c)$ 的参数值 $\hat{\theta}_c$。直观上看，极大似然估计是试图在 θ_c 所有可能的取值中，找到一个能使数据出现的"可能性"最大的值。

式(12.7)中的连乘操作易造成下溢，通常使用对数似然（log-likelihood）。

$$\begin{aligned} LL(\theta_c) &= \log P(D_c \mid \theta_c) \\ &= \sum_{x \in D_c} \log P(x \mid \theta_c) \end{aligned} \tag{12.8}$$

此时参数 θ_c 的极大似然估计为

$$\hat{\theta}_c = \arg\,\mathrm{m}\, LL(\theta_c) \tag{12.9}$$

例如,在连续属性情形下,假设概率密度函数 $p(x \mid c) \sim N(\mu_c, \sigma_c^2)$,则参数 μ_c 和 σ_c^2 的极大似然估计为

$$\hat{\mu}_c = \frac{1}{|D_c|} \sum_{x \in D_c} x \tag{12.10}$$

$$\hat{\sigma}_c^2 = \frac{1}{|D_c|} \sum_{x \in D_c} (x - \hat{\mu}_c)(x - \hat{\mu}_c)^{\mathrm{T}} \tag{12.11}$$

也就是说,通过极大似然法得到的正态分布均值就是样本均值,方差就是 $(x - \hat{\mu}_c)(x - \hat{\mu}_c)^{\mathrm{T}}$ 的均值,这显然是一个符合直觉的结果。在离散属性情形下,也可通过类似的方式估计类条件概率。

需注意的是,这种参数化的方法虽能使类条件概率估计变得相对简单,但估计结果的准确性严重依赖于所假设的概率分布形式是否符合潜在的真实数据分布。在现实应用中,欲做出能较好地接近潜在真实分布的假设,往往需在一定程度上利用关于应用任务本身的经验知识,若仅凭"猜测"来假设概率分布形式,很可能产生误导性的结果。

12.3 朴素贝叶斯分类器

不难发现,基于贝叶斯公式来估计后验概率 $P(c \mid x)$ 的主要困难在于:类条件概率 $P(x \mid c)$ 是所有属性上的联合概率,难以从有限的训练样本直接估计而得。为避开这个障碍,朴素贝叶斯分类器采用了"属性条件独立性假设":对已知类别,假设所有属性相互独立。换言之,假设每个属性独立地对分类结果发生影响。

基于属性条件独立性假设,贝叶斯公式可重写为

$$P(c \mid x) = \frac{P(c)P(x \mid c)}{P(x)} = \frac{P(c)}{P(x)} \prod_{i=1}^{d} P(x_i \mid c) \tag{12.12}$$

其中,d 为属性数目,x_i 为 x 在第 i 个属性上的取值。

由于对所有类别来说 $P(x)$ 相同,根据贝叶斯判定准则,有

$$h_{nb}(x) = \underset{c \in y}{\arg\min} \, P(c) \prod_{i=1}^{d} P(x_i \mid c) \tag{12.13}$$

这就是朴素贝叶斯分类器的表达式。

显然,朴素贝叶斯分类器的训练过程就是基于训练集 D 来估计类先验概率

$P(c)$，并为每个属性估计条件概率 $P(x_i \mid c)$。

令 D_c 表示训练集 D 中第 c 类样本组成的集合，若有充足的独立同分布样本，则可容易地估计出类先验概率：

$$P(c) = \frac{|D_c|}{|D|} \tag{12.14}$$

对离散属性而言，令 D_{c,x_i} 表示 D_c 中在第 i 个属性上取值为 x_i 的样本组成的集合，则条件概率可估计为

$$P(x_i \mid c) = \frac{|D_{c,x_i}|}{|D_c|} \tag{12.15}$$

对连续属性可考虑概率密度函数，假定 $p(x_i \mid c) \sim N(\mu_{c,i}, \sigma_{c,i}^2)$，其中 $\mu_{c,i}$ 和 $\sigma_{c,i}^2$ 分别是第 c 类样本在第 i 个属性上取值的均值和方差，则

$$p(x_i \mid c) = \frac{1}{\sqrt{2\pi}\sigma_{c,i}} \exp\left(-\frac{(x_i - \mu_{c,i})^2}{2\sigma_{c,i}^2}\right) \tag{12.16}$$

【例 12.1】 由于信息不对称，对于投资者而言，公司破产的预测是比较困难的一个课题。可以根据破产与企业异常行为之间的联系来进行研究。根据历史记录的统计，公司破产前一年内出现企业异常行为的概率为 50%，而一年内没有发生破产但也出现了企业异常行为的概率为 10%。

假设某一个行业属于破产高发区，发生破产的概率为 20%。问：如果某日观察到企业异常行为现象，该公司是否值得投资？

解： 把破产是否发生设成两个类别：发生破产为 ω_1，不发生破产为 ω_2；则两个类别出现的先验概率为

$$P_1 = 0.2, \quad P_2 = 1 - 0.2 = 0.8$$

设破产企业是否出现异常反应行为这一事件设为 x，当 $x=1$ 时表示出现了，$x=0$ 时表示没出现；根据历史记录统计可得

$$P(x=1 \mid \omega_1) = 0.5, \quad P(x=1 \mid \omega_2) = 0.1$$

此时可以得到将发生破产的概率为

$$P(\omega_1 \mid x=1) = \frac{P_1 \times P(x=1 \mid \omega_1)}{P_1 \times P(x=1 \mid \omega_1) + P_2 \times P(x=1 \mid \omega_2)}$$

$$= \frac{0.2 \times 0.5}{0.2 \times 0.5 + 0.8 \times 0.1} = \frac{5}{9}$$

不发生破产的概率为

$$P(\omega_2 \mid x=1) = \frac{P_2 \times P(x=1 \mid \omega_2)}{P_1 \times P(x=1 \mid \omega_1) + P_2 \times P(x=1 \mid \omega_2)}$$

$$= \frac{0.8 \times 0.1}{0.2 \times 0.5 + 0.8 \times 0.1} = \frac{4}{9}$$

$$P(\omega_1 \mid x=1) > P(\omega_2 \mid x=1)$$

所以在观察到明显的企业异常行为时,企业发生破产的概率更高。

【例 12.2】　对于上例中的企业破产预报问题,假设预报一年内发生破产,投资者可以预先从该企业撤资,由此带来的撤资成本会有 2 500 万元,并且破产确实发生了,也会给投资者带来 1 000 万元的损失;假设不撤资而企业也破产了,造成的损失则达到 5 000 万元。请问,在观察到明显的企业异常行为时是否应当撤资?

解: 设决策 1 为从该企业撤资,决策 2 为不从该企业撤资,则

发生了破产,而提前从该企业撤资,此时的损失为 $\lambda_{11} = 2\,500 + 1\,000 = 3\,500$ 万元;

发生了破产,而没有提前从该企业撤资,此时的损失为 $\lambda_{21} = 5\,000$ 万元;

没有发生破产,而提前从该企业撤资,此时的损失为 $\lambda_{12} = 2\,500$ 万元;

没有发生破产,而没有提前从该企业撤资,此时的损失为 $\lambda_{22} = 0$ 元。

则在观察到企业异常行为现象时,提前从该企业撤资的条件风险为

$$R(\text{从该企业撤资} \mid x=1) = \lambda_{11} \times P(\omega_1 \mid x=1) + \lambda_{12} \times P(\omega_2 \mid x=1)$$

$$= 3\,500 \times 5/9 + 2\,500 \times 4/9 = 3\,056 \text{ 万元}$$

而不提前从该企业撤资带来的综合损失为

$$R(\text{不从该企业撤资} \mid x=1) = \lambda_{21} \times P(\omega_1 \mid x=1) + \lambda_{22} \times P(\omega_2 \mid x=1)$$

$$= 5\,000 \times 5/9 = 2\,778 \text{ 万元}$$

$$R(\text{从该企业撤资} \mid x=1) > R(\text{不从该企业撤资} \mid x=1)$$

所以,从该企业撤资的损失更大,不应该从该企业撤资。

思考与习题

(1) 请简述贝叶斯分类的原理。

(2) 某企业设计出一种新产品,有两种方案可供选择:一是进行批量生产;二是

出售专利。这种新产品投放市场,估计有三种可能:畅销、中等、滞销,这三种情况发生的可能性依次估计为:0.2,0.5 和 0.3。方案在各种情况下的利润见表 12.1。

表 12.1　三种情况下的利润数据　　　　　　　　利润,单位(万元)

方　　案	状态及先验概率		
	畅销 θ_1 0.2	中等 θ_2 0.5	滞销 θ_3 0.3
批量生产 d_1	80	20	−5
出售专利 d_2	40	7	1

企业可以以 1 000 元的成本委托专业市场调查机构调查该产品销售前景。若实际市场状况为畅销,则调查结果为畅销、中等和滞销的概率分别为 0.9、0.06 和 0.04;若实际市场状况为中等,则调查结果为畅销、中等和滞销的概率分别为 0.05、0.9 和 0.05;若实际市场状况为滞销,则调查结果为畅销、中等和滞销的概率分别为 0.04、0.06 和 0.9。

问:企业是否委托专业市场调查机构进行调查?

第 13 章
决策树

13.1 决策树的基本原理

1. 决策树的定义

决策树(decision tree)是一类常见的机器学习方法,是在已知各种情况发生概率的基础上,通过构成决策树来求取净现值的期望值不小于零的概率,评价项目风险,判断其可行性,或者作为预测模型,是直观运用概率分析的一种图解法。

以二分类任务为例,我们希望从给定训练数据集学得一个模型用以对新示例进行分类,这个把样本分类的任务可看作对"当前样本属于正类吗?"这个问题的"决策"或"判定"过程。顾名思义,决策树是基于树结构来进行决策的,这恰是人类在面临决策问题时一种很自然的处理机制。

决策树是分类应用中采用最广泛的模型之一。决策树易于理解和实现,人们在学习过程中不需要使用者了解很多的背景知识。与其他数据分析方法相比,决策树无须花费大量的时间和进行上千次的迭代来训练模型,适用于大规模数据集,除了训练数据中的信息外不再需要其他额外信息,表现了很好的分类精确度。其核心问题是测试属性选择的策略,以及对决策树进行剪枝。连续属性离散化和对高维大规模数据降维,也是扩展决策树算法应用范围的关键技术。

决策树的结构,顾名思义就像一棵树。它利用树的结构将数据记录进行分类,树的一个叶结点就代表某个条件下的一个记录集,根据记录字段的不同取值建立树的分支;在每个分支子集中重复建立下层结点和分支,便可生成一棵决策树。由于这种决策分支画成图形很像一棵树的枝干,故称决策树。

一棵决策树的内部结点是属性或属性的集合,叶结点是所要学习划分的类,内部结点的属性称为测试属性。当经过一批训练实例集的训练产生一棵决策树,决策树可以根据属性的取值对一个未知实例集进行分类。使用决策树对实例进行分类的时候,有树根开始对该对象的属性逐渐测试其值,并且顺着分支向下走,直至到达某个叶结点,此叶结点代表的类即为该对象所处的类。

决策树是一个可以自动对数据进行分类的树型结构,是树形结构的知识表示,可以直接转换为决策规则,它能被看作一棵树的预测模型,树的根结点是整个数据集合空间,每个分结点是一个分裂问题,它是对一个单一变量的测试,测试将数据集合空间分割成两个或更多块,每个叶结点是带有分类的数据分割。决策树也可以解释成一种特殊形式的规则集,其特征是规则的层次组织关系。决策树算法主要是用来学习以离散型变量作为属性类型的学习方法。连续型变量必须被离散化才能被学习。表 13.1 给出了决策树与自然树的对应关系,以及在分类问题中的代表含义。

表 13.1　决策树与自然树的对应关系

自然树	对应决策树中的意义	分类问题中的表示意义
树根	根结点	训练实例整个数据集空间
权	内部(非叶)结点、决策结点	待分类对象的属性(集合)
树枝	分支	属性的一个可能取值
叶子	叶结点、状态结点	数据分割(分类结果)

决策树学习的目的是为了产生一棵泛化能力强,即处理未见示例能力强的决策树,其基本流程遵循简单且直观的"分而治之"(divide-and-conquer)策略。通过一个例子来了解一些与决策树有关的基本概念。

表 13.2 是一个数据库表,记载着某银行的客户信用记录,属性包括"姓名""年龄""职业""月薪"……"信用等级",每一行是一个客户样本,每一列是一个属性(字段)。这里把这个表记作数据集 D。

表 13.2　信用记录表

姓　名	年　龄	职　业	月　薪	……	信用等级
张　山	23	学生	1 000	……	良
王　刚	45	公务员	3 000	……	优
李德海	38	职员	800	……	差
……	……	……	……	……	……
陈　芳	50	教师	2 600	……	良

在决策树方法中,有两个基本的步骤。其一是构建决策树;其二是将决策树应用于数据库。大多数研究都集中在如何有效地构建决策树,而应用则相对比较简单。构建决策树算法比较多,例如在 Clementine 软件中就提供了四种算法,包括 C&RT、CHAID、QUEST 和 C5.0。采用其中的某种算法,输入训练数据集,就可以构造出一棵类似于如图 13.1 所示的决策树。

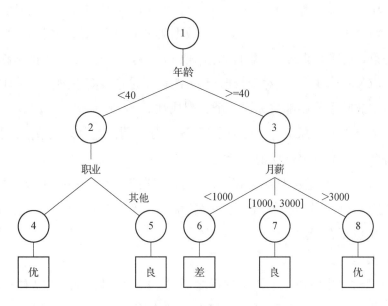

图 13.1　决策树举例

一棵决策树是一棵有向无环树,它由若干个节点、分支、分裂谓词以及类别组成。

节点是一棵决策树的主体。其中,没有父亲节点的节点称为根节点,如图 13.1 中的节点 1;没有子节点的节点称为叶子节点,如图 13.1 中的节点 4、5、6、7、8。一个节点按照某个属性分裂时,这个属性称为分裂属性,如节点 1 按照"年龄"被分裂,这里"年龄"就是分裂属性,同理,"职业""月薪"也是分裂属性。每一个分支都会被标记一个分裂谓词,这个分裂谓词就是分裂父节点的具体依据,例如,在将节点 1 分裂时,产生两个分支,对应的分裂谓词分别是"年龄<40"和"年龄>=40"。另外,每一个叶子节点都被确定一个类标号,这里是"优""良"或者"差"。

银行需要解决的问题是,根据数据集 D,建立一个信用等级分析模型,并根据这个模型,产生一系列规则。当银行在未来的某个时刻收到某个客户的贷款申请时,依据这些规则,可以根据该客户的年龄、职业、月薪等属性来预测其信用等级,以确定是否提供贷款给该用户。这里的信用等级分析模型就可以是一棵决策树。

在这个案例中,研究的重点是"信用等级"这个属性。给定一个信用等级未知的客户,要根据他/她的其他属性来估计"信用等级"的值是"优""良"或者"差",也就是说,要把这客户划分到信用等级为"优""良""差"这三个类别的某一类别中去。这里把"信用等级"这个属性称为"类标号属性"。数据集 D 中"信用等级"属性的全部取值就构成了类别集合:Class={"优""良""差"}。

基于以上描述,下面给出决策树的定义:

定义 13.1 给定一个数据集 $D=\{t_1, t_2, \cdots, t_n\}$,其中 $t_i=<t_1, t_2, \cdots, t_n>$ 是 D 中的第 i 个样本 $(i=1, 2, \cdots, n)$,数据集模式包含的属性集为 $\{A_1, A_2, \cdots, A_n\}$,$t_{ij}$ 是第 i 个样本的第 j 个属性 A_j 的值 $(j=1, 2, \cdots, n)$。同时给定类标号集合 $C=\{C_1, C_2, \cdots, C_m\}$。对于数据集 D,决策树是指具有下列三个性质的树:

(1) 每个非叶子节点都被标记一个分裂属性 A_i。

(2) 每个分支都被标记一个分裂谓词,这个分裂谓词是分裂父节点的具体依据。

(3) 每个叶子节点都被标记一个类标号 $C_j \in C$。

由此可以看出,构建一棵决策树,关键问题就在于如何选择一个合适的分裂属性来进行一次分裂,以及如何制订合适的分裂谓词来产生相应的分支。各种决策树算法的主要区别也正在于此。

2. 剪枝处理

利用决策树算法构建一个初始的树之后,为了有效地分类,还要对其进行剪枝。由于数据表示不当、有噪音等原因,会使生成的决策树过大或过度拟合。因此,为了简化决策树,寻找一棵最优的决策树,剪枝是一个必不可少的过程。

通常,决策树越小就越容易理解,其存储与传输的代价也就越小,但决策树过小会导致错误率较大。反之,决策树越复杂,节点越多,每个节点包含的训练样本个数越少,则支持每个节点样本数量也越少,可能导致决策树在测试集上的分类错误率越大。因此,剪枝的基本原则就是,在保证一定的决策精度的前提下,使树的叶子节点最少,叶子节点的深度最小。要在树的大小和正确率之间寻找平衡点。

不同的算法,其剪枝的方法也不尽相同。常有的剪枝方法有预剪枝和后剪枝两种。例如,CHAID 和 C5.0 采用预剪枝,CART 则采用后剪枝。

预剪枝是指在构建决策树之前,先制订好生长停止准则(如指定某个评估参数的阈值),在树的生长过程中,一旦某个分支满足了停止准则,则停止该分支的生长,这样就可以限制树的过度生长。采用预剪枝的算法有可能过早地停止决策树的构建过程,但由于不必生成完整的决策树,算法的效率很高,适合应用于大规模问题。

后剪枝是指待决策树完全生长结束后,再根据一定的准则,剪去决策树中那些不具一般代表性的叶子节点或者分支。这时,可以将数据集划分为两个部分;一部分是训练数据集;另一部分是测试数据集。训练数据集用来生成决策树,而测试数据集用来对生成的决策树进行测试,并在测试的过程中通过剪枝来对决策树进行优化。

3. 生成原则

在生成一棵最优的决策树之后,就可以根据这棵决策树来生成一系列规则。这些规则采用"If…,Then…"的形式。从根节点到叶子节点的每一条路径,都可以生成一条规则。这条路径上的分裂属性和分裂谓词形成规则的前件(If 部分),叶子节点的类标号形成规则的后件(Then 部分)。

例如,图 13.1 所示的决策树可以形成以下五条规则:

If(年龄<40)and(职业="学生" or 职业="教师")Then 信用等级="优"。

If(年龄<40)and(职业!="学生" and 职业!="教师")Then 信用等级="良"。

If(年龄>=40)and(月薪<1 000)Then 信用等级="差"。

If(年龄>=40)and(月薪>=1 000 and 月薪<=3 000)Then 信用等级="良"。

If(年龄>=40)and(月薪>3 000)Then 信用等级="优"。

这些规则即可应用到对未来观测样本的分类中了。

13.2　信息增益和 ID3 算法

1. 信息增益作为分裂属性

决策树构建的关键是如何选择最优划分属性。一般而言,随着划分过程不断进行,我们希望决策树的分支结点所包含的样本尽可能属于同一类别,即结点的"纯度"(purity)越来越高。

"信息熵"(information entropy)是度量样本集合纯度最常用的一种指标。熵,是数据集中的不确定性、突发性或随机性的程度的度量。当一个数据集中的记录全部都属于同一类的时候,则没有不确定性,这种情况下的熵为 0。

决策树分类的基本原则是,数据集被分裂为若干个子集后,要使每个子集中的数据尽可能地"纯"。如果套用熵的概念,即要使分裂后各子集的熵尽可能地小。

例如在一次分裂中,数据集 D 被按照分裂属性"年龄"分裂为两个子集 D_1 和 D_2,如图 13.2 所示。

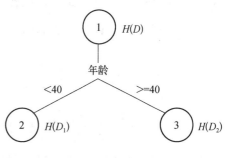

图 13.2　分裂中熵的变化图

其中，$H(D)$、$H(D_1)$、$H(D_2)$ 分别是数据集 D、D_1、D_2 的熵。那么，按照"年龄"将数据集 D 分裂为 D_1 和 D_2 所得到的信息增益为：

$$Gain(D, 年龄) = H_D - [P(D_1) * H(D_1) + P(D_2) * H(D_2)]$$

其中，$P(D_1)$ 是 D 中的样本被划分到 D_1 中的概率，$P(D_2)$ 是 D 中的样本被划分到 D_2 中的概率，$(D_1) * H(D_1) + P(D_2) * H(D_2)$ 是 $H(D_1)$ 和 $H(D_2)$ 的"加权和"。

显然，如果 D_1 和 D_2 中的数据越"纯"，$H(D_1)$ 和 $H(D_2)$ 的越小，信息增益就越大，或者说熵下降得越多。

按照这个方法，测试每一个属性的信息增益，选择增益值最大的属性作为分裂属性。下面给出信息增益的计算方法。

设 S 是由 s 个样本组成的数据集。若 S 的类标号属性具有 m 个不同的取值，即定义了 m 个不同的类 $C_i (i = 1, 2, \cdots, m)$。设属于类 C_i 的样本的个数为 C_i，那么数据集 S 的熵为

$$I(S_1, S_2, \cdots, S_m) = \sum_{i=1}^{m} \left[p_i * 1b\left(\frac{1}{p_i}\right) \right] = -\sum_{i=1}^{m} [p_i * 1b(p_i)]$$

其中，p_i 是任意样本属于类别 C_i 的概率，用 S_i / S 来估计。

设 S 的某个属性 A 具有 v 个不同值 $\{a_1, a_2, \cdots, a_v\}$，先根据属性 A 将数据集 S 划分为 v 个不同的子集 $\{S_1, S_2, \cdots, S_v\}$，子集 S_j 中所有样本的属性 A 的值都等于 $A_j (j = 1, 2, \cdots, v)$。于是，在分裂为 v 个子集之后，任意一个子集 S_j 的熵为

$$I(S_{1j}, S_{2j}, \cdots, S_{mj}) = -\sum_{i=1}^{m} [p_{ij} * 1b(p_{ij})]$$

其中，$s_{ij} (i = 1, 2, \cdots, m)$ 是子集 S_j 中属于类别 C_i 的样本数量，$p_{ij} = s_{ij} / |s_j|$ 是 S_j 中的样本属于类别 C_i 的概率，$|s_j|$ 是子集 S_j 中的样本数量。

所以，S 按照属性 A 划分出的 v 个子集的熵的加权和为

$$E(S, A) = -\sum_{j=1}^{v} \left[\frac{S_{1j}, S_{2j}, \cdots, S_{mj}}{s} * I(S_{1j}, S_{2j}, \cdots, S_{mj}) \right]$$

其中，$\dfrac{S_{1j}, S_{2j}, \cdots, S_{mj}}{s}$ 是子集 S_j 的权重，等于子集 S_j 中的样本数量 $|s_j|$ 除以 S 中的样本总数。所以，按照属性 A 把数据集 S 分裂，所得的信息增益就等于数

据集 S 的熵减去各子集的熵的加权和

$$Gain(S, A) = I(S_1, S_2, \cdots, S_m) - E(S, A)$$

ID3 算法计算每一个属性的信息增益,并选择增益最大的属性作为分裂属性,然后用该属性的每个不同的值创建一个分支,从而将数据集划分为若干个子集。

2. ID3 算法的流程

ID3 算法在 1979 年由 J. R.昆兰(J. R. Quinlan)提出,是机器学习中广为人知的一个算法,在归纳学习中,它代表着基于决策树方法的一大类,ID3 及后来的 C4.5 均是昆兰在亨特(Hunt)的概念学习系统(Concept Learning System,CLS)上发展起来的一种自顶向下的学习算法,而 C4.5 算法又是昆兰本人针对 ID3 算法提出的一种改进算法,他在 1993 年出版了专著《机器学习规划》对 C4.5 算法进行了详细的描述。

ID3 算法的核心是:在决策树各级节点上选择分裂属性时,通过计算信息增益来选择属性,以使得在每一个非叶节点进行测试时,能获得关于被测试样本最大的类别信息。其具体方法是:检测所有的属性,选择信息增益最大的属性产生决策树节点,由该属性的不同取值建立分支,再对各分支的子集递归调用该方法建立决策树节点的分支,直到所有子集仅包括同一类别的数据为止。最后得到一棵决策树,它可以用来对新的样本进行分类。

ID3 算法思想描述如下:

(1) 初始化决策树 T 为只含一个树根(X, Q),其中 X 是全体样本集,Q 为全体属性集。

(2) If(T 中所有叶节点(X′, Q′)都满足 X 属于同一类或 Q′为空)then 算法停止;

(3) else

　　{任取一个不具有(2)中所述状态的叶节点(X′, Q′);

(4)　　　for each Q′中的属性 A do 计算信息增益 $Gain(A, Q′)$;

(5)　　　选择具有最高信息增益的属性 B 作为节点(X′, Q′)的分裂属性;

(6)　　　　for each B 的取值 b_i do

　　　　　{从该节点(X′, Q′)伸出分支,代表分裂输出 $B = b_i$;

　　　　　求得 X 中 B 值等于 b_i 的子集 X_i,并生成相应的叶节点(X′, Q′, {B});}

(7) 转(2);}

下面通过一个实例来了解一下决策树的构建过程。

表 13.3 是一个假想的银行贷款客户历史信息(略去了客户姓名),包含 14 个样

本。现要求以这 14 个样本为训练数据集,以"提供贷款"为类标号属性,用 ID3 算法构造决策树。

表 13.3　训练数据集 D

No.	年　龄	收入水平	有固定收入	VIP	类别：企业微信
1	<30	高	否	否	否
2	<30	高	否	是	否
3	$[30, 50]$	高	否	否	是
4	>50	中	否	否	是
5	>50	低	是	否	是
6	>50	低	是	是	否
7	$[30, 50]$	低	是	是	是
8	<30	中	否	否	否
9	<30	低	是	否	是
10	>50	中	是	否	是
11	<30	中	是	是	是
12	$[30, 50]$	中	否	是	是
13	$[30, 50]$	高	是	否	是
14	>50	中	否	是	否

设数据集 D。类标号属性"提供贷款"有两个不同值:"是"和"否",因此有两个不同的类。令 C_1 对应"是",C_2 对应"否",那么 C_1 有 9 个样本,C_2 有 5 个样本,所以数据集 D 的熵为

$$I(S_1, S_2) = I(9, 5) = -\frac{9}{14}lb\left(\frac{9}{14}\right) - \frac{5}{14}lb\left(\frac{5}{14}\right) = 0.940\ 6$$

下面分别计算按各属性分裂后所得诸子集的熵的加权和。

若以"年龄"作为分裂属性,则产生三个子集(因为该属性有三个不同的取值),所以 D 按照属性"年龄"划分出的三个子集的熵的加权和为

$$E(D,年龄)=\frac{5}{14}\left(-\frac{3}{5}lb\ \frac{3}{5}-\frac{2}{5}lb\ \frac{2}{5}\right)+\frac{4}{14}\left(-\frac{4}{4}lb\ \frac{4}{4}\right)$$

$$+\frac{5}{14}\left(-\frac{3}{5}lb\ \frac{3}{5}-\frac{2}{5}lb\ \frac{2}{5}\right)$$

$$=0.346\ 8+0+0.346\ 8=0.693\ 6$$

因此，以"年龄"作为分裂属性来划分的信息增益为

$$Gain(D,年龄)=I(S_1,\ S_2)-E(D,年龄)$$

$$=0.940\ 6-0.693\ 6=0.247$$

同理，若以"收入水平"为分裂属性：

$$E(D,收入水平)=\frac{4}{14}\left(-\frac{2}{4}lb\ \frac{2}{4}-\frac{2}{4}lb\ \frac{2}{4}\right)+\frac{6}{14}\left(-\frac{4}{6}lb\ \frac{4}{6}-\frac{2}{6}lb\ \frac{2}{6}\right)$$

$$+\frac{4}{14}\left(-\frac{3}{4}lb\ \frac{3}{4}-\frac{1}{4}lb\ \frac{1}{4}\right)$$

$$=0.285\ 7+0.393\ 6+0.231\ 8=0.911\ 1$$

$$Gain(D,收入水平)=I(S_1,\ S_2)-E(D,收入水平)$$

$$=0.940\ 6-0.911\ 1=0.029\ 5$$

若以"有固定收入"为分裂属性：

$$E(D,固定收入)=\frac{7}{14}\left(-\frac{4}{7}lb\ \frac{4}{7}-\frac{3}{7}lb\ \frac{3}{7}\right)+\frac{7}{14}\left(-\frac{6}{7}lb\ \frac{6}{7}-\frac{1}{7}lb\ \frac{1}{7}\right)$$

$$=0.492\ 7+0.295\ 9=0.788\ 6$$

$$Gain(D,固定收入)=I(S_1,\ S_2)-E(D,固定收入)$$

$$=0.940\ 6-0.788\ 6=0.152$$

若以"VIP"为分裂属性：

$$E(D,\ VIP)=\frac{8}{14}\left(-\frac{6}{8}lb\ \frac{6}{8}-\frac{2}{8}lb\ \frac{2}{8}\right)+\frac{6}{14}\left(-\frac{3}{6}lb\ \frac{3}{6}-\frac{3}{6}lb\ \frac{3}{6}\right)$$

$$=0.463\ 6+0.428\ 6=0.892\ 2$$

$$Gain(D,\ VIP)=I(S_1,\ S_2)-E(D,\ VIP)$$

$$=0.940\ 6-0.892\ 2=0.048\ 4$$

由此可见，若以"年龄"作为分裂属性，所得信息增益最大。于是根据该属性的 3 个不同取值，将数据集 D 分裂为 3 个子集：D_1、D_2 和 D_3，如图 13.3 所示。

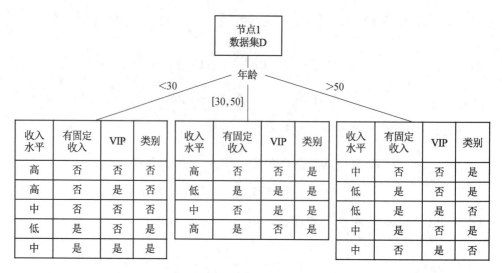

图 13.3 分裂数据集

图 13.3 中,节点 3 中的全部样本都属于同一个类别,因此它成为叶子节点,不再分裂。采用同样的方法,分别对数据集 D_1 和 D_3 进行分裂,直到所得子集的全部样本属于同一个类别,得到全部叶子节点。最终得到的决策树如图 13.4 所示。

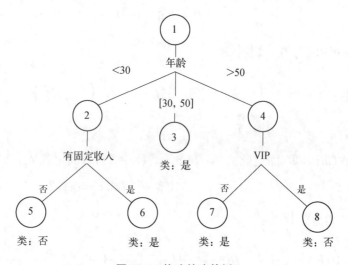

图 13.4 构建的决策树

3. ID3 算法的性能分析

ID3 算法是一种典型的决策树分析算法,后来发展的许多决策树算法都是以 ID3 算法为基础发展而来的。

ID3 算法的优点在于它构建决策树的速度比较快,它的计算时间随问题的难度只是线性地增加,适合处理大批量数据集。

同时,ID3 算法的缺点也是突出的,包括以下四点:

(1) ID3 算法对训练样本的质量依赖性很强,训练样本的质量主要是指是否存在噪声和是否存在足够的样本。

(2) ID3 算法只能处理分类属性(离散属性),而不能处理连续属性(数值属性)。在处理连续属性时,一般要先将连续属性划分为多个区间,转化为分类属性。例如"年龄",要把其数值事先转换为诸如"小于 30 岁""30～50 岁""大于 50 岁"这样的区间,再根据年龄值落入了某一个区间取相应的类别值。通常,区间端点的选取包含着一定的主观因素和大量的计算。

(3) ID3 算法生成的决策树是一棵多叉树,分支的数量取决于分裂属性有多少个不同的取值。这不利于处理分裂属性取值数目较多的情况。因此,目前流行的决策树算法大多采用二叉树模型。

(4) ID3 算法不包含对树的修剪,无法对决策树进行优化。

正因为 ID3 还存在着许多不足的地方,昆兰对 ID3 算法进行了改进,并于 1993 年提出了 ID3 的改进算法 C4.5。

13.3　增益比例和 C4.5 算法

C4.5 算法的核心思想与 ID3 完全相同,但在实现方法上做了更好的改进,并增加了新的功能:主要包括采用"增益比例"来选择分裂属性、对连续属性的处理、对样本属性值缺失情况的处理、规则的产生、交叉验证等。

1. 增益比例作为分裂属性

如前所述,ID3 是采用"信息增益"来选择分裂属性的。虽然这是一种有效的方法,但其具有明显的倾向性,即它倾向于选择具有大量不同取值的属性,从而产生许多小而纯的子集。尤其是关系数据库中作为主键的属性,每个样本都有一个不同的取值。如果以这样的属性作为分裂属性,那么将产生非常多的分支,而且每一个分支产生的子集的熵均为 0(因为子集中只有一个样本)。显然,这样的决策树是没有实际意义的。因此,昆兰提出使用增益比例来代替信息增益。

设 S 代表训练数据集,由 s 个样本组成。A 是 S 的某个属性,有 m 个不同的取值,根据这些取值可以把 S 划分为 m 个子集,S_i 表示第 i 个子集($i=1, 2, \cdots, m$),$|S_i|$ 表示子集 S_i 中的样本数量。那么:

$$Spilt\_Info_{(S,A)} = -\sum_{i=1}^{m}\left(\frac{|S_i|}{s}1b\frac{|S_i|}{s}\right)$$，称为"数据集 S 关于属性 A 的熵"。

$Spilt\_Info_{(S,A)}$ 用来衡量属性 A 分裂属性集的广度和均匀性。样本在属性 A 上的取值分布越均匀，$Spilt\_Info_{(S,A)}$ 的值越大。

增益比例的定义为

$$GainRatio(S,A) = \frac{Gain(S,A)}{Spilt\_Info(S,A)}$$，C4.5 算法选择增益比例最大者作为分裂属性。

显然，属性 A 分裂数据集的广度越大，均匀性越强，其 $Spilt\_Info_{(S,A)}$ 就越大，增益比例就越小。所以 $Spilt\_Info_{(S,A)}$ 消除了选择那些值较多且均匀分布的属性作为分裂属性的倾向性。

对于表 13.3 所示的数据集 D，如果按照"年龄"来分裂，那么

$$Spilt\_Info(D,年龄) = -\frac{5}{14}1b\frac{5}{14} - \frac{4}{14}1b\frac{4}{14} - \frac{5}{14}1b\frac{5}{14} = 1.577\,4$$

所以

$$GainRatio(D,年龄) = \frac{Gain(D,年龄)}{Spilt\_Info(D,年龄)} = \frac{0.247}{1.577\,4} = 0.156\,6$$

同理，可以求出其他属性的信息增益比例，选择最大者作为分裂属性。

通常，C4.5 根据信息增益来选取分裂属性，对于超过平均信息增益的属性，才进一步根据增益比例来选取分裂属性。

2. 连续属性的处理

ID3 最初的定义假设数据集的各属性都必须是离散的。如果有连续属性，则可以采用划分区间的方法来离散化。假如在银行贷款客户的例子中，属性"年龄"由于是连续型属性，被划分为"<30""$[30,50]$"">50"三个区间，这样属性"年龄"的不同取值就只有三个了，这就是被离散化的过程。在 C4.5 中，算法采用另外一种方法来实现连续属性的离散化。

设数据集中有一连续属性 Y，现要测试是否可以选用该属性来对数据集进行分裂，以及如何分裂（即通过计算信息增益或增益比例来确认 Y 是否可以作为分裂属性，如果可以，还要确定分裂谓词）。

设属性 Y 有 m 个不同的取值，按大小顺序升序排列为 $v_1 < v_2 <, \cdots, < v_m$。从 $\{v_1, v_2, \cdots, v_{m-1}\}$ 中选择一个 v_i 作为阈值，则可以根据"$Y <= v_i$"和"$Y > v_i$"

将数据集划分为两个部分,形成两个分支。显然,$\{v_1,\ v_2,\ \cdots,\ v_{m-1}\}$ 就是可能的阈值的集合,共 $(m-1)$ 个元素。把这些阈值一一取出来,并根据"$Y <= v_i$"和"$Y > v_i$"把训练数据集划分为两个子集,并计算每一种划分方式下的信息增益或增益比例,选择最大增益或增益比例所对应的那个阈值,作为最优的阈值。可以看出,如果选择连续属性作为分裂属性,则分裂后只有两个分支,而不像离散属性那样可能会有多个分支(由离散属性的取值个数决定)。另外,以上处理要付出一定的计算代价。

例如,在表 13.4 所示的训练数据集中,如果要计算"年龄"属性的信息增益,则首先将不同的属性值排序 $\{20,\ 25,\ 28,\ 40,\ 46,\ 55,\ 56,\ 58,\ 60,\ 65,\ 70\}$,那么可能的阈值集合为 $\{20,\ 25,\ 28,\ 40,\ 46,\ 55,\ 56,\ 58,\ 60,\ 65\}$,从中一一取出,并形成分裂谓词,若取出"20",形成谓词"$<=20$"和">20",用它们划分训练数据集,然后计算信息增益或增益比例。

3. 处理有缺失值的样本

ID3 是基于所有属性值都已经确定这一假设的。但是在实际应用中,经常会因为搜集样本时有的样本数据不完整,或者输入数据是有人为的误差等原因,一个数据集中会有某些样本缺少一些属性值。例如在表 13.4 中,有两个样本的"收入水平"缺失了(用"?"代替)。

表 13.4　有连续属性和缺失值的训练数据集 S

No.	年　龄	收入水平	有固定收入	VIP	类别: 企业微信
1	25	高	否	否	否
2	28	高	否	是	否
3	40	高	否	否	是
4	56	中	否	否	是
5	60	低	是	否	是
6	65	低	是	是	否
7	40	低	是	是	是
8	25	中	否	否	否
9	28	低	是	否	是

No.	年　龄	收入水平	有固定收入	VIP	类别：企业微信
10	55	中	是	否	是
11	20	?	是	是	是
12	46	中	否	是	是
13	58	?	是	否	是
14	70	中	否	是	否

在用一个属性对数据集进行划分时,必须知道一个样本属于哪一类(以便于计算每类有多少个样本,进而计算该属性的信息增益),这是根据这个样本的属性值来决定的,但是由于属性值缺失,那么该如何判断这个样本属于哪一类呢?

C4.5 并不会武断地将一个有缺省值的样本抛弃(当然,样本数量很大的时候可以这么做),也不会随意地将它分配到某个类别中去。C4.5 会根据其他已知属性值来计算一个有缺失值的样本属于某个类别的概率,这个样本可以属于每一个类,只是概率不同而已。

例如,在表 13.4 的 14 个样本中,"收入水平"有两个缺失值,其他的 12 个样本的分布见表 13.5。

表 13.5　样本分布

收入水平	分类：是	分类：否	合　计
高	1	2	3
中	3	2	5
低	3	1	4
合计	7	5	12

由表 13.5 可以看出,一个未知的"收入水平"的值,取为"高"的概率为 3/12,取为"中"的概率为 5/12,取为"低"的概率为 4/12。所以,当用属性"收入水平"将该数据集 S 划分为三个子集 S_1(收入水平="高")、S_2(收入水平="中")和 S_3(收入水平="低")后：S_1 样本数量为 3+2*(3/12);S_2 样本数量为：5+2*(5/12);S_3 样本数量

为：4＋2＊（4/12）。三个子集的样本数量总和为 3＋2＊（3/12）＋5＋2＊
（5/12）＋4＋2＊（4/12）＝14,样本总数不变。

有了各子集的样本数量,就可以计算相应的熵和信息增益了。

4. 树的修剪

C4.5 采用的修剪方法是所谓的"后剪枝",即待决策树完全生长结束之后,再来修剪掉那些对分类精度贡献不大的叶子节点。

对于某个节点,计算该节点分裂之前的误分类损失(由于错误地预测了样本的类别而导致的损失)和分裂成子树之后的误分类损失,如果分裂后的误分类损失没有得到显著降低,就可以考虑修剪掉这棵子树。

在计算分类精度之前,用户可以自行定义各种误分类损失的权重,例如"A类样本被误分类为B类导致的损失"比"B类样本误分类为A类导致的损失"要大得多,在这种情况下就可以通过设置误分类损失的权重来加以区分。

5. 规则的产生

C4.5 提供了将决策树模型转换为 If-Then 规则的算法。规则存储于一个二维数组中,每一行代表一个规则。表的每一列代表样本的一个属性,列的值代表了属性的不同取值。例如,0 和 1 分别代表"小于等于阈值"和"大于阈值"。如果列值为−1,则代表规则中不包含该属性。

6. 交叉验证

分类是有监督学习,通过学习可以对未知的数据进行预测。在训练过程开始之前,将一部分数据保留下来,在训练之后,利用这部分数据对学习的结果进行验证,这种模型评估方法称为交叉验证。如果将这个"学习-验证"的过程重复 k 次,就称为 k 次迭代交叉验证。首先将所有训练数据平均分成 k 份,每次使用其中一份作为测试样本,其余的 $k-1$ 份数据作为学习样本,然后选择平均分类精度最高的树作为最后的结果。通常,分类精度最高的树并不是结点最多的树。另外,交叉验证还可以用于决策树的修剪。k 次迭代交叉验证非常适合训练样本书目比较少的情形,但由于要构建 k 棵决策树,因此,计算量非常大。

7. C5.0 算法

C5.0 是 C4.5 的一个商业版本,被广泛应用于许多数据挖掘软件包中,如 Clementine,但它的精确算法并没有公开。C5.0 主要针对大数据集的分类。它的决策树归纳与 C4.5 很相近,但规则生成不同。

C5.0 包括了生成规则方面的改进。测试结果表明 C5.0 在内存占用方面的性能改善了大约 90%,在运行速度方面比 C4.5 快 5.7～240 倍,并且生成的规则更加准确。

C5.0 在精度方面主要的改进源于采用推进方法。一些数据集上的测试结果表明,C5.0 的误差率比 C4.5 的少 50% 多。

思考与习题

相对于其他产业来说,电信行业是一个典型的前期固定投资巨大且在一定范围内投资资金多少不受用户量影响的行业。因此,电信运营商拥有的客户越多,作为主要成本的前期投资就会摊得越薄,企业的利润就越大。客户资源对电信运营商来说其意义不言而喻,电信运营商之间的竞争实际上就是对客户资源的竞争。可以说,未来的电信行业,得客户者得天下。

A 公司经过多年的计算机化管理,已有大量的客户个人基本信息(文中简称为客户信息表)。在客户信息表中,有很多属性,如姓名、用户号码、用户标识、用户身份证号码(转化为年龄)、在网时间(竣工时间)、地址、职业、用户类别、客户流失(用户状态)等,具体见表 13.6。

表 13.6　电信客户信息表

年龄	学历	职业	缴费方式	在网时长	费用变化率	客户流失
58	大学	公务员	托收	13	10%	NO
47	高中	工人	营业厅缴费	9	42%	NO
26	研究生	公务员	充值卡	2	63%	YES
28	大学	公务员	营业厅缴费	5	2.91%	NO
32	初中	工人	营业厅缴费	3	2.3%	NO
42	高中	无业人员	充值卡	2	100%	YES
68	初中	无业人员	营业厅缴费	9	2.3%	NO

试通过决策树算法中的 ID3 算法来实现客户流失的预警分析,帮助电信公司有针对性地改善客户关系,避免客户流失。

第14章
人工神经网络

14.1 人工神经网络的基本原理

神经网络其实是一个非常宽泛的称呼,它包括两类:一类是用计算机的方式去模拟人脑的人工神经网络(Artificial Neural Network,ANN);另一类是研究生物学上的神经网络,又叫生物神经网络。对于管理研究中的应用,主要是指前者。图14.1是神经网络的分类。但就人工神经网络而言,这种说法也是非常广义的,包含很多不同的种类和算法。

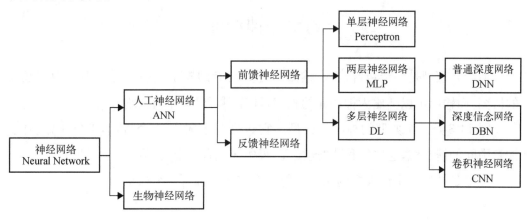

图 14.1 神经网络的分类

在人工神经网络中,又分为前馈神经网络和反馈神经网络两种。它们的区别在于它们的结构图。结构图可以看成一个有向图,其中神经元代表顶点,连接代表有向边。对于前馈神经网络,它的有向图是没有回路的;对于反馈神经网络,它的有向图是有回路的。反馈神经网络也是一种重要的神经网络,Hopfield 网络 RNN 都属于反馈神经网络。

前馈神经网络可以分为三种：单层神经网络，双层神经网络和多层神经网络。CNN 属于一种特殊的多层神经网络；BP 神经网络则是使用了反向传播 BP 算法的两层前馈神经网络，也是最普遍的一种两层神经网络。

如图 14.2 所示，这是一个包含三个层次的神经网络，包括输入层、输出层，以及中间层（也叫隐藏层）。输入层有 3 个输入单元，隐藏层有 4 个单元，输出层有 2 个单元。

设计一个神经网络时，输入层与输出层的结点数往往是固定的，中间层则可以自由指定；神经网络结构图中的拓扑与箭头代表着预测过程时数据的流向，跟训练时的数据流有一定的区别；结构图里的关键不是圆圈（代表"神经元"），而是连接线（代表"神经元"之间的连接）。每个连接线对应一个不同的权重（其值称为权值），这是需要训练得到的。

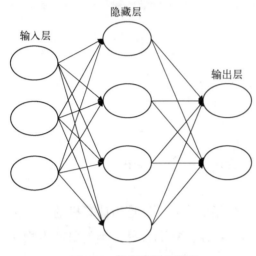

图 14.2　神经网络结构图

14.2　神经元

神经元模型是一个包含输入、输出与计算功能的模型。输入可以类比为神经元的树突，而输出可以类比为神经元的轴突，计算则可以类比为细胞核。

图 14.3 是一个典型的神经元模型。它包含 3 个输入，1 个输出，2 个计算功能。注意中间的箭头线，这些线称为"连接"。每条线上有一个"权值"。

连接是神经元中最重要的东西。每一个连接上都有一个权重。

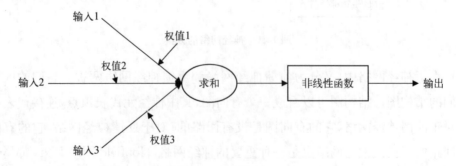

图 14.3　神经元模型

一个神经网络的训练算法就是让权重的值调整到最佳,以使得整个网络的预测效果最好。用 a 来表示输入,用 w 来表示权值。一个表示连接的有向箭头可以这样理解:在初端,传递的信号大小仍然是 a,端中间有加权参数 w,经过这个加权后的信号会变成 $a * w$,因此在连接的末端,信号的大小就变成了 $a * w$。如果我们将神经元图中的所有变量用符号表示,并且写出输出的计算公式的话,就如图 14.4 所示。

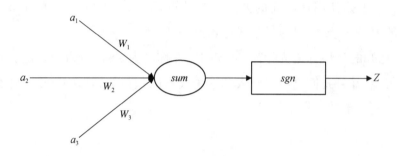

图 14.4　神经元计算

可见,z 是在输入和权值的线性加权和叠加了一个函数 g 的值。1943 年,由心理学家沃伦·麦卡洛克(Warren McCulloch)和数学家沃尔特·皮茨(Walter Pitts)在分析总结神经元基本特性的基础上首先提出的 MP 模型,是影响最大的神经元模型。在 MP 模型里,函数 g 是 sgn 函数,也就是取符号函数。这个函数当输入大于 0 时,输出 1,否则输出 0。

图 14.5 对神经元模型的图进行一些扩展。首先将 sum 函数与 sgn 函数合并到一个圆圈里,代表神经元的内部计算。其次,把输入 a 与输出 z 写到连接线的左上方,便于后面画复杂的网络。一个神经元可以引出多个代表输出的有向箭头,但值都是一样的。

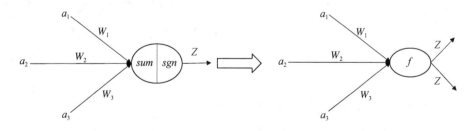

图 14.5　神经元扩展

神经元可以看作一个计算与存储单元。计算是神经元对其的输入进行计算功能。存储是神经元会暂存计算结果,并传递到下一层。

当我们用"神经元"组成网络以后,描述网络中的某个"神经元"时,我们更多地会用"单元"(unit)来指代。同时由于神经网络的表现形式是一个有向图,有时也会用"节点"(node)来表达同样的意思。

神经元模型的使用可以这样理解:

我们有一个数据,称之为样本。样本有四个属性,其中三个属性已知,一个属性未知。我们需要做的就是通过三个已知属性预测未知属性。

具体办法就是使用神经元的公式进行计算。三个已知属性的值是 a_1, a_2, a_3,未知属性的值是 z,z 可以通过公式计算出来。

这里,已知的属性称之为特征,未知的属性称之为目标。假设特征与目标之间确实是线性关系,并且我们已经得到表示这个关系的权值 w_1, w_2, w_3。那么,就可以通过神经元模型预测新样本的目标。

14.3 单层神经网络(感知器)

1. 结构

在原来 MP 模型的"输入"位置添加神经元节点,标志其为"输入单元",就有了图 14.6。

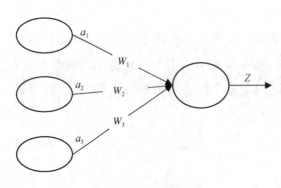

图 14.6 单层神经网络

单层神经网络也称为"感知器"。它有两个层次,分别是输入层和输出层。输入层里的"输入单元"只负责传输数据,不做计算,输出层里的"输出单元"则需要对前面一层的输入进行计算。

把需要计算的层次称为"计算层",并把拥有一个计算层的网络称之为"单层神经网络"。有一些文献会按照网络拥有的层数来命名,例如把"感知器"称为两层神经网络。在本书中,我们根据计算层的数量来命名。

假如我们要预测的目标不再是一个值,而是一个向量,例如[2, 3]。那么可以在输出层再增加一个"输出单元"。

图 14.7 为两个输出单元的单层神经网络,图中列出了输出单元 z_1 的计算公式。

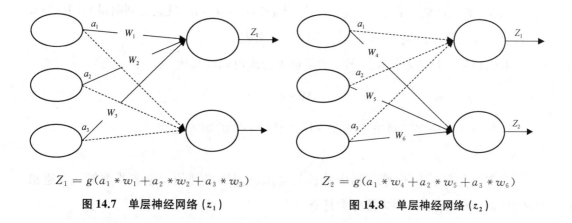

$$Z_1 = g(a_1 * w_1 + a_2 * w_2 + a_3 * w_3)$$

图 14.7　单层神经网络 (z_1)

$$Z_2 = g(a_1 * w_4 + a_2 * w_5 + a_3 * w_6)$$

图 14.8　单层神经网络 (z_2)

可以看出，z_1 的计算跟原来的 z 并没有区别。已知一个神经元的输出可以向多个神经元传递，因此 z_2 的计算公式如图 14.8 所示。

可以看到，z_2 的计算中除了三个新的权值 w_4，w_5，w_6 以外，其他与 z_1 是一样的。整个网络的输出如图 14.9 所示。

图中的计算公式有一点不让人满意，因为 w_4，w_5，w_6 是后来加的，很难表现出跟原先的 w_1，w_2，w_3 的关系。

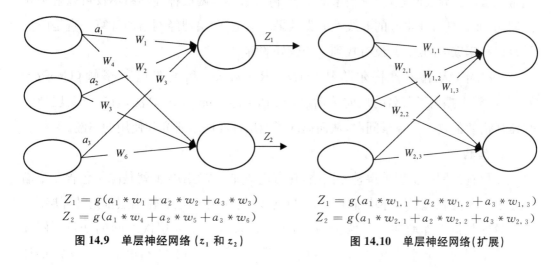

$$Z_1 = g(a_1 * w_1 + a_2 * w_2 + a_3 * w_3)$$
$$Z_2 = g(a_1 * w_4 + a_2 * w_5 + a_3 * w_6)$$

图 14.9　单层神经网络 (z_1 和 z_2)

$$Z_1 = g(a_1 * w_{1,1} + a_2 * w_{1,2} + a_3 * w_{1,3})$$
$$Z_2 = g(a_1 * w_{2,1} + a_2 * w_{2,2} + a_3 * w_{2,3})$$

图 14.10　单层神经网络(扩展)

因此改用二维的下标，用 $w_{x,y}$ 来表达一个权值。下标中的 x 代表后一层神经元的序号，而 y 代表前一层神经元的序号(序号的顺序从上到下)。例如，$w_{1,2}$ 代表后一层的第一个神经元与前一层的第二个神经元的连接的权值。根据以上方法标记，就有了图 14.10。

仔细观察，会发现图中的两个计算输出公式就是线性代数方程组，因此，可以用矩阵乘法来表达这两个公式。

例如，输入的变量是 $[a_1, a_2, a_3]^T$（代表由 a_1, a_2, a_3 组成的列向量），用向量 $\boldsymbol{a}$ 来表示。方程的左边是 $[z_1, z_2]^T$，用向量 $\boldsymbol{z}$ 来表示。

系数则是 2 行 3 列的矩阵 $\boldsymbol{W}$，于是输出公式可以改写成

$$g(\boldsymbol{W} * \boldsymbol{a}) = \boldsymbol{z}$$

这个公式就是神经网络中从前一层计算后一层的矩阵运算。

2. 效果

与神经元模型不同，感知器中的权值是通过训练得到的。感知器类似一个逻辑回归模型，可以做简单的线性分类任务。

14.4　两层神经网络（多层感知器）

1. 引子

两层神经网络的出现，使得神经忘了开始大范围的推广与使用。单层神经网络通常无法解决异或问题，但是当增加一个计算层以后，两层神经网络不仅可以解决异或问题，而且具有非常好的非线性分类效果。但是，两层神经网络的计算一直是困扰计算机科学家的问题，并没有找到一个较好的解法。

1986 年，大卫·鲁梅尔哈特（David Rumelhar）和杰弗里·辛顿（Geoffery Hinton）等人提出了著名的反向传播（Back Propagation，BP）算法，解决了两层神经网络所需要的复杂计算量问题，从而掀起了两层神经网络研究和使用的热潮。

2. 结构

两层神经网络扩展单层神经网络，在右边新加一个层次，也就是除了包含一个输入层、一个输出层以外，还增加了一个中间层。此时，中间层和输出层都是计算层。

这时权值矩阵增加到了两个，我们用上标来区分不同层次之间的变量。例如 $a_x^{(y)}$ 第 y 层的第 x 个结点。z_1, z_2 变成了 $a_1^{(2)}, a_2^{(2)}$。图 14.11 给出了 $a_1^{(2)}, a_2^{(2)}$ 的计算公式。

最终输出 z 的计算方式是利用了中间层的 $a_1^{(2)}$、$a_2^{(2)}$ 和第二个权值矩阵计算得到的，如图 14.12 所示。

假设预测目标是一个向量，那么与前面类似，只需要在"输出层"再增加结点即可。可以使用向量和矩阵来表示层次中的变量。$a^{(1)}, a^{(2)}, z$ 是网络中传输的向量数据。$W^{(1)}$ 和 $W^{(2)}$ 是网络的矩阵参数，如图 14.13 所示

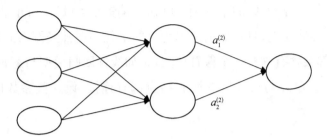

$$a_1^{(2)} = g(a_1^{(1)} * w_{1,1}^{(1)} + a_2^{(1)} * w_{1,2}^{(1)} + a_3^{(1)} * w_{1,3}^{(1)})$$
$$a_2^{(2)} = g(a_1^{(1)} * w_{2,1}^{(1)} + a_2^{(1)} * w_{2,2}^{(1)} + a_3^{(1)} * w_{2,3}^{(1)})$$

图 14.11 两层神经网络(中间层计算)

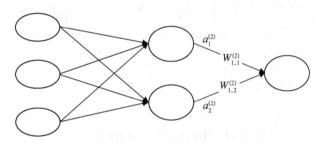

$$Z = g(a_1^{(2)} * w_{1,1}^{(2)} + a_2^{(2)} * w_{1,2}^{(2)})$$

图 14.12 两层神经网络(输出层计算)

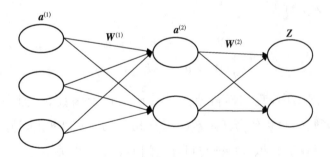

图 14.13 两层神经网络(向量形式)

使用矩阵运算来表达整个计算公式的形式如下：

$$g(\boldsymbol{W}^{(1)} * \boldsymbol{a}^{(1)}) = \boldsymbol{a}^{(2)}$$
$$g(\boldsymbol{W}^{(2)} * \boldsymbol{a}^{(2)}) = \boldsymbol{z}$$

由此可见,使用矩阵运算来表达是很简洁的,而且也不会受到结点数增多的影响(无论有多少结点参与运算,乘法两端都只有一个变量),因此神经网络的教程中大量使用矩阵运算来描述。

需要说明的是,神经网络的结构图中默认有偏置结点(bias unit)。偏置结点本质上是一个只含有存储功能,且存储值永远为1的单元。在神经网络的每个层次中,除了输出层以外,都会含有这样一个偏置单元,正如线性回归模型与逻辑回归模型中的误差项一样。偏置单元与后一层的所有结点都有连接,设这些参数值为向量 **b**,如图 14.14 所示。

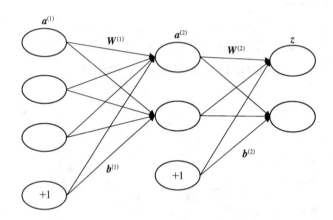

图 14.14　两层神经网络(考虑偏置节点)

可以看出,偏置结点很好认,因为其没有输入(前一层中没有箭头指向它)。有些神经网络的结构图中会把偏置结点明显画出来,有些不会。在考虑了偏置以后的一个神经网络的矩阵运算为

$$g(\boldsymbol{W}^1 * \boldsymbol{a}^{(1)} + \boldsymbol{b}^{(1)}) = \boldsymbol{a}^{(2)}$$
$$g(\boldsymbol{W}^2 * \boldsymbol{a}^{(2)} + \boldsymbol{b}^{(2)}) = \boldsymbol{z}$$

在两层神经网络中,我们不再使用 *sgn* 函数作为函数 *g*,而是使用平滑函数 *sigmoid* 作为函数 *g*,也称作激活函数(active function)。事实上,神经网络的本质就是通过参数与激活函数来拟合特征与目标之间的真实函数关系。

3. 效果

理论证明,两层神经网络可以无限逼近任意连续函数。也就是说,面对复杂的非线性分类任务,两层(带一个隐藏层)神经网络可以分类得很好。

在两层神经网络中,从输入层到隐藏层,数据发生了空间变换。也就是说,两层神经网络中,隐藏层对原始的数据进行了一个空间变换,使其可以被线性分类,然后输出层的决策分界划出了一个线性分类分界线,对其进行分类。

这样就导出了两层神经网络可以做非线性分类的关键-隐藏层。联想到我们一开始推导出的矩阵公式,矩阵和向量相乘,本质上就是对向量的坐标空间进行一个变

换。因此,隐藏层的参数矩阵的作用就是使得数据的原始坐标空间从线性不可分转换成了线性可分。

两层神经网络通过两层的线性模型模拟了数据内真实的非线性函数。因此,多层的神经网络的本质就是复杂函数拟合。

4. 训练

感知器模型中的参数可以被训练,但是使用的方法较为简单,并没有使用目前机器学习中通用的方法,这导致其扩展性与适用性非常有限。从两层神经网络开始,神经网络的研究人员开始使用机器学习相关的技术进行神经网络的训练。例如,用大量的数据(1 000～10 000),使用算法进行优化等,从而使模型训练可以获得性能与数据利用上的双重优势。

机器学习模型训练的目的就是使得参数尽可能地与真实的模型逼近。具体做法是:首先给所有参数赋上随机值;其次,使用这些随机生成的参数值来预测训练数据中的样本。样本的预测目标为 y_p,真实目标为 y,定义一个值 $loss$,计算公式为

$$loss = (y_p - y)^2$$

我们的目标就是使所有训练数据的损失和尽可能的小。

如果将先前的神经网络预测的矩阵公式带入到 y_p 中(因为有 $z = y_p$),那么可以把损失写为关于参数(parameter)的函数,这个函数称之为损失函数(loss function)。预测问题就是如何优化参数,能够让损失函数的值最小。

这时预测问题就被转化为一个优化问题。一个常用方法就是求导,但求导后计算导数等于 0 的运算量很大,所以,解决这个优化问题一般使用的是梯度下降算法。梯度下降算法每次计算参数在当前的梯度,然后让参数向着梯度的反方向前进一段距离,不断重复,直到梯度接近零时截止。一般这个时候,所有的参数恰好达到使损失函数达到一个最低值的状态。

在神经网络模型中,由于结构复杂,每次计算梯度的代价很大,因此还需要使用反向传播算法。反向传播算法是利用了神经网络的结构进行的计算。不是一次计算所有参数的梯度,而是从后往前计算。首先计算输出层的梯度,然后计算第二个参数矩阵的梯度,接着计算中间层的梯度,然后再计算第一个参数矩阵的梯度,最后计算输入层的梯度。计算结束,就得到了两个参数矩阵的所有梯度。

图 14.15 可以直观地表示为反向传播算法,梯度的计算从后往前,一层层反向传播,前缀 E 代表着求偏导数。

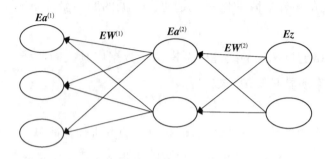

图 14.15　反向传播算法

反向传播算法的启示是数学中的链式法则。在此需要说明的是,尽管早期神经网络的研究人员努力从生物学中得到启发,但从 BP 算法开始,研究者们更多地从数学上寻求问题的最优解。

优化问题只是训练中的一个部分。机器学习问题之所以称为学习问题,而不是优化问题,就是因为它不仅要求数据在训练集上求得一个较小的误差,在测试集上也要表现良好。因为模型最终是要部署到没有见过训练数据的真实场景。提升模型在测试集上的预测效果的主题叫作泛化(generalization),相关方法被称作正则化(regularization)。神经网络中常用的泛化技术有权重衰减等。

5. 影响

两层神经网络解决了困扰多年的异或问题,也使得神经网络在多个场景得到应用,发力于语音识别,图像识别,自动驾驶等多个领域。

但是神经网络仍然存在若干的问题:尽管使用了 BP 算法,一次神经网络的训练仍然耗时太久,而且困扰训练优化的一个问题就是局部最优解问题,这使得神经网络的优化较为困难。同时,隐藏层的结点数需要调参,这使得在实际使用中并不太方便。

20 世纪 90 年代中期,由弗拉基米尔·N.万普尼克(Vladimir N. Vapnik)等人发明的 SVM(支持向量机,见第 11 章)算法诞生,很快就在若干个方面体现出了对比神经网络的优势:无需调参,高效,全局最优解。基于以上种种理由,SVM 迅速打败了神经网络算法成为主流。

14.5　多层神经网络(深度学习)

1. 引子

在神经网络被摒弃的 10 年中,有几个学者仍然在坚持研究,其中最著名的就是加拿大多伦多大学的杰弗里·辛顿教授。

2006 年,辛顿在《科学》(*Science*)和相关期刊上发表了论文,首次提出了"深度信念网络"的概念。与传统的训练方式不同,"深度信念网络"有一个"预训练"(pre-training)的过程,这可以方便地让神经网络中的权值找到一个接近最优解的值,之后再使用"微调"(fine-tuning)技术来对整个网络进行优化训练。这两个技术的运用大幅度减少了训练多层神经网络的时间。他给多层神经网络相关的学习方法赋予了一个新名词"深度学习"。

很快,深度学习在语音识别领域崭露头角。接着,2012 年,深度学习技术又在图像识别领域大展拳脚。辛顿与他的学生在 ImageNet 竞赛中,用多层的卷积神经网络(Convolutional Neural Networks,CNN)成功地对包含一千类别的一百万张图片进行了训练,取得了分类错误率 15% 的好成绩,这个成绩比第二名高了近 11 个百分点,充分证明了多层神经网络识别效果的优越性。

2. 结构

在两层神经网络的输出层后面,继续添加层次,就形成了一个多层神经网络。原来的输出层变成中间层,新加的层次成为新的输出层。

依照这样的方式不断添加,可以得到更多层的多层神经网络(见图 14.16)。计算公式跟两层神经网络类似,使用矩阵运算的话,多添加一层则是增加一个公式。

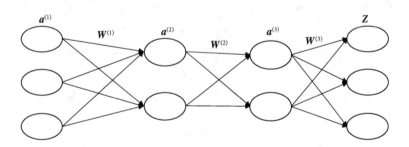

图 14.16　多层神经网络

在已知输入 $a^{(1)}$,参数 $W^{(1)}$,$W^{(2)}$,$W^{(3)}$ 的情况下,输出 z 的推导公式如下:

$$g(W^{(1)} * a^{(1)}) = a^{(2)}$$

$$g(W^{(2)} * a^{(2)}) = a^{(3)}$$

$$g(W^{(3)} * a^{(3)}) = z$$

多层神经网络中,输出也是按照一层一层的方式来计算。从最外面的层开始,算出所有单元的值以后,再继续计算更深一层。只有当前层所有单元的值都计算完毕以后,才会算下一层。

下面讨论一下多层神经网络中的参数。首先看图 14.17,可以看出 $W^{(1)}$ 中有 6 个参数,$W^{(2)}$ 中有 4 个参数,$W^{(3)}$ 中有 6 个参数,整个神经网络中的参数有 16 个(这里我们不考虑偏置结点,下同)。

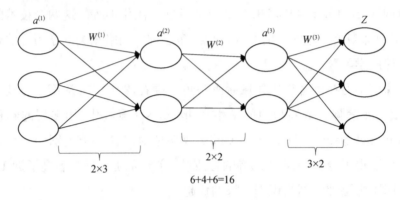

图 14.17　多层神经网络(较少参数)

假设将中间层的结点数做一下调整。第一个中间层改为 3 个单元,第二个中间层改为 4 个单元,经过调整以后,整个网络的参数变成了 33 个(见图 14.18)。

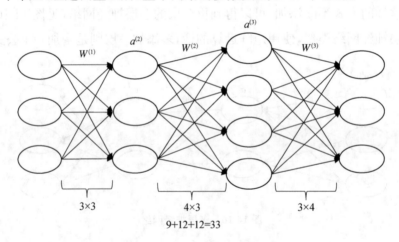

图 14.18　多层神经网络(较多参数)

虽然层数保持不变,但是第二个神经网络的参数数量却是第一个神经网络的 2 倍多,从而带来了更好的表示(represention)能力,表示能力是多层神经网络的一个重要性质,下文效果部分会阐述。同样,在参数一致的情况下,也可以获得一个"更深"的网络(见图 14.19)。

图 14.19 的网络中,虽然参数数量仍然是 33,但却有 4 个中间层,是原来层数的近 2 倍。这意味着一样的参数数量,可以用更深的层次去表达。

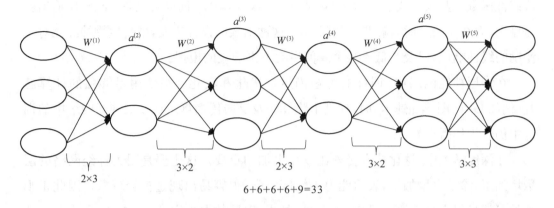

图 14.19　多层神经网络(更深的层次)

3. 效果

与两层层神经网络不同,多层神经网络中的层数增加了很多。增加了更多的层次,意味着更深入的表示特征,以及更强的函数模拟能力。

更深入的表示特征可以这样理解,随着网络的层数增加,每一层对于前一层次的抽象表示更深入。在神经网络中,每一层神经元学习到的是前一层神经元值的更抽象的表示。例如,第一个隐藏层学习到的是"边缘"的特征,第二个隐藏层学习到的是由"边缘"组成的"形状"的特征,第三个隐藏层学习到的是由"形状"组成的"图案"的特征,最后的隐藏层学习到的是由"图案"组成的"目标"的特征。通过抽取更抽象的特征来对事物进行区分,从而获得更好的区分与分类能力。

更强的函数模拟能力是由于随着层数的增加,整个网络的参数就越多。而神经网络其实本质就是模拟特征与目标之间的真实关系函数的方法,更多的参数意味着其模拟的函数可以更加的复杂,可以有更多的容量(capcity)去拟合真正的关系。

研究发现,在参数数量一样的情况下,更深的网络往往具有比浅层的网络更好的识别效率。这点也在 ImageNet 的多次大赛中得到了证实。从 2012 年起,每年获得 ImageNet 冠军的深度神经网络的层数逐年增加,2015 年最好的方法 GoogleNet 是一个多达 22 层的神经网络。

4. 训练

在单层神经网络时,使用的激活函数是 *sgn* 函数。到了两层神经网络,使用最多的通常是 *sigmoid* 函数。而到了多层神经网络时,通过一系列的研究发现,ReLU 函数在训练多层神经网络时更容易收敛,并且预测性能更好。因此,在目前的深度学习中,最流行的非线性函数是 ReLU 函数。ReLU 函数不是传统的非线性函数,而是分段线性函数。其表达式非常简单，就是 $y=\max(x,0)$。简而言之，在 $x>0$，输出就是输入，而在 $x<0$ 时，输出就保持为 0。这种函数的设计启发，来自生物神经元对于激励的线性响应，以及当低于某个阈值后就不再响应的模拟。

在多层神经网络中，训练的主题仍然是优化和泛化。当使用足够强的计算芯片（例如 GPU 图形加速卡）时，梯度下降算法及反向传播算法在多层神经网络中的训练中仍然工作得很好。

在深度学习中，泛化技术变得比以往更加的重要。这主要是因为神经网络的层数增加了，参数也增加了，表示能力大幅度增强，很容易出现过拟合现象。因此正则化技术就显得十分重要。目前，Dropout 技术，以及数据扩容（Data-Augmentation）技术是使用得最多的正则化技术。

14.6　其他常见神经网络

神经网络模型算法繁多，本节不能详尽描述，只对特别常见的几种网络稍做简介。

1. RBF 网络

RBF（Radial Basis Function，径向基函数）网络是一种单隐层前馈神经网络，它使用径向基函数作为隐层神经元激活函数，而输出层则是对隐层神经元输出的线性组合。假定输入为 d 维向量 $\boldsymbol{x}$，输出为实值，则 RBF 网络可表示为

$$\varphi(x)=\sum_{i=1}^{q}w_i\rho(x,c_i),$$

其中，q 为隐层神经元个数，c_i 和 w_i 分别是第 i 个隐层神经元所对应的中心和权重，$\rho(x,c_i)$ 是径向基函数，这是某种沿径向对称的标量函数，通常定义为样本 x 到数据中心 c_i 之间欧氏距离的单调函数。常用的高斯径向基函数形如

$$\rho(x,c_i)=e^{-\beta_i\|x-c_i\|^2}$$

文献证明，具有足够多隐层神经元的 RBF 网络能以任意精度逼近任意连续函数。

通常采用两步过程来训练 RBF 网络：① 确定神经元中心 c_i，常用的方式包括随机采样、聚类等；② 利用 BP 算法等来确定参数 w_i 和 β_i。

2. ART 网络

竞争型学习(competitive learning)是神经网络中一种常用的无监督学习策略，在使用该策略时，网络的输出神经元相互竞争，每一时刻仅有一个竞争获胜的神经元被激活，其他神经元的状态被抑制，这种机制亦称"胜者通吃"(winner-take-all)原则。

ART(Adaptive Resonance Theory，自适应谐振理论)网络是竞争型学习的重要代表。该网络由比较层、识别层、识别阈值和重置模块构成。其中，比较层负责接收输入样本，并将其传递给识别层神经元。识别层每个神经元对应一个模式类，神经元数目可在训练过程中动态增长以增加新的模式类。

在接收到比较层的输入信号后，识别层神经元之间相互竞争以产生获胜神经元。竞争的最简单方式是，计算输入向量与每个识别层神经元所对应的模式类的代表向量之间的距离，距离最小者胜。获胜神经元将向其他识别层神经元发送信号，抑制其激活。若输入向量与获胜神经元所对应的代表向量之间的相似度大于识别阈值，则当前输入样本将被归为该代表向量所属类别，同时，网络连接权将会更新，使得以后在接收到相似输入样本时该模式类会计算出更大的相似度，从而使该获胜神经元有更大可能获胜；若相似度不大于识别阈值，则重置模块将在识别层增设一个新的神经元，其代表向量就设置为当前输入向量。

显然，识别阈值对 ART 网络的性能有重要影响。当识别阈值较高时，输入样本将会被分成比较多、比较精细的模式类；如果识别阈值较低，则会产生比较少、比较粗略的模式类。

ART 比较好地缓解了竞争型学习中的"可塑性-稳定性窘境"(stability plasticity dilemma)，可塑性是指神经网络要有学习新知识的能力，而稳定性则是指神经网络在学习新知识时要保持对旧知识的记忆。这就使得 ART 网络具有一个很重要的优点：可进行增量学习(incremental learning)或在线学习(online learning)。

早期的 ART 网络只能处理布尔型输入数据，此后 ART 发展成了一个算法族，包括能处理实值输入的 ART2 网络、结合模糊处理的 Fuzzy ART 网络，以及可进行监督学习的 ARTMAP 网络等。

3. SOM 网络

SOM(Self-Organizing Map，自组织映射)网络是一种竞争学习型的无监督神经网络，它能将高维输入数据映射到低维空间(通常为二维)，同时保持输入数据在高维空间的拓扑结构，即将高维空间中相似的样本点映射到网络输出层中的邻近神经元。

如图 14.20 所示，SOM 网络中的输出层神经元以矩阵方式排列在二维空间中，每个神经元都拥有一个权向量，网络在接收输入向量后，将会确定输出层获胜神经元，它决定了该输入向量在低维空间中的位置。SOM 的训练目标就是为每个输出层神经元找到合适的权向量，以达到保持拓扑结构的目的。

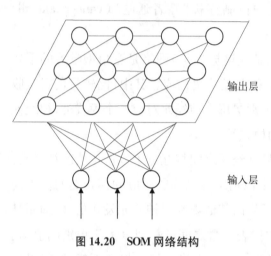

图 14.20   SOM 网络结构

SOM 的训练过程很简单：在接收到一个训练样本后，每个输出层神经元会计算该样本与自身携带的权向量之间的距离，距离最近的神经元成为竞争获胜者，称为最佳匹配单元（best matching unit）。然后，最佳匹配单元及其邻近神经元的权向量将被调整，以使得这些权向量与当前输入样本的距离缩小。这个过程不断迭代，直至结束。

4. 级联相关网络

一般的神经网络模型通常假定网络结构是事先固定的，训练的目的是利用训练样本来确定合适的连接权、阈值等参数。与此不同，结构自适应网络则将网络结构也当作学习的目标之一，并希望能在训练过程中找到最符合数据特点的网终结构。级联相关（Cascade-Correlation）网络是结构自适应网络的重要代表。

新的隐结点加入时，红色连接权通过最大化新结点的输出与网络误差之间的相关性来进行训练。

级联相关网络有两个主要成分："级联"和"相关"。级联是指建立层次连接的层级结构。在开始训练时，网络只有输入层和输出层，处于最小拓扑结构；随着训练的进行，新的隐层神经元逐渐加入，从而创建起层级结构。当新的隐层神经元加入时，其输入端连接权值是冻结固定的。相关是指通过最大化新神经元的输出与网络误差之间的相关性来训练相关的参数。

与一般的前馈神经网络相比，级联相关网络无需设置网络层数、隐层神经元数目，且训练速度较快，但其在数据较小时易陷入过拟合。

5. Elan 网络

与前馈神经网络不同，"递归神经网络"（Recurrent Neural Networks）允许网络中出现环形结构，从而可让一些神经元的输出反馈回来作为输入信号。这样的结构与信息反馈过程，使得网络在 t 时刻的输出状态不仅与 t 时刻的输入有关，还与 $t-1$

时刻的网络状态有关,从而能处理与时间有关的动态变化。

    Elman 网络是最常用的递归神经网络之一,它的结构与多层前馈网络很相似,但隐层神经元的输出被反馈回来,与下一时刻输入层神经元提供的信号一起作为隐层神经元在下一时刻的输入。隐层神经元通常采用 $sigmoid$ 激活函数,而网络的训练则常通过推广的 BP 算法进行。

思考与习题

(1) 试描述神经元网络的结构及工作原理。

(2) BP 算法的基本思想是什么,它存在哪些不足之处?

(3) 和两层神经网络相比,多层神经网络的优势是什么?

参考文献

[1] 方开泰.实用多元统计分析[M].上海：华东师范大学出版社,1989.

[2] 高惠璇.应用多元统计分析[M].北京：北京大学出版社,2005.

[3] 何晓群.多元统计分析[M].北京：中国人民大学出版社,2019.

[4] 贾俊平.统计学[M].北京：中国人民大学出版社,2021.

[5] [美]理查德·A.约翰逊,迪安·W.威克恩.实用多元统计分析[M].陆璇,叶俊,译.北京：清华大学出版社,2008.

[6] 周志华.机器学习[M].北京：清华大学出版社,2016.